# MULHERES imPERFEITAS

Carina Chocano

# MULHERES imPERFEITAS

COMO HOLLYWOOD E A CULTURA POP CONSTRUÍRAM
FALSOS PADRÕES FEMININOS NO MUNDO MODERNO

*Tradução*
Martha Argel
Humberto Moura Neto

Editora
Cultrix
SÃO PAULO

Título do original: *You Play The Girl*.

Copyright © 2017 Carina Chocano.

Copyright da edição brasileira © 2020 Editora Pensamento-Cultrix Ltda.

1ª edição 2020.

Todos os direitos reservados. Nenhuma parte desta obra pode ser reproduzida ou usada de qualquer forma ou por qualquer meio, eletrônico ou mecânico, inclusive fotocópias, gravações ou sistema de armazenamento em banco de dados, sem permissão por escrito, exceto nos casos de trechos curtos citados em resenhas críticas ou artigos de revistas.

A Editora Cultrix não se responsabiliza por eventuais mudanças ocorridas nos endereços convencionais ou eletrônicos citados neste livro.

"A Ingênua Escolhe entre o Casamento e a Morte", "A Namorada Malvada", "A Durona", "Donas de Casa Surreais", "Celebridades Góticas", "Uma Proposta Modesta para mais Traição na Pré-Escola" e "As Garotas Adoram Matemática" foram publicadas primeiro, em uma forma diferente, na *The New York Times Magazine*. Partes de "Garotas de Verdade" e "A Linguaruda Ataca de Novo" foram publicadas no *Los Angeles Times*, e uma versão diferente de "Lily Totalmente Moderna" foi publicada primeiro em *Salon*.

A autora agradece a permissão para reimprimir a frase "Miley Cyrus Is Just Trying to Save de World" [Miley Cyrus está tentando apenas salvar o mundo], de Allison Glock (2015), cortesia de *Marie Claire*, Heart Communications, Inc.

**Editor:** Adilson Silva Ramachandra
**Gerente editorial:** Roseli de S. Ferraz
**Preparação de originais:** Bárbara Parente
**Gerente de produção editorial:** Indiara Faria Kayo
**Editoração eletrônica:** S2 Books
**Revisão:** Vivian Miwa Matsushita

Dados Internacionais de Catalogação na Publicação (CIP)
(Câmara Brasileira do Livro, SP, Brasil)

Chocano, Carina
  Mulheres imperfeitas : Como Hollywood e a Cultura Pop Construíram Falsos Padrões Femininos no Mundo Moderno / Carina Chocano ; tradução Martha Argel, Humberto Moura Neto. -- São Paulo : Editora Pensamento Cultrix, 2020.

  Título original: You play the girl.
  ISBN 978-65-5736-022-4

  1. Comunicação de massa e mulheres 2. Mulheres - Condições sociais 3. Mulheres - Identidade 4. Mulheres na cultura popular 5. Papel sexual 6. Sexismo I. Título.

20-38560                                                                 CDD-305.42

Índices para catálogo sistemático:
1. Mulheres : Aspectos sociais : Sociologia 305.42

Cibele Maria Dias - Bibliotecária - CRB-8/9427

Direitos de tradução para o Brasil adquiridos com exclusividade
pela EDITORA PENSAMENTO-CULTRIX LTDA., que se reserva a
propriedade literária desta tradução.
Rua Dr. Mário Vicente, 368 — 04270-000 — São Paulo, SP
Fone: (11) 2066-9000
http://www.editoracultrix.com.br
E-mail: atendimento@editoracultrix.com.br
Foi feito o depósito legal.

*Para Kira*

# Sumário

Introdução ...... 9

Parte Um — Descendo pela Toca do Coelho ...... 27

    1. Coelhinhas ...... 29
    2. É Possível Salvar este Casamento? ...... 45
    3. A Estátua de Bronze da Deusa Virgem, Vadia, Megera e de Coração Duro ...... 80
    4. Que Sensação ...... 93
    5. A Eterna Atração Pela Doida Varrida ...... 113

Parte Dois — A Lagoa de Lágrimas ...... 129

    6. A Ingênua Escolhe entre o Casamento e a Morte ...... 131
    7. Uma Lily Totalmente Moderna ...... 148
    8. A Namorada Malvada ...... 157
    9. A Durona ...... 165

Parte Três — Você não Teria Vindo para Cá ...... 177

    10. Donas de Casa Surreais ...... 179
    11. Garotas de Verdade ...... 188
    12. Celebridades Góticas ...... 197
    13. A Linguaruda Ataca de Novo ...... 206
    14. A Jornada Redentora ...... 229
    15. Uma Proposta Modesta para mais Traição na Pré-Escola ...... 243

Parte Quatro — Um Chá Maluco ...... 255

    16. Deixa pra Lá ...... 257

17. Todos os Vilões São Garotas ....................................................... 276
18. As Garotas Adoram Matemática ............................................... 281
19. Vidas Fora dos Trilhos .............................................................. 289
20. Olhe para Si Mesma ................................................................. 300
21. Caça-Fantasmas ou Eu Quero um Número de Dança Feminista ........ 311

Agradecimentos ................................................................................ 326

Notas ............................................................................................... 329

Trabalhos Consultados ..................................................................... 338

# Introdução

MINHA FILHA, KIRA, OUVE HISTÓRIAS ANTES DE DORMIR PRATICAMEN-
te desde que nasceu. Quando completou 8 anos, em 2016, já conhecia
os primeiros quadrinhos de *Snoopy e sua Turma* [*Peanuts*], os romances
de Frances Hodgson Burnett, os desenhos animados do *Homem-Ara-
nha* [*Spider-Man*] dos anos 1960, as aventuras existenciais de *Frog and
Toad*, as obras completas de Roald Dahl, *Star Wars*, as duas versões do
filme *Annie* e ambas as versões de *Os Caça-Fantasmas* [*Ghostbusters*]. Não
foi minha intenção levá-la a um passeio pelas obras de meu amadurecimento literário, e nem imaginei que, ao revisitar as histórias que amava
quando era criança, iria lembrar-me delas de maneira muito mais vívida
do que de eventos reais de minha infância. Mas foi o que de fato aconteceu. Em alguns momentos, questionei meus motivos. O que eu achava
que estava fazendo? Quais eram, exatamente, minhas intenções? Estava
apresentando as coisas a ela ou estava apresentando-a a mim? E se eu
estivesse me apresentando a ela de algum modo, por meio de seus globos
oculares e canais auditivos, como um esporo cerebral transmitido pelo ar?
Continuaria sendo algo educativo ou seria apenas bizarro? Seria eu como
qualquer mãe ou pai normais, ou estaria mais para uma paródia de uma
cuidadora *hipster* em um esquete de *Portlandia*?* Era assim que a cultura
funcionava?

---

\* Série humorística de televisão, composta por esquetes que se passam na cidade de Portland
(Oregon, EUA) e arredores. [N. T.]

Certa vez, quando Kira tinha 5 anos de idade, dei-lhe de presente um belo exemplar, ilustrado e caríssimo, do livro *Alice no País das Maravilhas* [*Alice's Adventures in Wonderland*], de Lewis Carroll, e sem querer deixei escapar que não me lembrava se já o havia lido. Ela pressentiu uma trapaça – talvez porque eu estava mesmo trapaceando. Para começar, eu já havia estabelecido um sistema de recomendações baseado em uma nostalgia declarada, e não em pedagogia. Além disso, ela já tinha assistido à adaptação em desenho animado da Disney e lido o livro baseado no filme, e parecia não ter gostado muito, assim como acontecera comigo na idade dela. Mas eu estava curiosa. Tinha o pressentimento de que o original tinha algo importante para me dizer. Assim, insisti, e Kira cedeu, mas, depois de algumas páginas, ela me interrompeu e exigiu que eu lesse *A Bela Adormecida* [*Sleeping Beauty*].

Por acaso, a versão de *A Bela Adormecida* que tínhamos fazia parte da mesma série de livros e era baseada no desenho animado estrelado pela Barbie gótica princesa Aurora, as fadas atrapalhadas Flora, Fauna e Primavera e a sofisticada supervilã Malévola. Kira era alucinada por *A Bela Adormecida*. Ela não se cansava nunca da história. Nós duas a líamos todas as noites na hora de dormir, às vezes duas vezes na mesma noite, durante um ano. Ela sabia a história de cor, do começo ao fim, e me fazia parar antes da parte em que Malévola invade o batizado, para poder recitar o trecho. Toda noite, Kira declamava com seriedade a maldição lançada por Malévola sobre a princesa e a reação alarmada dos pais da jovem.

"Antes do pôr do sol do seu décimo sexto aniversário, ela picará o dedo no fuso de uma roca de fiar, e mor-re-rá!", dizia ela, com a voz de Malévola.

"Oh, não!", exclamava com a voz da rainha.

"Prendam essa criatura", ordenava com a voz do rei.

Era divertido.

A teoria do pai de Kira, Craig, era que ela gostava de *A Bela Adormecida* porque no fim a amaldiçoada princesa Aurora voltava para os pais, depois de passar dezesseis anos escondida com as fadas. Ser acolhida de volta pelo pai, o rei Estêvão, e pela mãe, a rainha Leila, era o verdadeiro final feliz. Essa interpretação fazia sentido para mim; crianças de 5 anos querem autonomia e liberdade, mas também querem sentir-se seguras, cuidadas e amadas – exatamente como os adultos. Mas, ainda assim, essa teoria não me satisfazia. Eu continuava atrás de algum incrível *insight* pré-escolar, alguma migalha apocalíptica de verdade que revelasse tudo. Como, por exemplo, *por que* ela gostava tanto de *A Bela Adormecida*? O que havia em Aurora para que Kira a colocasse tão acima das outras princesas? Eu gostava de pensar que tinha algo a ver com o fato de que, em última análise, Aurora desafiava uma sentença de morte ou que talvez Kira tivesse uma atração inconsciente pelo poder da fada rebelde. Mas a resposta de minha filha era sempre a mesma: a Bela Adormecida era a mais bonita. E era verdade. Ela era a mais bonita. De fato, o que mais se poderia querer de uma heroína? Seus cabelos eram os mais longos, mais loiros e mais esvoaçantes. Seu vestido tinha a saia mais rodada e a cintura mais estreita. Além disso, ela era jovem, inocente, passiva, ingênua, vulnerável, submissa, oprimida, bondosa com os animais, eficiente com a vassoura, perseguida e explorada – ou seja, indistinguível das demais. Um peão impotente na disputa pelo poder entre o rei e uma fada "do mal" ou rainha "perversa", que sempre era derrotada no final. Ela falava muito pouco, e quando o fazia, sua voz era suave, nunca estridente. Ela cantava com doçura, trabalhava contente e sofria com nobreza e elegância. Desde o berço somos ensinadas a associar beleza com bondade e valor. É uma lição difícil de desaprender. Quando eu era pequena, a Bela Adormecida era minha preferida por ser a mais bonita também; porque eu a reconhecia como o ideal feminino. Eu compreendia que ela não era apenas descritiva, mas prescritiva, que era não apenas a heroína de sua própria história, mas também o objetivo a ser alcançado.

Naquela noite, depois que Kira adormeceu, terminei de ler *Alice no País das Maravilhas* e fiquei chocada ao perceber como a história me parecia familiar, e a forma profunda como ressoava em mim. Alice era temperamental, esnobe, prepotente, crítica e esquentada. Fazia perguntas demais e tinha problemas com a autoridade. Era uma devoradora emocional, que absorvia com ansiedade tudo que encontrasse pela frente. Agia como se tivesse direito natural a coisas como explicações, respeito e uma linda casa cheia de brinquedos com os quais brincar. Ofendia-se com facilidade e com frequência sentia pena de si mesma. Era cheia de opiniões, questionadora e egocêntrica. Ela não se parecia nada com as heroínas dos contos de fadas – não era como a princesa ou como uma garota comum. Não admira que eu não gostasse dela. Comparada com a Bela Adormecida, Alice era um monstro. Ela era exatamente como eu.

A história é a seguinte: Alice tem 7 anos de idade e está descansando na beira do rio com sua irmã mais velha, em um cálido dia de primavera. A irmã lê um livro sem ilustrações, e Alice está entediada e quase cochilando, quando, de repente, um Coelho Branco vestido com um colete passa correndo, olhando seu relógio de bolso e resmungando algo sobre o horário. Alice se levanta e segue o Coelho por baixo de uma sebe, e por acidente cai dentro de uma toca de coelho. Ela aterrissa em um lugar absurdo, onde as regras da lógica ou da física não se aplicam. No País das Maravilhas, dependendo do contexto, que muda o tempo todo e não faz nenhum sentido, o corpo dela sempre é grande demais ou pequeno demais, suas emoções são exageradas e as criaturas que encontra são grosseiras, arrogantes, desdenhosas e hostis. Elas entendem errado o que ela diz e tomam-na pelo que não é. O Coelho Branco confunde-a com sua criada. A Pomba acha que ela é uma serpente (quando o pescoço dela espicha como o de um flamingo). O Chapeleiro Louco e a Lebre Maluca dizem-lhe que não há lugar para ela à mesa de chá, embora esteja evidente que sobram lugares. Eles lhe oferecem um vinho que não existe e depois a censuram por invadir uma festa para a qual não foi convidada.

Todo esse *gaslighting** acaba levando Alice a uma tremenda crise de identidade. Ela começa a duvidar de sua sanidade. ("Somos todos loucos aqui. Eu sou louco. Você é louca", diz a ela o Gato de Cheshire. "Como você sabe que sou louca?", pergunta Alice. "Deve ser", responde o Gato, "ou não teria vindo para cá."[1]) Ela nunca havia acreditado em contos de fadas quando era mais nova, e no entanto ali estava, aparentemente presa em um. Alguém devia escrever um livro sobre ela, pensa. Talvez ela o escreva quando crescer. Então lhe ocorre que ela *já* cresceu – ou pelo menos já cresceu até onde poderia naquele lugar restritivo e infantilizado, onde não há espaço para uma pessoa como ela crescer.

Quando Lewis Carroll publicou *Alice no País das Maravilhas*, em 1865, o mundo estava no meio de uma revolução científica, tecnológica, econômica e social. A industrialização, a urbanização, a comunicação de massa, o transporte de massa e o livre comércio tinham possibilitado o surgimento do capitalismo de mercado e da classe média. O darwi-

---

\* O termo *gaslighting* começou a ser utilizado em meados da década de 1960 para descrever fenômenos psicológicos envolvendo a manipulação de pessoas. Sua origem remonta à peça teatral *Gas Light* (1938), do dramaturgo inglês Patrick Hamilton, na qual parte da manipulação do marido para enlouquecer a esposa consistia em diminuir a intensidade da iluminação a gás da casa onde viviam. Após o sucesso da peça e de suas adaptações cinematográficas, a primeira de 1940, e a mais famosa, de 1944, com Charles Boyer e Ingrid Bergman nos papéis principais, surgiu o termo *gaslighting*, o fenômeno que consiste em fazer alguém questionar a própria memória, percepção da realidade e até mesmo a sanidade por meio de mentiras e manipulações.

Na atualidade, o termo vem sendo usado pelo movimento feminista para designar um tipo de violência de gênero, por conta do machismo que envolve a sociedade patriarcal e que causa danos mentais às mulheres em processo de abuso psicológico efetivado por muitos homens. [N.E.]

nismo, o marxismo e a psicanálise haviam revolucionado o mundo social. As recém-surgidas "damas" da classe média viram-se na desconfortável posição de terem de preservar simbolicamente os valores culturais. O que eram as mulheres e como elas se encaixavam na sociedade tornou-se uma obsessão pública. As mulheres mais cultas de classe média alta organizaram-se em torno de causas sociais como a abolição da escravatura, a temperança* e as reformas prisionais, da educação, do casamento e dos sanatórios; quanto mais elas se agitavam por sufrágio, por direitos de propriedade, de custódia, reprodutivos e legais, por acesso à educação superior e às profissões e por uma modernização do vestuário, mais eram pressionadas a se encaixarem em determinado modelo. O "culto da verdadeira feminilidade" era a resposta capitalista à "questão da mulher" – tal como, o que deve ser feito com elas e com suas malditas exigências? Era o confronto entre o clichê e as mulheres da Era Vitoriana, a reação original contra as reformas liberais, manifestada pela imprensa, pela mídia popular e pela publicidade;[2] ele dominou a mídia popular, às claras ou de forma dissimulada, condescendente ou hostil, polêmica ou utilitária, do mesmo modo como ocorre hoje em dia. O "culto da verdadeira feminilidade" ajudava a vender jornais e revistas, inspirava sermões, motivava cartas aos editores e gerava muito estardalhaço. Dava uma resposta materialista para uma questão existencial, preenchendo o vácuo deixado pelo término da antiga ordem social "divina" e feudal, e substituindo-a com uma ordem social "natural" baseada na "ciência". O "culto da verdadeira feminilidade" dividia o mundo simbólico em dois, separando tudo em categorias. Os homens ficavam com a "esfera pública" formada por comércio, política, lei, cultura, razão e ciência; para as mulheres – as "verdadeiras mulheres" – ficava a "esfera privada" que incluía casa, filhos, moral e sentimento.

---

* O movimento da temperança, vigoroso nos EUA em fins do século XIX, foi um movimento de massa que se opunha ao consumo de álcool, culpando seus consumidores por todos os problemas da sociedade da época. [N. T.]

Vem daí a noção dos papéis de esposa e de mãe como um "trabalho", e não apenas um trabalho qualquer, mas uma missão tão nobre e elevada que apenas poderia ser realizada por amor, jamais por coisas tão corruptas como dinheiro ou posição social. A "verdadeira mulher" recebeu a incumbência de criar um refúgio sereno e restaurador para o marido, distante do mundo sujo e corrompido do capital, no qual ele se aventurava para perseguir sua presa. Como compensação por sua total privação cívica e financeira, a esposa de classe média alta recebia a administração da casa – supondo que ela tivesse sorte suficiente para adquirir uma casa por meio do casamento. Suas funções incluíam lidar com os empregados, administrar o orçamento doméstico, supervisionar o desenvolvimento social, moral e espiritual do marido e dos filhos e devotar-se a demonstrar com precisão o *status* do marido, por meio "do consumo de bens de luxo, do modo apropriado a uma dama".[3] Na segurança do lar, em seu "jardim protegido por muros",[4] ela tanto alimentava quanto reprimia suas ansiedades sociais e de *status*, ao seguir os conselhos de revistas como *Godey's Lady's Book* (1830-1878), que trazia dicas de moda e de como cuidar da casa, conselhos sobre questões de etiqueta social, vislumbres íntimos da vida de aristocratas e *socialites* e propagandas que exibiam todas as novidades indispensáveis mais recentes. Tudo aquilo que fazia com que uma dama fosse uma dama.

O fato de que poucas mulheres tinham condição de adotar o estilo de vida ali apresentado, ou de seguir tantos conselhos contraditórios, era totalmente irrelevante (as mulheres da classe trabalhadora, tendo que laborar em troca de um salário, eram sempre "reais" demais para serem "verdadeiras"). A "verdadeira feminilidade", de qualquer modo, não passava de uma aspiração, pois nada é melhor para manter uma mulher em seu devido lugar do que tentar alcançar um padrão impossível.

A "verdadeira mulher", também chamada de "anjo da casa", por conta de um poema popular do poeta Coventry Patmore, era uma mulher idealizada, promovida sem cessar na publicidade, nos jornais, na literatura popular e nas revistas femininas.[5] Era o ideal popular que se esperava que toda mulher moderna decente alcançasse.[6] A historiadora Barbara Welter resumiu as quatro virtudes cardeais de uma "verdadeira mulher": ela era virtuosa, submissa, do lar e pura.[7] Sua inocência era infantil, e seu comportamento era modesto e recatado. Ela perdoava todas as transgressões do marido, sem cometer nenhuma. Ela o absolvia dos pecados. Ela buscava agradar. Seus modos eram irrepreensíveis e seu gosto, impecável. Ela era colocada como uma boneca frágil no alto de um pedestal estreito, de cima do qual poderia cair a qualquer movimento brusco.

Era para se encaixar nesse mundo que uma garota como Alice havia sido educada. Esse era o caminho para uma vida adulta bem-sucedida. Era esperado que ela se casasse, tivesse filhos e se tornasse a senhora da casa, e toda a educação que recebera tinha esse único propósito. A senhora da casa tornava-se parte da própria casa: tanto pela lei britânica quanto pela lei americana, o casamento a privava por completo de suas propriedades e personalidade. Uma mulher solteira era uma *feme sole*; a mulher casada era uma *feme covert*, ou "mulher resguardada", legalmente englobada pela identidade do marido. As mulheres começaram a adquirir um *status* legal como pessoa com a Lei de Propriedade de Mulheres Casadas de 1839, mas ainda não usufruíam dele por completo na época de Alice.

No Peru, minha própria bisavó, Rosa María Montenegro, teve de se casar aos 16 anos com um próspero homem vinte anos mais velho.

"Eu ainda brincava de boneca", ela me contou uma vez. "Na minha noite de núpcias, tentei fugir pela janela. Ninguém havia me contado nada."

Depois que ela entendeu a situação, tornou-se mais feliz. Seu marido era gentil com ela, e lhe dava mais dinheiro e liberdade do que ela recebera da mãe. Duas vezes por ano, ela encomendava roupas e móveis da Europa. As encomendas chegavam de navio e eram levadas por trem da ponta do píer até o porto. Todo mundo sabia que seu marido tinha sífilis. Ele morreu quando ela era muito jovem, deixando-a viúva e com três filhas. Todas voltaram para a casa da mãe dela. Minha bisavó acabou casando-se de novo e teve uma quarta filha seis meses antes que sua segunda filha, minha avó, tivesse minha mãe. Permanecer solteirona era ser socialmente "redundante", mas, para uma garota, o casamento significava ser absorvida pelo eu de outra pessoa. A educação de uma mulher era destinada a fazer com que caísse no sono aos 16 anos e se mantivesse inalterada e inconsciente para sempre. Era uma anulação. Não era um início, mas uma "finalização".

Por que eu me identificava com Alice, aquela garotinha vitoriana? As aventuras de Alice no País das Maravilhas não tinham nada em comum com minha vida. Então por que me pareciam tão familiares? Eu nunca tinha caído na toca de um coelho e ido parar em uma terra estranha e incompreensível, mas, sim, tive uma infância absurdamente itinerante e, quando cheguei à idade de Alice, já tinha passado por mais choques culturais do que a maior parte das pessoas passa ao longo de toda a vida. Depois, já adulta, trabalhei como crítica de cultura *pop* durante quase uma década. Nos últimos quatro anos, passei a maior parte das horas do dia dentro de salas de exibição escuras. Comecei a trabalhar como crítica de televisão em 2000, talvez o melhor momento para escrever sobre televisão. E passei a trabalhar como crítica de cinema em 2004, talvez o pior momento para escrever sobre cinema. Eu passava horas no escuro, consumindo doses tóxicas de filmes de super-heróis, comédias românticas sobre cerimônias de casamento, hinos criptofascistas à guerra e bromances sobre rapazinhos imaturos e desinteressantes e as mulheres deslumbrantes que estavam desesperadas para se casar com eles. Filmes com protagonistas mulheres eram praticamente inexistentes. A maioria das atrizes estava lá para fazer o papel de "a garota".

"A garota" era a versão adulta da "princesa". Quando criança, eu acreditava que a princesa era a protagonista, porque ela parecia ser a personagem central da história. A palavra *protagonista* vem do grego, significando "o ator principal em uma disputa ou causa", e um protagonista é uma pessoa que deseja algo e faz alguma coisa para conseguir o que quer. "A garota" não age, porém – ela se comporta. Ela não tem uma causa, mas uma provação. Ela não deseja nada, ela é desejada. Ela não é uma vencedora, ela é o prêmio. Ela não se realiza, mas ajuda o herói a realizar-se. Às vezes, sentada no cinema, eu sentia um desespero crescente e pensava: *Por que vocês ficam me contando isso? Por que falam desse jeito comigo?*

Claro que havia bons filmes, que me reconectavam comigo mesma e com o mundo, mas na maior parte do tempo eu me sentia como alguma etnógrafa meio maluca, perdida em outra dimensão, no desespero de reunir notas de campo no interior daquele espelho sombrio no qual eu não conseguia de modo algum me situar. Comecei a me sentir irreal, irrelevante em minha própria vida, aprisionada em um sonho que não era meu. Sentia-me como um canário em uma mina de carvão, trilando meus protestos diminutos e impotentes em meio à escuridão enquanto testemunhava, traumatizada, a desumanidade da continuação do *blockbuster* daquele verão. Sentia-me, acho, como Alice no País das Maravilhas. Por algum motivo, tomar notas ajudava. Eu fazia anotações para mitigar a sensação de desespero contido que às vezes me dominava, para afirmar minha existência, para me lembrar de comprar bananas a caminho de casa. Eu preenchia um caderno atrás do outro com garranchos indignados, tortos e ilegíveis. Sei que todo mundo diz que sua letra é torta e ilegível, mas a minha era de verdade, porque eu escrevia no escuro.

A escritora Renata Adler passou um ano – o ano em que nasci – trabalhando como crítica de cinema para o *The New York Times*. Sei disso porque durante minha fase de crítica de cinema, sentia-me tão alienada de mim mesma e de meus sentimentos, que comecei a procurar evidências de que não era a primeira pessoa na história, nem a única, a sentir-se assim. *A Year in the Dark* [Um Ano na Escuridão] é uma coletânea das resenhas escritas por Adler em 1968. Na introdução, ela conta como deixou o emprego de resenhista literária na revista *The New Yorker* ao perceber que não acreditava na "crítica profissional como modo de vida". No entanto, quando o *The New York Times* lhe ofereceu o trabalho na área de cinema, ela pensou na forma como seus críticos de cinema favoritos usavam os filmes como mote para discussões culturais mais amplas, "colocando, de forma idiossincrática, os filmes em paralelo com outros temas de seu interesse". Escrever sobre os filmes era um modo de escrever "sobre um evento, sobre qualquer assunto"– e isso tinha a ver comigo, pois foi o que senti quando comecei a escrever sobre televisão. Eu escrevia a respeito do que me interessava e reagia àquilo que parecia merecer uma reação no momento. No caso do cinema, porém, eu estava presa à agenda de lançamentos e aos trabalhos em conjunto. Não havia mais conexões aleatórias, não era mais possível entrar na conversa quando ela começava a ficar boa. Em vez disso, pegava meu carro, ia até lá, sentava-me, assistia, processava, fazia tudo de novo. Comecei a me fechar. Adler também chegou a um ponto onde sentia que os filmes "anulavam o conteúdo de boa parte de minha vida, e também ocupavam meus dias, como sonhos", e isso a levou a se demitir.[8] Eu me sentia da mesma forma, mas não pedi demissão. Craig costumava me achar num estado de estupor catatônico, tentando encontrar novas maneiras de dizer as mesmas coisas sobre as mesmas coisas. "Faça simplesmente como no jogo Mad Lib," prepare alguns modelos e só preencha as lacunas", sugeria ele. Nunca segui sua sugestão, e ele revidava lendo minhas resenhas em alto e bom som, imitando a voz de Gene Shalit." Às vezes, ele me fitava com olhar de peixe morto e expressão vazia, e proferia as palavras de críticos de cinema que eu o proibira de usar na minha frente: "Confete e purpurina. Filme de verão".

Um dia, em 2007, li algo que me tirou de imediato de meu estado entorpecido. Era uma frase casual em uma entrevista com Isla Fisher. Indagada sobre como sua carreira tinha mudado depois de seu papel de maior destaque, em *Penetras Bons de Bico* [*Wedding Crashers*], ela respondeu que, para sua grande surpresa inicial, nada mudara. "Depois de *Penetras Bons de Bico*, percebi que em Hollywood não há muitas oportunidades para mulheres fazerem humor", disse ela. "Todos os roteiros são escritos para homens, e você faz o papel de 'a garota' no carrão turbinado."[9] Após *Penetras Bons de Bico*, Fisher atuou como o interesse romântico em *Hot Rod – Loucos Sobre Rodas* [*Hot Rod*], um filme com Andy Samberg sobre Andy Samberg e um carro. O comentário dela expôs não só a realidade – a escassez de oportunidades humorísticas para mulheres em Hollywood –, mas também a ideologia que havia criado e perpetuava essa realidade. Estava bem ali, na estrutura da sentença, e fácil de analisar: "Todos os roteiros são escritos para homens, e fazer o papel de 'a garota'" sugere que os roteiros vinham lá de cima, entregues pela mão pura e branca de Deus. "A garota" era banida para os bastidores até receber a ordem de desempenhar seu insignificante papel feminino. Foi desse modo, com o desprezo da internet, que seu comentário foi tratado como *clickbait*, uma isca para

---

\* Jogo em que um jogador pede aos demais que forneçam palavras para preencher lacunas em uma história que eles não conhecem de antemão. O resultado, lido em voz alta, costuma ser cômico ou sem sentido. [N. T.]

\*\* Crítico norte-americano de cinema e literário, que se aposentou em 2010 e era conhecido por seu visual extravagante. [N. T.]

atrair visitas a sites. "Namorada de Borat planeja revolução sexual em Hollywood",[10] anunciou uma manchete, que não apenas provava não ter entendido nada, mas ainda zombava da questão e menosprezava-a. Toda a experiência feminina parecia contida naquele comentário, sem falar em vários dos estágios do luto feminista: o choque de perceber que o mundo não pertence também a você; a vergonha por ter sido ingênua a ponto de pensar que pertencia; a indignação, a depressão e o desespero que se seguem a tal percepção; e, por fim, a adoção de mecanismos práticos de enfrentamento, compartimentação, pragmatismo e redução de expectativas.

Um sentimento antigo e familiar, uma sensação de desconforto, começou a tomar forma depois disso. Não eram só os filmes. Era tudo, por todo lado. Era o sexismo sublimado que emudecia cada experiência, mas que não nos era permitido notar ou reconhecer. Era o subtexto regressivo que parecia solapar cada texto progressivo. Entre a época em que eu era uma garotinha curiosa, nos anos 1970, e a época em que me tornei uma mulher adulta confusa e desnorteada, nos anos 2000, perdi-me em um mundo absurdo de ambiguidades* e mensagens contraditórias, até não ter mais certeza de quem eu era ou o que era esperado que eu fizesse. Contudo, estava claro que se esperava que eu fizesse algo, porque sempre havia alguém me dizendo que eu estava fazendo tudo errado. As ideias que as mulheres tinham sobre si mesmas haviam mudado, mas a ideia que o mundo fazia das mulheres, de algum modo, não mudara. A dissonância cognitiva era palpável, o tempo todo.

Em 2012, cerca de quatro anos depois que saí do jornal, assisti ao filme *Ruby Sparks – A Namorada Perfeita* [*Ruby Sparks*], escrito e estrelado por Zoe Kazan. O filme era sobre Calvin, um novelista pródigo e *nerd*

---

\* Em psicologia, o duplo vínculo se refere a uma relação ambígua, em que mensagens conflitantes, como afeto e agressão, são transmitidas ao mesmo tempo. [N. T.]

que escreveu um *best-seller* na juventude e desde então ficou bloqueado, paralisado pela ansiedade causada pela própria influência. Um dia, ele inventa uma garota. O nome dela é Ruby. Ela é excêntrica e dedicada, e ele a ama. Ela é o tipo de garota que ele adoraria encontrar, a garota de seus sonhos. Ele mostra o manuscrito ao irmão, Harry, que lhe diz: "Mulheres excêntricas e atrapalhadas, com problemas que só fazem a gente gostar ainda mais delas, não existem de verdade... Você não criou uma pessoa, você criou uma mulher perfeita".

Mas, na manhã seguinte, Calvin acorda e encontra Ruby na cozinha, tomando o café da manhã. De algum modo, ele não apenas havia materializado a garota de seus sonhos, como também pode mudá-la da maneira que quiser. Ele pode controlar a história dela a partir de sua máquina de escrever (ele usa uma máquina de escrever porque é esse tipo de cara). Calvin liga para Harry e pede que venha até sua casa e confirme que ele não ficou maluco. Não, não ficou. Ruby não só é real, mas também, como observa Harry, "pode fazer uns ajustes, se quiser".

Ele pede a Calvin, "por todos os homens", que não perca aquela oportunidade. Mas Calvin resolve ser nobre. Ele guarda o manuscrito e jura nunca mais usar sua escrita para tentar controlar Ruby ou, de alguma maneira, interferir no destino dela.

Ruby, é claro, acha que é uma pessoa. Ela não sabe que foi conjurada a partir da imaginação de Calvin e que não passa de um avatar. Tudo o que sabe é que Calvin é o centro de sua vida, o único sentido de sua existência, e sente-se vazia e sem rumo. Passa o dia todo em casa, isolada, sem ter o que fazer enquanto ele escreve. Começa a ficar deprimida e carente, e deixa Calvin maluco. Finalmente, ele pega o manuscrito e começa a fazer ajustes sutis nela. E se ela fosse um pouco menos carente, um pouco mais independente? Funciona. Logo, Ruby matricula-se em um curso e faz novos amigos. Faz planos com eles depois da aula, e Calvin sente ciúmes. Ambos visitam a família dele, e Calvin fica irritado porque ela os adorou e eles também a adoraram. Então, certa noite, em uma festa, ela pula na piscina com um autor rival, e Calvin perde a cabeça. Ao voltar para casa, eles brigam e Ruby o acusa de esperar que ela corresponda a seu "ideal platônico de namorada". Ela diz que ele não a controla, e Calvin discorda. Senta-se à máquina de escrever e começa a datilografar; primeiro a faz latir como um cachorro, então andar de quatro e, por fim, saltar como uma líder de torcida, gritando "Você é um gênio! Você é um gênio!" sem parar, até cair. Depois, ela se levanta e sai correndo.

Li, em uma entrevista com Kazan, que ela estava interessada em escrever sobre a violência inerente à redução de uma pessoa a um ideal. Assistindo a *Ruby Sparks – A Namorada Perfeita*, ocorreu-me que o filme era uma metáfora perfeita para o modo como a cultura *pop* age todos os dias para reduzir-nos a ideias, e como nós, como garotas, crescemos em uma espécie de País das Maravilhas ao contrário, onde a mídia empenha-se em nos apagar e substituir por estranhas versões de fantasia de nós mesmas. A personagem de Ruby é dupla. Ela é tanto um ideal patriarcal moderno quanto uma pessoa real lutando para emergir de baixo do véu opressor de tal ideal. *Ruby Sparks* aborda como é crescer à sombra desse duplo fictício, e este é tanto o conflito central do filme quanto a tese central deste livro. E ainda: diferenciais extremos de poder são péssimos para as relações humanas. E isto: não estou convencida de que o amor é um trabalho. E mais: a perspectiva importa; para a garota de seus sonhos, seu sonho é um pesadelo se ela está presa nele.

Perto do fim de *Alice no País das Maravilhas*, Alice faz amizade com dois desajustados, o Grifo e a Tartaruga Fingida. Eles sentem mais ou menos o mesmo que ela quanto às pessoas malucas do País das Maravilhas, e são os que mais se aproximam de validar os sentimentos dela. A Tartaruga Fingida conta-lhe a respeito de sua educação, sobre as lições que aprendia na escola, que a "diminuíam" a cada dia.* Ela ajuda Alice a perceber que não está nem maluca e nem sozinha. A validação dá a Alice confiança para voltar ao jardim e desafiar a autoridade da Rainha de Copas, e isso, é claro, faz a Rainha ficar roxa de raiva.

"Cale a boca!", ela ordena. E, quando Alice se recusa, ela berra "Cortem-lhe a cabeça!".

Mas Alice já não tem mais medo. Ela já começou a assumir uma vez mais seu tamanho normal. Ela estende a mão e enxota a Rainha com um gesto.

"Quem se importa com vocês?", diz. "Vocês são só um monte de cartas!"

Com isso, a Rainha cai aos pedaços e as cartas voam para todos os lados. Alice desperta de seu sonho e corre para casa.

Embora tivesse se recusado a ouvir o resto da história de *Alice*, Kira não a esqueceu. De vez em quando ela folheava o livro, quando eu não estava olhando. Um dia, ela viu um vestido *vintage* em um brechó. Era preagueado, de flanela azul-clara, com gola Peter Pan, mangas bufantes e um laço nas costas. Parecia o vestido de Alice. Ela me pediu que o comprasse para ela, e foi o que fiz. Ela costumava usá-lo com sua tiara vistosa, com um laço dourado enorme em cima, que ela havia escolhido em uma loja de departamento. No dia da leitura em sua escola, ela acrescentou um avental branco e sapatos boneca de couro preto, e foi vestida de Alice.

Ela estava com 5 anos nessa época, e 7 quando comecei a escrever este livro – a mesma idade de Alice. Aos 7 anos, uma garota está a ponto de cair na toca do coelho e chegar a um jardim artificial, onde será ensinada a submeter-se às regras sem sentido de um jogo impossível de vencer – *croquet* com ouriços no lugar das bolas e flamingos em vez de tacos – sob a ameaça constante de destruição.

---

\* Trocadilho intraduzível em português, entre *lesson* ("lição") e *lessen* ("diminuir"). [N.T.]

Desde então, Kira cresceu, não entra mais no vestido e perdeu a tiara dourada, mas espero que também cresça para além de todas as histórias limitantes, opressoras e infantilizantes – todos os contos de fadas destinados a mantê-la pequena, encolhida e assustada – muito antes do que aconteceu comigo. Espero que, como Alice, ela desperte e os enxergue como de fato são: apenas um monte de mentiras. Espero que ela os esmague sem pensar duas vezes, e escreva o próprio conto de fadas, que reflita sua própria experiência como ser humano nesse mundo absurdo.

Enquanto isso, este livro é para ela.

# Parte Um

## Descendo pela Toca do Coelho

"Se você bebe muito de uma garrafa em que está escrito 'veneno', é quase certo que vai se sentir mal, mais cedo ou mais tarde."

– Lewis Carroll, *Alice no País das Maravilhas*

# 1

## Coelhinhas

Aprendi sobre sexo com o livro infantil *De Onde Viemos?* [*Where Did I Come From?*], de Peter Mayle, Arthur Robins e Paul Walter, mas aprendi sobre sensualidade com as revistas *Playboy*, de meu avô e com o Pernalonga fazendo a *drag*. O que compreendi, com o livro, era que o sexo era uma coisa desajeitada que acontecia quando um homem gorducho sentia "muito amor" por uma mulher gorducha e queria "ficar o mais pertinho possível dela". Com a *Playboy* aprendi que sensualidade eram moças peladas e homens esquisitos e invisíveis.

A casa de meus avós foi construída em meados da década de 1950 e parecia o cenário de um filme de *A Pantera Cor-de-Rosa* [*Pink Panther*]. O escritório, em particular, exibia o tipo de masculinidade sofisticada e cosmopolita que estava na moda naquela época. Talvez em algum momento meu avô tivesse o hábito de organizar jogos de pôquer e convidar outros homens de cabelo empastado, curtidos de sol, que usavam camisas *guayaberas* e sandálias com meias brancas e se reuniam em volta da mesa de jogos coberta de feltro verde. Mas quando eu era criança, ele só tinha um visitante. Tio César era um almirante reformado da Marinha, com aparência suave, nariz de batata e uma severa limitação visual, que faziam lembrar um Mr. Magoo beatífico. Outra característica interessante dele era haver perdido as cordas vocais devido a um câncer, tendo reaprendido a falar engolindo ar e arrotando as palavras (é a chamada fala esofágica. Ele nos ensinou a usá-la). Em minha infância, o escritório não era bem um espaço social, mas um templo à *persona* que meu avô criara para si mesmo, tendo a *Playboy* como seu guia.

Meu avô colecionava revistas *Playboy*. Isso não quer dizer que ele comprava todos os números; quer dizer que ele comprava todos os números, encadernava-os em volumes anuais com capas de couro gravadas a ouro na lombada e organizava-os em uma estante baixa por trás da mesa de pôquer, como se fossem os tomos de uma bela enciclopédia. Eles conferiam ao aposento uma atmosfera devassa, mas culta, que atenuava a vulgaridade grosseira dos cartuns emoldurados junto ao bar de fundo espelhado, que representavam cenas de enfermeiras e secretárias sensuais sendo assediadas sexualmente. Havia também – à época meu favorito – o cartum de um homem descendo pelo vaso sanitário enquanto dava a descarga, com uma legenda que dizia: "Adeus, mundo cruel". As enfermeiras e os médicos dos cartuns emoldurados no escritório de meu avô pareciam criaturas de dois planetas diferentes (Marte Sapo e Vênus Gostosa). Mas o que parecia estranho e pouco familiar a nós, crianças, era o casal rosadinho, rechonchudo, ele careca e ela de cabelo armado, das ilustrações de *De Onde Viemos?*, encaixados um no outro como um yin-yang *hippie* com coraçõezinhos vermelhos flutuando a partir de seu abraço nu; eram parecidos demais um com o outro, como se fossem irmãos.

E foi assim que, durante o ensino fundamental, adquiri uma ligação sentimental com as revistas de mulher pelada de meu avô. Todo ano, no Natal, minha família viajava para Lima para visitar meus avós. Morávamos muito longe (primeiro em São Paulo, depois Nova York, depois Chicago, depois Madri, depois Chicago de novo, depois Nova York de novo, depois Madri de novo) e nossas visitas eram curtas e muito espaçadas, por isso eu me esforçava para apegar-me a tudo que pudesse. Guardava na memória cada detalhe, e a tudo dava algum significado. Eu adorava meu avô. Coronel da Força Aérea, aposentado e elegante, com um bigode de Errol Flynn, parecia um personagem saído diretamente de uma *sitcom* dos anos 1960: tenso, nervoso e hilariante; um major Nelson, como o do seriado *Jeannie é um Gênio*, peruano. (A fuga era um tema recorrente: o bisavô dele fora um irlandês nascido em Nova York, que viajou ao Peru na década de 1860 a fim de trabalhar em projetos ferroviários, nos Andes, para Henry Meiggs, famoso magnata californiano de ferrovias e fugitivo da justiça). Meu amor por ele era metonímico, transferindo-se para os objetos que o representavam em minha mente. Ele era uísque, medalhas, cigarros, pistas de corrida, truques com cartas, balas *toffee*, brilhantina, sandálias com meias brancas, missa de sábado à noite, revista *Playboy*, arma.

Quando minha prima Christie e eu estávamos no primeiro ou segundo ano e meu irmão Gonzalo estava um ano atrás de nós, começamos a roubar as *Playboy* enquanto os adultos estavam ocupados com coquetéis e discussões. Nós nos escondíamos no quarto de empregada para examinar as revistas. Essa se tornou nossa tradição pré-almoço de Natal. Uma vez, ri tanto que fiz xixi nas calças em cima da cama de Rosa, e foi assim que nos descobriram. Dias depois, minha mãe apareceu com um exemplar de *De Onde Viemos?*, escrito pelo publicitário Peter Mayle, que depois ficaria famoso pelo livro *Um Ano na Provence* [*A Year in Provence*]. Era uma tentativa honesta e simpática de desmistificar o sexo para as crianças. Era um livro interessante, mas não tinha nada a ver com minha curiosidade, porque eu não queria aprender sobre a ciência dos mamíferos. Meu lance era a mistificação.

As imagens da *Playboy* tinham a ver com cultura, não com natureza. Todas aquelas fotos diáfanas de garotas nuas, sozinhas em aposentos de decoração *kitsch*, com seus acessórios e rabos de cavalo (iguais aos meus!) tinham uma estranha qualidade estática e hermética que fazia a nudez parecer um tanto artificial. Elas me faziam pensar nos animais empalhados dos museus de história natural de Chicago e de Nova York. Era como se fossem protótipos, uma imitação da vida, e não propriamente vivas, não eram mulheres reais. O fato de estarem sem suas roupas não me incomodava tanto quanto o fato de estarem sem um contexto. Estavam isoladas e congeladas no tempo. Até as fotos ao ar livre pareciam ter sido tiradas por trás de vidros. Os textinhos biográficos que acompanhavam as fotos acentuavam ainda mais essa impressão, e lembravam as placas informativas dos dioramas dos museus, que detalhavam o nome de algum animal extinto, procedência geográfica, "estatísticas" (altura, peso e medidas de busto, cintura e quadril), padrões alimentares e comportamentos de acasalamento, ou preferências e aversões. A coleção da revista *Playboy* era um museu de garotas, uma taxonomia de mulheres. As fotos me fascinavam e ao mesmo tempo me enchiam com um horror ontológico. Eu sabia, porque todo mundo sabia, que apenas garotas eram *sexy*, que a sensualidade *era* as garotas – uma exclusividade feminina. Isso me confundia, e por isso eu continuava voltando para as revistas, tentando entender. Aquilo me incomodava de tantas formas que eu não saberia nem por onde começar.

A aura de alheamento, de coelhinho de pelúcia, daquelas mulheres, aliás, era precisamente o efeito que a *Playboy* buscava. Em 1967, Hugh Hefner contou à jornalista italiana Oriana Fallaci que eles chamavam as modelos de coelhinhas porque

> o coelho tem, nos EUA, uma conotação sexual. Eu o escolhi porque é um animal puro, tímido, cheio de vida, agitado – *sexy*. Primeiro ele sente seu cheiro, então ele foge, e depois volta, e você tem vontade de acariciá-lo, de brincar com ele. Uma garota parece um coelhinho. Alegre, brincalhona. Veja a garota que tornamos popular: a Playmate do Mês. Ela nunca é sofisticada, uma garota que você não conseguiria ter. Ela é uma jovem saudável, simples – a vizinha do lado... Não estamos interessados na mulher misteriosa, difícil, a *femme fatale* que usa *lingerie* elegante, rendada, e é triste, e de certo modo tem a mente suja. A

garota *Playboy* não usa renda, não usa *lingerie*, ela é nua, limpa com água e sabão, e é feliz.[1]

Não li isso quando era criança, claro, mas acho que ainda assim entendi a mensagem. Para a *Playboy*, o "ideal de mulher" era uma princesa de contos de fadas nua: uma criatura silvestre jovem, tola, indefesa, crédula e fácil de manipular. Ela se entregava por inteiro por ser inexperiente demais para ter uma atitude melhor. Era um animal puro, limpo com água e sabão. Era incapaz de aprender, crescer ou mudar. Não podia de fato existir, num sentido temporal. Tudo que podia fazer era tentar cuidar de si mesma e exibir-se. Ganhar experiência tornava-a difícil. Fazia com que fosse banida para a cabana da bruxa, na floresta. Tinha que permanecer uma coelhinha tola, um corpo inconsciente, congelado no tempo e preservado em âmbar, pelo tempo que fosse possível, para assim sobreviver. A "mulher sensual" é o único tipo que pode existir abertamente à luz do sol do reino simbólico. É o único tipo de mulher que merece ser olhada, receber atenção ou ter a existência reconhecida. Para ser ouvida, uma mulher precisa ser agradável de ver. Não deve haver dúvida quanto a ser sexualmente desejável, mas tal condição enfraquecerá os argumentos dela, por mais sofisticados que sejam. Não estamos interessados em tristeza, sofisticação ou experiência. Em segredo, acreditamos que a subjetividade feminina é suja.

Quando se é criança – quando eu era criança, ao menos –, você acredita em superlativos e em dados, e é reconfortado por essa visão organizada do universo. Assim, você começa a categorizar e avaliar e organizar e classificar tudo o que pode. Quando eu estava no primeiro e no segundo anos, achava que os concursos de Miss América, Miss Mundo e Miss Universo eram classificações estatísticas reais das mulheres mais bonitas do país, do mundo, do universo. (Eu não sabia bem como a

Miss Universo poderia receber o título sem competir com alienígenas de outros planetas, mas estava disposta a suspender minha descrença.) Já havia compreendido que ser bonita não era o mais importante, como algum adulto sem dúvida me informou em algum momento, cumprindo seu dever, mas estava evidente que, no caso de uma garota, era a única coisa com que as pessoas se importavam. Bastava existir para perceber. Ser a mais bonita era o apogeu das conquistas femininas. Se a garota fosse bonita o suficiente, isso a tornaria *a número um do universo*. E, no entanto, a beleza que a tornava visível também lhe conferia uma estranha invisibilidade. Fazia com que se fundisse a uma massa indistinta, padronizada.

Antes do surgimento de Hugh Hefner, a pornografia era furtiva e oculta. Depois dele, estava por todo canto: *mainstream*, *pop*, chique, *cool*. Hefner dizia que sua grande inovação foi perceber que a *Playboy* era, muito mais do que a pornografia em si, um estilo de vida pornográfico. Ele não vendia fotos de garotas, vendia uma identidade masculina específica, por meio da transformação de garotas em objetos de consumo. Tal identidade guardava diversas semelhanças com a identidade vendida às mulheres nas revistas femininas, só que com as próprias jovens nuas como produtos descartáveis cujo consumo contínuo traria a felicidade. Era por isso que Hefner estava menos preocupado com concorrentes como *Penthouse* e *Hustler* do que com revistas "masculinas" como *Maxim* e *FHM*. Apesar de todas as diferenças aparentes, as Playmates não sugeriam individualidade, mas variedade, uma cornucópia infinita de escolhas para o consumidor. Como estudante do segundo ano, eu compreendia muito bem o apelo orgiástico de contemplar algo assim. Era impossível descrever o prazer de estar diante da caixa nova de giz de cera com 64 cores, com apontador embutido grátis. Era como a inebriante sensação de posse diante do mostruário da sorveteria, que logo dava lugar a um sentimento arrogante de merecimento. Uma verdadeira fúria me invadia quando o número de sabores oferecidos não alcançava os 31 que tinham sido prometidos. Não vinha ao caso o fato de que eu sempre escolhia o mesmo sabor, e usava sempre as mesmas cores de giz de cera, mal tocando nas outras. O importante era a possibilidade da escolha infinita. A abundância. Saber que a cor siena queimada estava ali, ao alcance de meus dedos. O importante era o poder que isso causava.

É claro que olhar as garotas nuas na *Playboy* não fazia com que *eu* me sentisse poderosa. Ao contrário, dava a sensação de estar tendo um vislumbre de um universo paralelo, onde eu era ao mesmo tempo invisível e dolorosamente visível, anulada e exposta. Não havia o equivalente inverso. Eu não sabia que, mais ou menos na mesma época, a acadêmica Laura Mulvey estava criando a frase "o olhar masculino". Essa linguagem continuaria inacessível para mim por mais duas décadas. Naquele momento, tudo de que dispunha para me ajudar a compreender eram coisas como a história de *Frog and Toad*\* [Rã e Sapo] chamada "Dragões e Gigantes": Toad se vê separado de Frog e, na entrada de uma caverna escura, dá de cara com uma serpente gigante que, ao vê-lo, diz: "Olá, almoço".

Em 2003, Hugh Hefner contou à CNN que foi apenas em retrospectiva que percebeu ter criado o que seria, na verdade, "a primeira revista bem-sucedida para homens jovens e solteiros", organizada em torno de uma única ideia "artística". Uma garota nua era colocada em um cenário, sendo introduzida na foto a sugestão de uma presença masculina. "Haveria um segundo copo, um cachimbo, uma gravata", explicou ele, que sugeririam "a possibilidade da sedução". Para Hefner, a presença de tal item transmitiria a ideia de que "garotas boazinhas também gostam de sexo".[2]

---

\*    Frog e Toad são personagens de uma série de livros infantis escritos e ilustrados nos anos 1970 por Arnold Lobel. [N.P.]

A *Playboy* foi crucial para ajudar a combinar a garota boazinha e a garota má em uma única entidade, que Robin Morgan, cofundadora do grupo Mulheres Radicais de Nova York chamou de "a imbatível combinação madona-prostituta". A cultura bombardeava as mulheres com mensagens ambíguas, colocando-as em situações absurdas, enlouquecedoras, de duplo vínculo psicológico. "Para receber aprovação, devemos ser sensuais e ao mesmo tempo puras, delicadas, mas capazes de lutar, recatadas e ao mesmo tempo agressivamente sedutoras, ou devemos dizer mal-humoradas", escreveu Morgan. As rainhas de concursos de beleza e coelhinhas da *Playboy* enviadas ao Vietnã para entreter as tropas eram "mascotes da morte" em uma guerra imoral. "Onde mais", perguntou Morgan, "seria possível encontrar uma combinação tão perfeita de valores americanos – racismo, militarismo, capitalismo – reunidos em um símbolo 'ideal', uma mulher?" Como Morgan escreveu no manifesto do grupo, parte da motivação para o protesto realizado durante o concurso de Miss América, em 1968,[*] foi chamar a atenção para a forma acrítica com que a mídia promovia o "degradante símbolo burro-peitudo-feminino" e os "ridículos padrões de 'beleza' que somos obrigadas a seguir". Cinco anos antes do protesto, em 1963, a jovem jornalista Gloria Steinem passou quase duas semanas no Playboy Club sob o disfarce de coelhinha, e escreveu um artigo para a revista *Show* sobre sua experiência, revelando as péssimas condições de trabalho naquele que podia intitular-se "o melhor emprego do país para uma jovem garota" e ser levado a sério. Não me lembro de ter notado nenhum cachimbo nas fotos, mas mesmo que o item casualmente introduzido fosse, sei lá, uma caixa de chiclete ou uma cartela de adesivos fofos, eu não adotaria uma postura fria e distante, enquanto olhasse para a garota com um sentimento de posse. Onde eu me encaixava na foto? Essa era uma questão existencial traumatizante demais. Era aquilo que as garotas viravam? Aconteceria *comigo*? Eu

---

[*] Conhecido, no Brasil, como a Queima dos Sutiãs, embora nada tenha sido queimado. [N. T.]

queria isso? E se quisesse? E se não quisesse? O que seria pior? A ideia de que garotas boazinhas também gostam de sexo nem uma única vez passou pela minha cabeça enquanto eu folheava uma revista *Playboy*. Esse pensamento passou pela minha mente enquanto eu brincava com minha Barbie Malibu e com o boneco de ação de meu irmão, mas nada nas garotas das fotos da revista sugeria que estivessem curtindo a experiência. Minha prima Christie e eu havíamos sido treinadas para redirecionar nossa subjetividade e aceitar o símbolo burro-peitudo-feminino e seu ridículo padrão de beleza como nosso padrão de feminilidade muito antes de folhearmos nossa primeira *Playboy*. Reconhecíamos as coelhinhas por conta de outras imagens que já tínhamos visto. Eram Barbies nuas com personalidade de princesas, exatamente aquilo que havíamos sido treinadas para reconhecer como nosso ideal pessoal – garotinhas bonitinhas, passivas, vulneráveis, inconscientes; as belas adormecidas. Christie e eu achávamos engraçado que uma revista chamada *Playboy* não tivesse garotos. Que descuido ridículo! Quem era o responsável pela revista? Tínhamos 7 ou 8 anos de idade. Levávamos tudo ao pé da letra. Estávamos erradas, é claro. O que a *Playboy* na verdade não tinha eram garotas.

Tendo sido criança nos anos 1970, nunca deixei de estar ciente de como o feminismo definiu-se por oposição ao espírito da *Playboy*, mas até recentemente nunca me havia ocorrido pensar como a *Playboy* definia-se por oposição ao espírito do feminismo. Eu pensava na versão *Playboy* da masculinidade como eterna, o *status quo* contra o qual o feminismo aguerrido subitamente ergueu-se. Eu não sabia que ambos eram universos paralelos nascidos da revolução sexual. Em um deles, as mulheres exigiam capacidade de ação e controle sobre seus próprios corpos, bem como direitos e liberdades sexuais e reprodutivas; no outro, alguns homens ampliavam seu senso de merecimento, para incluir o uso casual do corpo das mulheres como entretenimento. As antigas noções patriarcais vitorianas de proteção das "virtudes" e da reputação das jovenzinhas desmoronaram, e o vácuo deixado foi preenchido por novas noções patriarcais de exploração comercial. A atividade de modelo, antes um trabalho rotineiro, chato e mal pago, executado por mulheres de físico normal que mostravam aos clientes o caimento das roupas, foi transformada em um mundo glamoroso de fantasia, no qual garotas menores de idade são produzidas para parecerem adultas. A *Playboy* ajudou, reinventando garotas belas, nuas e sexualmente disponíveis como o item máximo de luxo para o homem alfa.

A *Playboy* estava em seu apogeu entre 1966 e 1976, e o movimento feminista estava em seu apogeu entre 1968 e 1977. Em 1969, a *Playboy* atribuiu a tarefa de escrever uma matéria sobre o movimento de libertação feminina à jornalista *freelancer* Susan Braudy, que, após extensivos relatórios, escreveu um texto simpatizante ao movimento. Hefner ficou furioso. Ele respondeu em um memorando: "Essas garotas são nosso inimigo natural... Precisamos destruí-las antes que elas destruam o estilo de vida da *Playboy*".[3] Braudy se recusou a alterar e publicar sua história para se adequar a esse ponto de vista, e a *Playboy* acabou publicando um artigo chamado "De Pé Contra a Parede, Porco Chauvinista" em seu lugar. Uma secretária da *Playboy* vazou a história para a imprensa e, quando Hefner descobriu quem havia sido, ele a despediu.

Para mim, o problema com a revista *Playboy* não eram as fotos de garotas nuas. O problema era que, em seu universo Looney Tunes, só existiam predadores e presas. Mulheres que acreditavam serem iguais eram o "inimigo natural" dos homens, como em todas as duplas binárias – Frajola *versus* Piu-Piu, Coiote *versus* Papa-Léguas, Hortelino Troca-Letras *versus* Pernalonga.

Em sua entrevista de 1967, Fallaci pediu a Hefner que explicasse seus relacionamentos, na vida real, com as Playmates com quem ele tivera envolvimento romântico. Como eram? Ele era fiel a elas? Esperava que elas fossem fiéis? Ele respondeu: "A questão de ser fiel sequer existe em tal situação. Eu não ignoro outras garotas". Ele tentou explicar que em geral mantinha um relacionamento especial que durava alguns anos e era complementado com relacionamentos secundários. Ele recitou uma série de nomes, garotas com quem tivera relacionamentos primários ao longo de treze anos.

"Eu gostaria de esclarecer que esses não eram pseudocasamentos, eram coabitações, que, infelizmente, provocam ciúmes em algumas mulheres", disse.

"E o senhor é ciumento, senhor Hefner?", perguntou Fallaci.

"Com certeza sou", ele respondeu. "Eu não gostaria que Mary tivesse envolvimento sexual com outra pessoa. Quando isso aconteceu com algumas de minhas garotas especiais, fiquei muito magoado. Em meus relacionamentos, não procuro por igualdade entre homem e mulher. Gosto de garotas inocentes, afetuosas, fiéis que..."

"Está dizendo que jamais amaria uma mulher que tivesse tido tantos homens quanto você teve mulheres, senhor Hefner?", interrompeu Fallaci. "Uma mulher que aceitasse e aplicasse sua filosofia?"

"De forma alguma", disse ele. "Nunca procurei por uma mulher que fosse como eu. Eu não saberia o que fazer com um Hugh Hefner de saias."[4]

Nos início dos anos 1990, quando ingressei na pós-graduação, Judith Butler havia acabado de publicar seu livro *Problemas de Gênero: Feminismo e Subversão da Identidade* [*Gender Trouble*], introduzindo na cultura o conceito de "performatividade de gênero"; segundo ela, masculinidade e feminilidade não seriam algo que *somos*, mas algo que *fazemos* repetidas vezes.[5] Mais ou menos na mesma época, em uma matéria da *The New York Times Magazine*, a crítica Katha Pollitt criou a expressão "o princípio de Smurfette" para descrever a estranha desproporção de gêneros no mundo dos desenhos animados. Ela se surpreendera quando, já adulta, percebeu que nos desenhos era comum ver "um grupo de amigos homens" que era "realçado" por uma única garota estereotipada. Isso transmitia a mensagem de que "garotos são a norma, garotas são a variante; garotos são centrais, garotas são periféricas; garotos são indivíduos, garotas são espécies. Os garotos definem o grupo, sua história e seu código de valores. As garotas existem apenas em relação aos garotos". Em outras palavras, "a garota" era uma intrusão, com frequência indesejada, em um universo masculino. Ela não representa uma consciência humana, mas uma perturbação psicossexual com um laço na cabeça.[6] Para mim, tais ideias foram libertadoras. Elas eram familiares. Eu as havia encontrado antes, não na faculdade, mas no ensino fundamental, e não por meio das coelhinhas da *Playboy*, mas do Pernalonga.

Quando está nu, isto é, na maior parte do tempo, Pernalonga é uma caricatura antropomórfica, um coelho de idade e sexo indefinidos. Seu corpo é esguio e andrógino; tem grandes olhos orlados de cílios, uma cauda arrebitada, o atrevimento de um adolescente e a habilidade de safar-se de situações complicadas. A existência de um coelho exibe uma precariedade inerente – não há criatura mais indefesa –, e Pernalonga vive sozinho, desprotegido. Não há um episódio em que não se torne alvo de um predador ou seja assediado por valentões e fanfarrões, que vão de irritantes a aterrorizantes. Ninguém respeita os limites dele, e todos o subestimam; o bom da coisa é que justamente por isso ele consegue ser mais esperto e vencer todo mundo. Pernalonga consegue escapar de caçadores burros, sargentos sádicos e maestros pomposos, não apenas evitando a captura, mas transformando tudo em um jogo. Ele consegue transformar-se por completo sem que ninguém note. Eu me identificava profundamente com o comedor de cenouras Pernalonga, mas ele também foi meu primeiro *crush* sexual. Eu gostava de seus grandes olhos, seu sorriso torto, seu tom debochado, a pequena fenda em seu peito. Ele foi meu primeiro *genderfucker*.[*]

Eu o adorava. Ele era meu ideal platônico de homem. E, no entanto, era quando ele se vestia de coelha sensual que eu mais gostava dele. Pernalonga "fazia o papel de garota" do modo mais exagerado, artificial e ridículo imaginável. Usando um vestido, ele era uma gueixa, uma sereia, uma bailarina, Lana Turner, uma adolescente ingênua, Carmen Miranda, a pessoa que fazia uma *performance* e a pessoa a quem a *performance* era destinada. Quando estava usando vestido, Pernalonga não era uma coelhinha sozinha na floresta, desamparada e com os peitos de fora. Ele(a) como garota era enorme. Ele(a) continha uma multidão. Ele(a) era travesso(a), sensual, sublime. De todos os animais de desenhos animados, ele(a) era aquele(a) de cuja lealdade jamais me ocorreu duvidar. Eu confiava em Pernalonga implicitamente. *Eu o(a) amava.* Pernalonga estava do meu lado. E é por isso que nunca gostei menos dele do que quando comeu com os olhos uma coelha *sexy* e virou-se para a câmera com uma piscadinha suja. Mais tarde, já no ensino médio, desenvolvi uma paixão obsessiva por David Bowie, e também um profundo senso de identificação. Quando Bowie morreu, décadas mais tarde, em 2016, e começaram a surgir histórias sobre seus relacionamentos nos anos 1970 com garotas novinhas – mais novas do que eu à época em que o descobri –, tranquei aquela parte de mim. E isso me deu vontade de chorar. *Eu o amava. Eu achava que ele estava do meu lado.*

Quando Kira tinha 3 anos, certa tarde voltávamos de carro para casa e paramos atrás de um ônibus no semáforo. O ônibus estava coberto com a propaganda de uma série de televisão com vampiros sensuais. Nunca tinha ouvido falar daquela série, mas era difícil manter-se atua-

---

[*] Pessoa que apresenta uma identidade sexual propositalmente confusa, visando desafiar a visão binária de gênero. [N. T.]

lizada – havia tantas. O elenco dessa série era jovem, bonito e estiloso, como o elenco de um *Friends* de sugadores de sangue. Quando Kira os viu, ela exclamou, empolgada: "Ah, mamãe! Olha essas pessoas! São tão lindas. São uma graça. São tão maravilhosas!".

O entusiasmo dela me surpreendeu. Eu nunca a ouvira dizer algumas daquelas palavras antes. Será que eu havia repetido demais que ela era uma gracinha, e criado sem querer uma fixação nociva em beleza, ou ela só estaria aprendendo o que o mundo lhe ensinava? Há *outdoors* e ônibus e cartazes de filmes, séries de televisão, cosméticos e moda por toda a cidade. Há fotos de gente bonita, em especial de garotas, por toda parte. Ocorre uma comunicação sem palavras. Pensei no modo como, desde que abriu os olhos, ela foi levada pela cidade, absorvendo coisas, pegando revistas no consultório médico e dizendo: "Quero ver as princesas". (E o que mais Nicole Kidman seria, afinal, com um vestido cor-de-rosa em um anúncio de perfume?) O mundo revela-se por meio de imagens e gestos muito antes que a linguagem interfira. O urso é marrom. A vaca faz mu. A moça de biquíni gosta muito, muito de hambúrguer. Nasci no mesmo ano do protesto contra o concurso Miss América; a primeira ação política feminista em quase um século. Às vezes, fico pensando no que aconteceu entre 1968 e o ano em que Kira nasceu, 2008, o ano em que a Girls Gone Wild* lançou uma revista, uma linha de roupas e uma compilação, e seu fundador Joe Francis alcançou um patrimônio líquido de 150 milhões de dólares. Houve algum progresso? Caminhamos para a frente? Em círculos? Para onde fomos?

Parada atrás do ônibus vampiro, esperando o sinal abrir, pensei no que dizer a Kira que pudesse ajudá-la a permanecer mais ou menos intacta, e descobrir quem ela era de verdade em um mundo que nunca para de berrar que seu principal valor é sexual; que a identidade dela tem prazo de validade (há sempre uma nova safra de garotas mais

---

\* Produtora especializada em vídeos de mulheres jovens tirando a roupa em festas. [N. T.]

jovens e mais bonitas); que seu ponto de vista é marginal, suspeito, de nicho e, portanto, carente de real importância (ao contrário das experiências dos garotos, que são humanos e, portanto, perenes, universais e de valor inato); que ela é "entretenimento para os homens" ou senão não é nada. Quero dar a ela algo que a ajude a resistir a isso, mas também sei que resistir é expor-se ao ataque, e declarar aberta a temporada de caça a você mesma.

As histórias que contamos a nós mesmas são complicadas e estão sempre mudando. Assim como Pernalonga, elas fazem de tudo para preservar-se e sobreviver. Elas vão alegremente alterar sua aparência, o tempo todo. Vão fingir ser qualquer coisa que você quiser. Mas lá no fundo elas se baseiam muito em ideias consolidadas sobre opostos, sobre a grande divisão simbólica entre homens e mulheres, afrodescendentes e brancos, velhos e jovens, homossexuais e héteros, que divide o mundo em dois e ordena tudo o que nele existe. Quero dizer para Kira, "Não deixe que te enganem", mas não posso, porque seria como afirmar a ela: "O mundo todo está mentindo para você". Quero revelar que "O mundo quer te dizer que você não existe, e que não pertence a ele, mas não acredite", mas é claro que não quero dizer isso. Não quero magoá-la. Então, em vez disso, acabo falando aquelas coisas insossas e banais que os pais dizem. "Sim, elas são bonitas", respondo... mas, você sabe, a beleza não é o mais importante."

E ela pensa sobre isso por um segundo e então berra, com uma fúria que me surpreende, "É SIM!", porque ninguém gosta de ter suas percepções questionadas. E, de qualquer modo, quem sou eu para dizer que os olhos dela a enganaram? Que foi errado deduzir – empiricamente, como uma nova pessoa num corpinho minúsculo em um mundo estranho – que a beleza de fato parece ser a coisa mais importante? Devo cometer esse *gaslighting* contra ela? Afinal, nós ainda deixamos biscoitos para o Papai Noel. Escrevemos cartinhas para a fada do dente. Colocamos de lado qualquer dúvida sobre o coelhinho da Páscoa. E uma coisa é pedirem a você que acredite na existência de algo que você não consegue ver em lugar algum, mas é algo totalmente diferente pedirem que você deixe de acreditar em algo que se vê por toda parte.

Quem sou eu para discutir com a realidade?

# 2

## É Possível Salvar este Casamento?

Em 1973, a empresa farmacêutica na qual meu pai trabalhava transferiu-nos de São Paulo, Brasil, onde havíamos morado por dois anos, para a sede em Nova York. Eu tinha 5 anos de idade, meu irmão 4 e minha mãe estava grávida de mais ou menos sete meses de minha irmã. A empresa nos instalou em um hotel na cidade, e poucos meses depois meus pais compraram uma casa em Nova Jersey, com um grande quintal e um bosque nos fundos. Meu pai era um executivo encarregado do marketing para a América Latina, e viajava a trabalho seis meses por ano. Nunca antes havíamos morado nos subúrbios, e minha mãe não estava acostumada a ficar sozinha o tempo todo em um lugar tão silencioso. Certa manhã, durante a semana, ela estava na cozinha quando ouviu um barulho forte do lado de fora e saiu para ver. Era a vizinha, cortando a grama. Quando viu minha mãe bamboleando em sua direção, ela desligou o cortador, achando que a tinha incomodado. Minha mãe lhe pediu que não parasse. Tinha sido um alívio ouvir o cortador. O silêncio era tanto que ela havia começado a imaginar se não estava morta e seria a última a saber.

    Essa história sempre me faz lembrar de *Mulheres Perfeitas* [*The Stepford Wives*]. O romance *Mulheres Perfeitas*, de Ira Levin, foi um *best-seller* em 1972, sendo transformado no filme *Esposas em Conflito* alguns anos depois. A personagem principal, a fotógrafa amadora Joanna Eberhart, é convencida pelo marido, Walter, de que devem mudar-se de Nova York para a cidade (fictícia) de Stepford, no estado de Connecticut. Joanna, interpretada por Katharine Ross, tem o ar levemente desnorteado de alguém que saiu da trilha por um instante e não consegue acreditar que tenha se perdido em tão pouco tempo e de forma tão irremediável. Dada a pressão para que assuma o papel da esposa jovem e bonita de um profissional promissor, seu desejo de reconhecimento (seu sonho é que algum dia alguém pegue uma fotografia sua e reconheça que é "uma Ingalls", seu nome de solteira) é especialmente tocante. Ela tem a preocupação de que suas imagens sonhadoras e bucólicas de crianças e do dia a dia não tenham importância suficiente para serem levadas a sério como arte. E ela é desestimulada de forma afetuosa por seu marido, pela cultura, por outras mulheres e por sua própria insegurança, carinhosamente inculcada durante toda a sua vida. Com os dois filhos pequenos, a caminhonete com revestimento em madeira, as echarpes de grife sobre o longo cabelo castanho e sua perplexidade ante o isolamento repentino, Joanna me faz lembrar de minha mãe naquela época. O filme foi rodado em uma cidadezinha muito parecida com a nossa, e as cenas lentas de gramados verdes, vestidos românticos e recatados, cozinhas escuras e música ambiente no supermercado desencadeiam tantas memórias antigas que, cada vez que assisto a esse filme, sinto uma pontada de nostalgia, e quase me esqueço de que essa é a história de uma cidade onde os maridos fizeram uma conspiração para assassinar suas esposas e substituí-las por robôs sexuais, ou *sexbots*, que também podem fazer a faxina.

Em 1975, antes da estreia do filme, os produtores de *Esposas em Conflito* organizaram uma exibição especial para "formadoras de opinião"[1] feministas, com destaque para Betty Friedan, autora do *best-seller Mística Feminina [The Feminine Mystique]* e cofundadora da Organização Nacional de Mulheres. *Mística Feminina* foi um fenômeno literário ao ser publicado, em 1963. O livro reviveu o feminismo popular depois de um longo período de dormência. Eleanor Perry, roteirista de *Quando nem um Amante Resolve [Diary of a Mad Housewife]*, apresentou o filme às formadoras de opinião como "finalmente um filme que não é sobre dois caras e suas aventuras".[2] A exibição não correu bem. Friedan chamou o filme de uma "exploração do movimento feminino" e retirou-se da sala de exibição.[3] Posso imaginar como ela deve ter se decepcionado quando a alternativa para "um filme que não é sobre dois caras e suas aventuras" é um longa-metragem sobre duas mulheres assassinadas por um grupo formado por seus maridos, para defender os direitos dos homens. Ou talvez ela tenha se ressentido por ser cooptada como uma referência cultural pelo *mainstream*, ou não tenha gostado de que o movimento feminino estivesse caracterizado como uma briga entre maridos e mulheres de classe média quanto a serviços domésticos e penteados, ou tenha se frustrado porque as pessoas continuavam não entendendo que a luta dela era pela igualdade de direitos e por mudanças legais, institucionais e constitucionais. Talvez tudo a irritasse porque ela era briguenta e controladora. Ou talvez aquilo tudo parecesse um pouco familiar demais. Não sei. Mas acho que não extrapolo demais se descrever *Esposas em Conflito* como uma reinvenção fictícia e exagerada da revolucionária obra máxima de Friedan, publicada nove anos antes, e imaginar que ela não tenha gostado de ver seu trabalho transformado em uma alegoria *kitsch*.

Assim como o livro *Mulheres Perfeitas*, de Ira Levin, *Mística Feminina*, de Friedan, foi apresentado como a jornada à consciência de uma dona de casa comum de classe média, que se vê perdida no que Susan Brownmiller certa vez descreveu como "um mundo de faz de conta de cozidos perfeitos e sobremesas de gelatina", onde "os casamentos fracassam porque as esposas não se esforçaram o bastante, lares monoparentais não existem e as mulheres trabalham fora não porque querem ou para equilibrar o orçamento, mas para 'ganhar um dinheiro extra no tempo livre'".[4] O filme *Esposas em Conflito*, lançado três anos depois do romance, parecia um sonho subaquático filmado por trás de um vidro. Não muito depois de mudar-se para Stepford, Joanna faz amizade com outra recém-chegada de Nova York, Bobbie

Markowe, e as duas estranham o plácido conformismo que as cerca. Enquanto na cidade grande e nas cidades vizinhas as mulheres estão cada vez mais envolvidas com o movimento feminista, as esposas de Stepford têm uma devoção peculiar a seus próprios corpos, lares, maridos e filhos. Sua domesticidade lembra um culto pela abnegação total. As esposas existem apenas para nutrir, agradar e exibir o *status* de seus maridos. Elas vão ao supermercado com a maquiagem completa. Recusam convites para o café para poderem ficar em casa e encerar o chão. Ao resenhar o filme, Roger Ebert comentou que as atrizes que interpretam as mulheres robôs "absorveram televisão suficiente, ou têm um *feeling* instintivo para aquelas mulheres perfeitas e falsas dos comerciais, de modo que conseguem, por si só, conferir um lado cômico à forma como cozinham, limpam e fofocam, e à sua morte em vida".[5] Ebert pareceu achar que as atrizes tinham entendido a piada e estavam, como ele, a uma distância segura dela. Não lhe passou pela cabeça que, como mulheres e como atrizes, elas também viviam em Stepford. O distanciamento irônico não existia para elas. Não havia como fugir.

Há tempos está na moda repudiar *Mística Feminina* por ser excludente, centrado exclusivamente nas donas de casa brancas, de classe média e nível superior. Parte das críticas é merecida, mas parte é equivocada. Em seu livro, Friedan apresentou-se como uma dona de casa comum e alienada, com uma sensação persistente de insatisfação que ela chamava de "o problema sem nome". Ela se questionava se só ela sentia aquilo ou se suas antigas colegas de escola também sofriam de seu mal-estar existencial (sim, também sofriam). Mas esse autorretrato não era exatamente preciso. *Mística Feminina* tratava não tanto das donas de casa em si, mas do *ideal da vida da dona de casa*, ou o "culto à verdadeira feminilidade" de meados do século XX. Friedan escreveu: "Tendo diante de meus olhos a visão da dona de casa moderna e feliz, da forma como é descrita em revistas e na televisão, pelos sociólogos funcionais, pelos educadores preocupados com o sexo e por manipuladores, parti em busca de uma dessas criaturas místicas".[6] O que Friedan descobriu, porém, foi uma ideia disseminada que ela chamou de a "mística", um sistema de mensagens complexo, abrangente, autoperpetuado que dizia às mulheres que, para elas, só existe um caminho verdadeiro para a felicidade – e que o percurso é muito, muito curto. A mística dizia às mulheres que, quaisquer que fossem as circunstâncias particulares, desejos individuais, situação financeira, orientação sexual, e/ou histórico cultural, a única rota verdadeira, real, duradoura e "natural" para a felicidade feminina eram o casamento, a maternidade, a total dependência econômica de um marido e a completa imersão na esfera doméstica. A realização pessoal era de tamanho único, e se por algum motivo ela não se ajustava a você, era mais do que provável que fosse você o problema. A mística dissuadia as mulheres de terem objetivos para além daqueles ditados pelos modelos de gênero dos anos 1950. Ela dizia que "*apenas* uma supermulher poderia escolher fazer *qualquer coisa* com a própria vida além do casamento e da maternidade".[7] Ela encorajava as mulheres "a ter pena das neuróticas, não femininas e infelizes que desejavam ser poetas ou físicas ou presidentes", e das mulheres de gerações anteriores, com seus esforços inúteis e fadados ao fracasso. Para uma mulher com aspirações, o melhor era ter a certeza de ser um gênio, alertava o *Ladies' Home Journal*. "Se ela acabasse fazendo algo apenas comum, ou de 'segunda classe', estaria desperdiçando a chance de criar um filho 'de primeira classe'." Ela imprimia nas mulheres um sentimento de culpa por sentirem-se insatisfeitas ou frustradas ou por "não terem orgasmos ao encerar o piso da sala", e explicava por que as mulheres recebiam uma enxurrada de opiniões contraditórias de "especialistas" sobre "como agarrar um homem e conservá-lo, como amamentar os bebês e como ensiná-los a usar o banheiro, como lidar com a rivalidade entre irmãos e a revolta dos adolescentes; como comprar uma lavadora de pratos, fazer pão, preparar *escargots* e construir uma piscina com as próprias mãos; como ser mais feminina no vestir-se, no portar-se e na aparência e como tornar mais emocionante o casamento; como impedir os maridos de morrerem jovens e os filhos de virarem delinquentes", ao mesmo tempo que a psiquiatria garantia-lhes que a incapacidade de enquadrar-se nessa ficção e de não sentirem nada além de alegria e contentamento era problema delas. As contemporâneas de Friedan, mulheres com formação superior e idade entre 40 e 50 anos "ainda tinham lembranças dolorosas de terem desistido dos sonhos, mas a maioria das mulheres mais jovens já nem pensa mais neles".

Tudo isso soa dolorosamente retrógrado hoje em dia, mas também soa dolorosamente familiar. Existe uma exigência de que as garotas assumam a responsabilidade por seus sonhos e aspirações, desde o momento em que estes surgem, o que não mudou muito desde a época de Friedan. Em 2014, uma caloura do ensino médio me contou que, quando uma amiga foi aceita em Stanford e expressou a intenção de fundar sua própria empresa de biotecnologia, a mãe perguntou se ela havia parado para pensar como encaixaria nesses planos sua futura família. A garota tinha 17 anos.

Friedan passou por isso também. Como uma mulher de carreira dos anos 1940, ela estava chocada com a súbita guinada doméstica encorajada sem trégua pela publicidade e validada com tanta condescendência por especialistas científicos. Décadas antes de escrever *Mística Feminina*, Friedan havia trabalhado como sindicalista e repórter para o *United Electrical Workers' News*; nessa função, foi inspirada pelas reivindicações dos sindicatos femininos quanto à igualdade salarial e fez a cobertura do Comitê de Atividades Antiamericanas. Depois de engravidar do segundo filho, foi demitida do jornal e tornou-se colaboradora *freelancer* de revistas femininas. Escreveu sobre amamentação, parto natural, casa e moda, mas os editores desencorajavam artigos sobre mulheres artistas ou política, porque as mulheres americanas não iriam identificar-se com eles. Não só a realização de aborto seria impossível na época, como sequer a palavra *aborto* podia ser impressa nos jornais.[8] Friedan reinventou-se como mais uma "dona de casa maluca", em parte para tornar-se aceitável para o público de classe média, comprador de revistas femininas e livros, mas também para evitar o rótulo de comunista. Ao lermos o livro hoje, colocando-o no contexto de sua época, compreendemos que *Mística Feminina* não é de modo algum o lamento de uma dona de casa entediada. Era uma abordagem marxista do capitalismo patriarcal fundamentado no conceito de que a unidade econômica básica é a família nuclear com uma única fonte de renda. Mas, na época de Friedan, era socialmente mais aceitável ser considerada uma dona de casa de classe média do que ser considerada socialista, de modo que, para poder dizer o que queria, era mais seguro "fazer o papel de mulher perfeita" ao manifestar-se. O que ela queria era dizer que tudo era besteira, que todo o sistema havia feito um pacto para expulsar as mulheres da força de trabalho depois da Segunda Guerra Mundial, para tanto vendendo-lhe uma ideologia, e que ela pedia desculpas, como colaboradora de revistas femininas, por ter contribuído para o problema. "Observei a mulher americana durante quinze anos, tentando enquadrar-se à mística", escreveu. "Mas não posso mais negar meu próprio conhecimento de suas terríveis implicações."[9] Friedan desmistificou o conto de fadas, traçando-o de volta até suas origens. Ela deu um nome ao problema até então sem nome. Ela disse às mulheres que elas não eram loucas, que a cultura havia sido estruturada para deixá-las loucas e fazê-las renunciar a si mesmas, adotando uma identidade pré-fabricada e produzida em massa, pronta para agradar.

Quando *Esposas em Conflito* estreou, de fato *havia*-se passado um longo tempo desde o lançamento de *Mística Feminina*. Talvez as pessoas da idade de Bobbie e Joanna acreditassem que aquela época havia terminado, ou quase. Talvez pensassem que seus maridos concordavam e que, como Joanna disse à corretora, eles também estavam interessados no "movimento de libertação feminina". A segunda onda do feminismo era muito mais diversificada do que tendemos a reconhecer, introduzindo no *mainstream* uma ampla gama de ativismos políticos, institucionais e informais que haviam surgido no século XIX e nunca desaparecido de verdade. Não se tratava apenas de estabelecer agendas nacionais. Formaram-se grupos em torno de identidades pessoais, raciais e de questões relacionadas com as classes. As feministas assumiram a crítica cultural e a experiência cotidiana.[10] Kate Millett deu início à moderna crítica literária feminista com *Política Sexual* [*Sexual Politics*], um trabalho de filosofia política que defendia que a representação importava, que palavras e imagens tinham o poder de moldar a realidade, para o bem e para o mal. O livro, que nasceu como uma dissertação para a Universidade Columbia, sustentava que a relação entre os sexos era uma relação mestre-escravo, de "dominância e subserviência". Essa dinâmica de poder estava na base do patriarcado; ela era institucional e ideológica. As histórias funcionavam como uma espécie de "colonização interior [...] mais resistente do que qualquer forma de segregação e mais rigorosa do que a estratificação por classes", uma colonização que socializava as crianças nesse desigual "sistema de castas" de gênero, com o qual elas concordavam muito antes de compreendê-lo. "Por mais discreta que possa parecer", escreveu Millett, "a dominação sexual talvez seja a ideologia mais disseminada de nossa cultura, e fornece seu mais fundamental conceito de poder."[11]

A produção da segunda onda do feminismo foi de uma variedade assombrosa. Shulamith Firestone abordou sexo, reprodução e criação dos filhos em sua brilhante, embora insana, polêmica marxista *A Dialética do Sexo* [*The Dialetic of Sex*]. Rita Mae Brown publicou *Rubyfruit Jungle* [A Floresta do Fruto Rubi] e ajudou a formar o grupo feminista radical lésbico Lavender Menace [Ameaça Lavanda], em parte como protesto por Friedan ter excluído do Segundo Congresso para a União das Mulheres, em Nova York, as questões referentes às lésbicas. (Friedan receava que os objetivos do movimento fossem comprometidos caso os conservadores as desqualificassem, tachando-as de "lésbicas que odiavam os homens"; ela nem precisava ter se preocupado com isso, porque eles o fariam de qualquer modo.) Gloria Steinem e Letty Cottin Pogrebin abordaram a representação da mulher na mídia, fundando juntas a revista *Ms*. A Aliança das Mulheres Afrodescendentes e as ativistas porto-riquenhas uniram-se para formar a Aliança das Mulheres do Terceiro Mundo, na luta contra o racismo, o imperialismo e o sexismo. As feministas liberais estavam tentando ajudar as mulheres a ganhar direitos iguais e representatividade na sociedade *mainstream*; as feministas radicais queriam derrubar o patriarcado e começar tudo de novo a partir do zero.

Betty Friedan havia voltado seu interesse para outros temas, como o estabelecimento de uma agenda nacional para os direitos das mulheres e a luta pela aprovação da Emenda da Igualdade de Direitos (ERA, do inglês *Equal Rights Ammendment*). A sufragista Alice Paul acreditara que uma emenda era necessária para garantir que a Constituição fosse aplicada igualmente a todos os cidadãos, e escreveu o texto em 1923, reescrevendo-o em 1943, quando foi acrescentado às plataformas Republicana e Democrática. Os conservadores sociais se opuseram, porém, e foi apenas na década de 1960 que o movimento pelos direitos civis inspirou um interesse renovado pela ERA. No início de 1972, a emenda foi aprovada no Senado e na Câmara e enviada aos estados para ratificação. No primeiro ano, ela foi ratificada por 22 dos 38 estados necessários. Então, a cristã conservadora Phyllis Schlafly começou a organizar uma campanha alarmista de oposição. Como líder do grupo de direita Eagle Forum/Stop ERA, ela convenceu donas de casas dependentes de que perderiam o direito de ser sustentadas por seus maridos e seriam enviadas à guerra. A velocidade da ratificação reduziu-se de forma dramática. Apenas oito estados ratificaram a emenda em 1973, três em 1974, um em 1975 e nenhum em 1976. Enquanto isso, a "mística feminina" estava adaptando-se aos tempos. Estava ficando mais descolada e astuta, mais apelativa. Ela dizia: "Você já chegou bem longe, garota!", embora a garota não tivesse avançado quase nada. Em 1980, pouco antes de Ronald Reagan ser eleito presidente, o Partido Republicano retirou de sua plataforma o apoio à ERA. A emenda foi derrubada quando faltavam apenas três estados para sua ratificação. Em 1992, ano em que Bill Clinton foi eleito presidente, depois da campanha baseada na piadinha "e você leva dois pelo preço de um", Pat Robertson* escreveu, em uma carta para arrecadar fundos contra uma emenda do estado de Iowa pela igualdade de direitos, que o feminismo "encoraja a mulher a largar seu marido, matar seus filhos, praticar bruxaria, destruir o capitalismo e tornar-se lésbica". Em 2016, enquanto este livro estava sendo escrito, a ERA ainda não havia sido aprovada.

Como a maioria dos pais que conheci, os meus tinham um casamento tradicional, com um verniz moderno. Ou talvez fosse um casamento moderno construído sobre uma base tradicional. De um modo ou de outro, meu pai tinha o tipo de carreira que exigia esposa e filhos. E, é claro, sua esposa e filhos exigiam que ele tivesse um tipo particular de carreira corporativa. Nossa identidade estava totalmente baseada nisso, assim como nossa existência. À primeira vista, o casamento de meus pais parecia uma parceria e funcionava como tal. Ao contrário de meu avô, meu pai não era autoritário. Ao contrário de minha avó, minha mãe não era obrigada a ser externamente submissa e secretamente subversiva. Eles tinham um relacionamento igualitário, ou um relacionamento desigual com uma *vibe* igualitária. A crença na *vibe* de igualdade era crucial para a empreitada. Sem ela, a nave teria colap-

---

\* Tele-evangelista que tentou concorrer à presidência dos EUA pelo Partido Republicano, em 1988. [N. T.]

sado. É claro, o salário de meu pai garantia toda a operação, e era ele, e não meu pai, o chefe de todos nós. Durante toda a minha infância, não me lembro de ter ouvido uma única vez a palavra *escolha* aplicada a esse acordo, a menos que estivesse precedida pela palavra *sem*. Desde o momento em que se casou, até o terceiro aniversário de minha irmã mais nova, minha mãe desmontou e remontou a casa seis vezes, em diferentes cidades, países e continentes. Meu pai começava um novo emprego e a família dele magicamente se refazia a sua volta, onde quer que estivesse. Eu não conseguia me imaginar vivendo a vida de minha mãe, mas também não conseguia imaginar que vida levaria. Eu não conseguia imaginar porque não havia fotos. Às vezes, meu pai brincava comigo e dizia: "Nunca se case". E eu ria, me sentia nervosa e pensava: *Ele está falando de si mesmo, de minha mãe ou de mim?*

O problema era que eu queria me casar. Não queria me casar no sentido tradicional, mas queria me casar no sentido de que queria estabelecer um diálogo cada vez mais profundo, em constante evolução, com alguém; com uma pessoa que me visse por tudo o que eu era. O amor romântico é um espelho no qual você consegue ver um reflexo agradável de si mesma, por inteiro, se tiver sorte. Ou é um espelho obscuro, no qual você pode desaparecer. Tradicionalmente, o único enredo disponível para a heroína é o do casamento. Nas histórias, tem sido a única corrida de obstáculos, emocionante, traiçoeira e cheia de armadilhas, para a felicidade transcendente. Sendo o casamento o único final ("feliz") cultural e socialmente aceito para uma garota, sua história só poderia terminar de um modo, para ser considerada um sucesso. Em *The Heroine's Text* [O Texto da Heroína], uma análise dos enredos de casamento nos romances franceses e ingleses do século XVIII, Nancy K. Miller defende que o romance, como forma literária, "jamais teria acontecido sem uma certa 'obsessão' coletiva sobre uma ideia chamada 'mulher'". Mais do que uma reflexão da realidade social, Miller escreveu que "a feminilidade literária no século XVIII é o registro do destino feminino, a versão ficcional do que é tido como o feminino em um dado momento cultural".[12] Se, tradicionalmente, a história do herói era a da transformação de um garoto em si mesmo, então a história, ou o texto, da heroína era a da transformação de uma garota em esposa. A transição de filha do pai para mulher do marido era vista como sua única aventura. Tudo, portanto, estava baseado nessa única e precoce aventura. Seu desenlace seria, como Miller coloca, ou eufórico ou disfórico. Ela conseguiria "tudo" (um marido rico, bonitão, *sexy*, gentil, inteligente, sensível às necessidades emocionais dela) ou "nada", e então ela provavelmente morreria. De qualquer modo, a história terminaria. E não há muita coisa que ela possa fazer para conduzir a história rumo a uma conclusão bem-sucedida. Ela poderia ser tão atraente quanto possível, submissa e charmosa. Poderia seguir o caminho da virtude, ou usar de estratégia, ou simplesmente ter sorte. Mas seu poder de tomada de decisão era muito limitado, e ela não tinha autoridade para fazer as coisas acontecerem. Sua palavra era inútil e não merecia crédito. A heroína e todos que torcem por ela anseiam para que sua liberdade intolerável e a aventura indeterminada de sua vida cheguem a uma rápida conclusão. Um final feliz é impossível sem a formação bem-sucedida de um casal. Sem um casamento, a heroína fica "inacabada". Ela ainda não se tornou "ela mesma".

Assim, sobre o que seria um filme que não era a respeito de dois caras e suas aventuras? Esta era a grande questão, a questão que vinha de longa data, a permanente e sempre atual "questão da mulher". Era a grande questão em 1865, 1890, 1920, 1940, 1963 e 1975. Como uma garota moderna conseguia tornar-se ela mesma? O que era uma garota? Quem tinha autoridade para dizer? O mais sinistro em *Esposas em Conflito* era o mesmo aspecto que parecera sinistro e estimulante em *Mística Feminina*. Se os maridos da história tivessem sido vilões unidimensionais de desenho animado, teria sido fácil ridicularizá-los e menosprezá-los. O mais assustador é que não eram assim. Eles tinham interesse pelo movimento feminino, como disse Joanna à corretora, ao referir-se ao marido. Eles lavavam a louça e levavam as crianças ao McDonald's e ajudavam a construir câmaras escuras no porão para suas esposas fotógrafas. Individualmente, não eram maus, de forma alguma. O problema começava quando eles se reuniam e deixavam-se influenciar por um líder carismático. A ambivalência dos maridos quanto à substituição de suas esposas por sensuais robôs-esposas fica aparente ao longo do romance e do filme. Não é fácil para eles. Sem a reafirmação constante dos membros da Associação dos Homens, eles desmoronam, como acontece com o marido de Bobbie, quando eles a trocam pelo novo modelo. Os maridos estão seguindo ordens. Não são eles que criam as regras. Na verdade, *Esposas em Conflito* não trata de homens e mulheres, ou maridos e esposas, mas do modo como o patriarcado e o capitalismo usam o casamento "tradicional" – isto é, o modelo familiar com uma única fonte de renda, de classe média alta, que se tornou dominante no século XIX – para reforçar a estrutura global existente de poder patriarcal. E trata do modo como a mídia de massa ajuda a perpetuar essa estrutura de poder, criando sem parar contos de fadas sobre o casamento, os quais, se examinados com atenção, revelam ser histórias de horror.

Esta foi a ideia que *Mística Feminina* ajudou a trazer para o *mainstream.*

Esta foi a ideia que *Esposas em Conflito* transformou em horror gótico debochado, e que dava a sensação de ser tão familiar.

Na vida real, é claro, a garota não desaparece depois que a história termina – quer dizer, de certa forma, sim, do ponto de vista narrativo; a história dela apenas deixa de ser contada, mas ela permanece ali como pessoa. O enredo garante que é esse "tornar-se" esposa que marca sua passagem bem-sucedida para a vida adulta, não importando o que mais ela conquiste ou não, receba ou não. Só que este não é o começo da aventura de toda uma vida, mas o "final feliz". Quase é possível dizer que esse enredo é uma trama contra as mulheres. Em seu ensaio "Stepford, EUA: A Segunda Onda do Feminismo, Trabalhos Domésticos e a Representação do Tempo Nacional", a acadêmica Jane Elliott observa que *Esposas em Conflito* era notável não apenas por ser contado do ponto de vista da heroína, mas também por ter início no ponto em que a história da heroína costuma ser interrompida: na conclusão bem-sucedida da arriscada jornada rumo ao casamento, "depois da qual nada de interessante – isto é, nenhuma mudança significativa – é esperado que aconteça".[13] Apesar de sua juventude – e a heroína nunca é jovem –, ou seja, apesar de ainda estar tão perto do início, nós a incentivamos rumo a esse final feliz, esse bem-aventurado estado de animação suspensa, essa vida animatrônica – e quem não gosta de ser incentivado?

E se *Esposas em Conflito*, sugere Elliott, não tratasse apenas do tédio da vida de dona de casa, mas também da alienação e do tédio interminável de todo o trabalho moderno – uma necessidade de fazer dinheiro que se expande e preenche todo o tempo disponível? Que outro motivo haveria para a repetição e o reforço constantes de uma ficção que é refutada o tempo inteiro pela realidade, mas que a ficção reitera o tempo todo: a ficção do progresso, a sensação de que estamos indo a alguma parte, chegando a algum lugar, que nossa vida tem sentido, de que não estamos presos em um processo circular, que se repete a cada momento? Existe progresso? O que é progresso? E se o autor Ira Levin na verdade não tivesse enganado Betty Friedan, mas estivesse do lado dela? E se ele estivesse respondendo a ela, dizendo: "Estou com você, mana! Foda-se o patriarcado!". E se, como sugere Elliott, *Esposas em Conflito* fosse uma alegoria não apenas da vida de donas de casa suburbanas, mas do capitalismo corporativo global? Do trabalho incessante que no fim não dá em nada? E se ele representasse a angústia de vidas preenchidas por repetições sem sentido, sem progresso, sem resultado e sem possibilidade de transformação? Afinal de contas, este não era um problema apenas das donas de casa. E não era um problema causado por donas de casa que deixavam de ser donas de casa. Era o problema de todos. E se "o problema sem nome revelar-se ser causado pela vida que não tem mais um enredo?".[14] Nesse caso, Friedan e Levin não foram os primeiros a perceber.

*Esposas em Conflito* começa em silêncio total, com a câmera mostrando um extravagante papel de parede amarelo. É uma estampa floral em estilo anos 1970, de colorido doentio, exagerada, entremeada com silhuetas de leopardos e leões, que está refletida no espelho do armário de medicamentos do banheiro de Joanna Eberhart, em seu apartamento vazio em Nova York. É o dia da mudança. A família está de partida para Stepford. Ela contempla, melancólica, o próprio reflexo, com o horroroso papel de parede ao fundo. Ao ver isso, pensei: *Você não pode começar um filme sobre uma mulher que está a ponto de ser assassinada e substituída por um robô* sexy *mostrando um papel de parede amarelo e não sugerir uma comparação com a obra* O Papel de Parede Amarelo.

O *Papel de Parede Amarelo* é uma noveleta da escritora, socióloga e reformadora feminista Charlotte Perkins Gilman. Publicada em 1892, é a história de uma mulher que sofre uma "depressão nervosa temporária – uma leve tendência histérica" depois do nascimento do filho e é levada para uma casa no campo, onde passará pela "cura pelo descanso", receitada por seu marido John, um médico compreensivo, mas paternalista. A casa é adorável, exceto pelo quarto onde ela e o marido se instalam. Situado no andar de cima da casa, é o antigo quarto das crianças, com grades nas janelas, móveis riscados e aparafusados ao assoalho, e paredes revestidas com o mais horrendo e enlouquecedor papel de parede que a mulher já tinha visto – uma estampa horrível e repetitiva de ramos sinuosos e retorcidos, num tom hediondo de amarelo. A narradora pede para ser instalada no térreo, em um quarto com vista para o jardim, mas seu marido recusa. Não apenas o papel de parede fere os sentidos dela e agrava seu estado, lançando-a em uma crise nervosa (e estética), mas ela também é proibida de escrever, pintar, ler, conversar com outras pessoas ou fazer qualquer coisa intelectualmente estimulante por mais de duas horas por dia. Ela mantém um diário secreto no qual registra sua crescente fixação pelo papel de parede, à medida que se convence, pouco a pouco, de que há uma mulher presa por trás da estampa, rastejando ao redor do quarto. Determinada a libertar a mulher, ela começa a arrancar o papel de parede, em tiras. Então ela passa a acreditar ser ela própria a mulher no papel de parede. Tendo mergulhado na psicose, ela se tranca no quarto. Quando o marido consegue entrar, encontra-a rastejando de barriga pelo chão, como um lagarto ou um fantasma em um filme de horror japonês. "Lá fora a gente tem que rastejar na terra, e tudo é verde em vez de amarelo. Mas aqui posso rastejar pelo assoalho liso, e meu ombro se encaixa direitinho naquela mancha que dá a volta nas paredes, e assim eu não me perco", diz ela. O marido cai desmaiado ante a visão do monstro em que se transformou sua angelical esposa, e ela apenas rasteja por cima dele, alheia a tudo.

Gilman inspirou-se na experiência pela qual passou logo após o nascimento de sua única filha, quando teve um episódio severo de depressão pós-parto e foi levada para o campo pelo marido, que seguiu os conselhos do médico dela, Silas Weir Mitchell. Ele era um neurologista conhecido por tratar mulheres com "histeria" por meio de uma "cura pelo descanso", que incluía isolamento dos amigos e da família, repouso na cama e alimentação forçada com alimentos gordurosos, sendo proibido ler, escrever, conversar e costurar. A ideia era destruir a vontade da paciente e ensiná-la a submeter-se à autoridade masculina, pelo bem de sua saúde. Mitchell aconselhou Gilman a "viver a vida mais doméstica possível. Mantenha sua filha em sua companhia o tempo todo [...] Deite-se por uma hora após cada refeição. Não tenha mais do que duas horas de vida intelectual por dia. E sequer encoste em canetas, pincéis ou lápis enquanto viver". Ela seguiu as ordens, sua depressão transformou-se em psicose e ela se tornou suicida. Acabou largando o marido, mudou-se para a Califórnia com a filha e tornou-se uma escritora *best-seller* de êxito internacional.

Pensamos em mulheres "saindo de casa" e "entrando na força de trabalho" como sendo uma novidade na época em que *Esposas em Conflito* foi lançado. Mas não era tão novidade assim. Os subúrbios do pós-guerra, nos quais os casais jovens eram incentivados a estruturar suas vidas, eram novos. A classe média americana, como tal, era bastante recente. A noção de que nos Estados Unidos todo homem que estivesse disposto a trabalhar duro tinha praticamente garantida uma casa com uma mulher dentro, para usar todos aqueles aparelhos domésticos modernos e tirar o pó dos móveis pseudocoloniais, e dois carros lado a lado na garagem – essa era bastante recente. E aquele mundo novo em folha era vendido como "tradicional", talvez não do modo como as coisas "costumam ser", e sim da maneira como "deviam ser", do modo como as pessoas às vezes desejavam que fossem, como teria sido imaginado por gente que tenta vender sabão a partir de um estúdio de gravação em Burbank. Foi um momento fugaz, porém. À época em que *Esposas em Conflito* foi lançado, o momento econômico do pós-guerra já havia terminado. As pessoas sentiam isso, talvez, mas simplesmente não estavam prontas para admiti-lo. Lembro-me de acordar muito cedo para que mamãe pudesse levar papai de carro até a estação de trem e depois ir para a fila do posto de gasolina. Lembro-me de Teddy, um menino esquisito que me seguia da escola até em casa, sentava-se à mesa da cozinha enquanto mamãe nos servia um lanche e dizia a ela que não devia fumar porque estava matando as aves. "Você está matando as aves", ele dizia, e eu olhava para ele e pensava: *Por que você me seguiu até aqui?* E minha mãe respondia algo como: "Obrigada por me avisar, Teddy". O mundo estava mudando, dava para sentir. Uma criança de pré-primário que você sequer conhecia vinha dar lição de moral a sua mãe, e sua mãe podia apenas fuzilá-lo com um olhar assassino e continuar fumando. Assim, a novidade não era só as mulheres que trabalhavam fora. O que era (relativamente) novo era o capitalismo corporativo global como princípio organizador, e ainda não estava claro como as mulheres iriam se encaixar. As economias globais e as guerras ideológicas é que eram novas. A sensação de que éramos mais cidadãos das corporações do que de nossos países é que era nova. Como escreve Elliott, a imagem da dona de casa aprisionada, autômata, simbolizava uma angústia coletiva do final da década de 1960 quanto a uma estagnação do progresso americano, um medo das ideologias totalitárias e uma paranoia quanto ao controle social. Eu não teria pensado nisso por mim mesma, mas quando o li, reconheci algo de verdadeiro naquilo.

História do desespero das donas de casa continuam sendo produzidas sem parar nos dias de hoje, são sempre populares e ainda são tratadas com desprezo. As sobremesas preparadas com gelatina deram lugar aos *cupcakes* sem glúten, mas a estrutura básica do sistema que nos sustenta e mantém o funcionamento da economia não mudou. Só nos fazem acreditar que mudou, e somos castigados por apontar as maneiras pelas quais isso não aconteceu. Não gostamos de reconhecer isso. Preferimos que as mulheres culpem umas às outras ou a si próprias. Bate-bocas entre mães, lutas internas entre feministas e antagonismo de gerações são sempre encorajados. A mídia nunca para de fingir que está do nosso lado, com ideologias essencialistas disfarçadas de questões existenciais. Podem as mulheres, como Deus e a natureza nos fizeram, realmente "ter tudo"? Ou ainda devemos escolher entre partes de nós, para preservar um conceito vitoriano de integridade masculina?

Não eram apenas o visual de *Esposas em Conflito*, as echarpes de grife e as caminhonetes revestidas de madeira que faziam com que me lembrasse de minha mãe e suas amigas naquela época. Também era profundamente familiar a sensação de dissonância criada pela forma como a compreensão que Joanna e Bobbie tinham de seu mundo estava desconectada do mundo real. Vivi essa desconexão durante toda a minha vida, embora não conseguisse defini-la – nem mesmo depois que Betty Friedan o fez. Eu não sabia, mas a "questão da mulher" havia voltado com tudo – não que em algum momento tivesse de fato ido embora. Sendo uma garota, meu entendimento era que o problema de ser uma garota estava sendo resolvido, e que minha geração – sortuda, eu! – seria a primeira a se beneficiar da solução. A solução, eu sabia, deveria ter alguma relação com a justiça, mas eu não teria que me preocupar muito com isso. Joanna e Bobbie eram muito familiares. Elas eram donas de casa dos anos 1970, interessadas na libertação feminina e orgulhosas de suas cozinhas desarrumadas. Elas provavelmente leram Erma Bombeck e logo avançariam para Erica Jong (*Medo de Voar* [*Fear of Flying*] foi publicado entre o lançamento do livro e a estreia do filme de *Esposas em Conflito*, mas tudo bem). Elas deviam assinar a revista *Ms.*, ou fingiam assinar, e odiavam Phyllis Schlafly. Quando se encontravam na casa desarrumada de uma delas, sem dúvida riam dos peitos parabólicos da Barbie e da virilha lisa e arredondada do boneco Ken. Eram esposas transadas, modernas, pós-*Mística Feminina*. Entendiam toda a situação, e isso apenas tornava mais difícil perceber que eram as vítimas. O problema com a postura pós-moderna irônica, quando vista em retrospectiva a partir de nossa era metamoderna atual, é que nem todo mundo que desfrutava dela podia de fato dar-se a esse luxo – e mais tarde pagariam por isso.

É por esse motivo que os maridos em *Esposas em Conflito* são tão interessantes e enfrentam tantos conflitos. Diz, um ex-*imagineer**

---

\* Profissional que trabalha na concepção, nos projetos e na construção dos parques temáticos e atrações da Walt Disney Company. [N. T.]

da Disney e fundador da Associação de Homens, é o vilão. Os demais estão divididos entre dois lados: ou acreditam na ordem social e econômica existente, ou acreditam na igualdade das mulheres. Eles não podem jogar nos dois times. Por algum tempo eles fingem. No fim, porém, devem decidir.

Em *A Strange Stirring: "The Feminine Mystique" and American Women at the Dawn of the 1960s*, Stephanie Coontz escreve: "Friedan captou um paradoxo que muitas mulheres enfrentam hoje em dia. A eliminação das negações mais gritantes dos direitos femininos pode ser desconcertante se você não tem a capacidade de exercer um direito sem abrir mão de outro".[15] "Desconcertante" é um modo suave de dizer. As negações gritantes dos direitos, do tipo que as mulheres da segunda onda tiveram que enfrentar, tinham o curioso lado positivo de ao menos deixar claro contra o que as mulheres lutavam. É difícil lutar contra um inimigo que finge ser seu amigo. É como Joanna, no romance *Mulheres Perfeitas*, de Ira Levin, sem saber se podia confiar na Bobbie robô ou se devia fugir e salvar-se. O problema com casamentos e lugares de trabalho tradicionais, diz Coontz, é que "no fundo, eles continuam a dirigir as mulheres, de forma suave, rumo a uma escolha que não é de fato uma escolha – escolher metade do que realmente querem, e culpar a si mesmas se essa metade não consegue satisfazer suas necessidades".[16] Isso é *gaslighting*. Tal situação faz você se perguntar se está maluca, pois nega suas percepções e a instiga a pensar que o problema é você mesma. Faz você duvidar de si diante de provas incontestáveis, mesmo quando o robô peitudo que tomou o lugar de sua amiga vem na sua direção com uma faca, sorrindo, dizendo para você relaxar, se acalmar e deixar que sua vida lhe seja tirada.

Poucos anos depois de publicar *O Papel de Parede Amarelo*, Charlotte Perkins Gilman escreveu o tratado *Women and Economics: A Study of the Economic Relation Between Men and Women as a Factor in Social*

*Evolution*, no qual defendia que não fazia sentido pensar na condição de esposa e de mãe nos mesmos termos que o trabalho. Para Gilman, a falta de poder das mulheres na sociedade não era inerente, mas resultado de "certas condições arbitrárias que nós mesmas adotamos". O problema dela era com o modo como as mulheres dependiam economicamente dos homens à época; com a "opinião aceita de forma geral" de que enquanto "os homens fazem e distribuem a riqueza do mundo [...] as mulheres recebem a sua parte como esposas deles". Esse pressuposto não faz sentido para ela. Se fosse mesmo verdade que as mulheres estavam participando na economia como esposas, então uma esposa seria uma funcionária do marido ou parceira em seus negócios, e deveria ter direito a parte do salário ou dos lucros dele. "Mas um industrial que se casa, ou um médico, ou um advogado, não faz de sua parceira matrimonial uma parceira nos negócios, exceto se a esposa também for uma industrial, uma médica ou advogada." Na verdade, diz Gilman, o trabalho da esposa não é encarado como um emprego, mas como um dever. Quanto mais dinheiro um marido ganha, menos seria esperado que a esposa "trabalhasse".

A defesa honesta do ponto de vista de que as esposas "recebem" seu sustento, argumenta Gilman, exigiria compensá-las por seu trabalho como cozinheiras, arrumadeiras, enfermeiras, costureiras e governantas. "Isso reduziria, é claro, o montante que as esposas dos ricos receberiam", escreveu ela, mas "tornaria impossível para um homem pobre 'sustentar' uma esposa, a menos que ele encarasse a situação e pagasse a ela um salário como empregada doméstica, e então ambos usassem seus fundos combinados para sustentar os filhos. Ele estaria mantendo uma criada: ela estaria ajudando a manter a família." Nesse cenário, argumentava ela, algo como uma "esposa rica" sequer existiria, pois o salário de uma doméstica jamais enriqueceria alguém. "Nem mesmo a mais alta categoria de governanta doméstica, por mais úteis que sejam seus serviços, consegue acumular uma fortuna", escreveu

Gilman. "Ela não compra diamantes e peles caras, nem mantém uma carruagem. Os serviços domésticos não conseguem pagar por coisas assim." Qualquer que seja o valor de mercado do trabalho doméstico feminino não pago, as esposas não recebem nada. Na verdade, afirma Gilman, as esposas que mais fazem trabalhos domésticos são as que menos recebem dinheiro, e as que mais têm dinheiro são as que menos trabalham. O mesmo vale para a maternidade. Não tem sentido pensar na maternidade como um emprego, porque emprego é o pagamento por um produto permutável (trabalho), e seria impossível estabelecer uma relação entre "a quantidade ou qualidade da maternidade e a quantidade e qualidade do pagamento". O que ela quis dizer é que, se o argumento para a dependência econômica da mulher com relação ao homem é que a maternidade é um emprego, então isso deveria estar refletido no *status* das mulheres casadas. Esposas sem filhos não teriam qualquer *status* econômico, e o número de filhos que uma esposa tivesse determinaria seu *status*. "Isso é obviamente absurdo", escreveu Gilman. "A esposa sem filhos tem tanto dinheiro quanto a mãe de muitos, ou mais; pois os filhos desta última consomem o que de outro modo seria dela; e a mais ineficiente não é menos provida do que a eficiente."

Mas, é claro, o número de filhos que uma mulher tem não guarda relação com seu *status* econômico. E a incapacidade de gerar um filho não é motivo para "despedir" uma esposa, ao menos não na época de Gilman, quando era difícil obter um divórcio. "A afirmação de que a maternidade é um fator de troca econômica é falsa nos dias de hoje", ela escreveu. "Mas suponhamos que seja verdadeira. Estaríamos dispostos a defender essa posição, ainda que em teoria? Estamos dispostos a considerar a maternidade como um negócio, uma forma de troca comercial? E os cuidados e tarefas da mãe, seu trabalho e seu amor, produtos a serem trocados pelo pão? É revoltante fazer isso; e, se ousarmos encarar nossos próprios pensamentos, e forçá-los a sua conclusão lógica, veremos que nada pode ser mais repugnante ao sentimento humano, ou mais ofensivo em termos sociais e individuais, do que tornar a maternidade uma profissão."

No entanto, se a maternidade *pudesse* ser defendida como trabalho no sentido usual, então seria um emprego estranhamente privado de poder. "Somos a única espécie animal", escreveu ela, "em que a fêmea depende do macho para obter alimento. A única espécie animal em que a relação sexual também é uma relação econômica."[17]

Ouvi ecos de Gilman em Wednesday Martin, autora de *Primatas da Park Avenue* [*Primates of Park Avenue*], em um artigo do *The New York Times*. "Entre os primatas", escreveu ela, "o *Homo sapiens* pratica a mais intensa troca de alimento e de recursos, e as fêmeas podem depender inteiramente dos machos para abrigo e sustento [...] Ter acesso ao dinheiro de seu marido pode parecer ótimo. Mas com isso você não pode comprar o poder que é conquistado por aquele que trabalha para obter o sustento, que o caça ou que o coleta. As esposas dos mestres do universo, aprendi, parecem-se muito com as amantes – dependentes e relativamente desempoderadas."[18]

Quando Charlotte York, uma personagem de *Sex and the City* com um comportamento vitoriano e aspirante a esposa perfeita, decidiu largar o emprego em uma galeria de arte para tornar-se mãe em período integral, antes mesmo de engravidar, ficou decepcionada com a falta de apoio e de entusiasmo com que as amigas receberam a notícia. Como justificar e defender sua escolha? Para Charlotte, a resposta foi ficar na calçada gritando: "Eu escolho minha escolha!", o que não foi muito convincente. Não podemos deixar de refletir: foi realmente uma escolha? Se foi, por que se parecia tanto com não escolhas anteriores? Na época em que minha geração ficou adulta, ninguém mais falava em aventura. Ninguém falava em outra coisa senão "a escolha". A escolha pairava sobre tudo, aplanando e nivelando tudo em um padrão indiferenciado. Você escolhe sua escolha, como a fictícia Charlotte York ou a real Charlotte Perkins Gilman. Você podia escolher ser uma pessoa, ou podia escolher ser amada. Isso era apresentado como uma escolha entre trabalhar e não trabalhar, mas na realidade era uma escolha entre o conhecido e o desconhecido, entre salvar a instituição e salvar a si mesma.

## A feiticeira

Depois de morar por dois anos em Nova Jersey, nós nos mudamos para Chicago, transferidos pela empresa farmacêutica para a qual meu pai então trabalhava. Poucos meses depois da mudança, minha mãe foi internada para ser submetida a uma pequena cirurgia. Como acontece com as crianças, eu acreditava que todos os trabalhos dos adultos eram equivalentes, selecionados à vontade em um catálogo fascinante de escolhas igualmente gratificantes. Eu também achava que estavam ligados de forma íntima com a identidade das pessoas que os executavam (uma pessoa era bombeiro, da mesma forma como seria loira). Como todos os conceitos claros, categóricos e deterministas, essa ideia me atraía bastante – as crianças são fascistas natas, chegadas a ideias essencialistas e veementes. Quando criança, conheci muito poucas mulheres que trabalhavam, e quase nenhuma mulher profissional, e por isso concluí que ser uma dama era uma profissão feminina, a qual iria então fazer revistas voltadas para mulheres. Eu não queria que minha mãe perdesse nenhuma notícia importante, e assim decidi criar uma revista para ela, usando revistas antigas e cartolina. Fiz uma seleção de recortes de velhos números de *Ladies' Home Journal*. Minha revista era uma seleção de receitas com chantili e gelatina, servidas em taças de sorvete, um tutorial para maquiagem com *glitter*, duas páginas sobre a moda *glam*, um artigo sobre criação de filhos com um viés que me favorecia, um anúncio engraçado dos cigarros Virginia Slims, uma propaganda de pudim apresentando um divertido Bill Cosby e, é claro, uma coluna chamada "É Possível Salvar este Casamento?".

"É Possível Salvar este Casamento?" era uma coluna de conselhos matrimoniais que foi publicada na revista desde 1953 até ser cancelada, em 2014. Era um tríptico de subjetividade: primeiro, a esposa explicava o problema, então o marido expunha seu lado da história e, por fim, o conselheiro matrimonial dava seu veredicto. Se a fagulha do casamento tivesse sido extinta, a esposa era aconselhada a preparar um jantar à luz de velas e receber o marido à porta enrolada com filme plástico, por exemplo. Casamento salvo! Décadas depois, li em um ensaio sobre a coluna, publicado na revista *Aeon* pela jornalista e professora Rebecca Onion, que o conselheiro quase sempre favorecia o marido, a menos que o problema fosse a tentativa do marido de seguir algum estilo de vida alternativo – digamos, ele era um adepto do *swing* que não queria se "aquietar" a viver nos subúrbios. O conselheiro recomendaria firmemente que ele desistisse de seu estilo de vida de "amor livre" e levasse "uma vida correta".[19] A história podia terminar com um relato feliz sobre como o casal superou os problemas e acabou em "um subúrbio longínquo de São Francisco, entre um novo círculo de agradáveis amigos mais interessados em jardinagem, campeonatos juvenis de beisebol e reuniões de pais e mestres do que nas dúbias virtudes das drogas".[20] Um final feliz padrão. "É Possível Salvar este Casamento?" me atraía por apresentar o casamento em um formato peculiar, como uma dialética. Havia a tese, a antítese e a síntese. Ou, ele diz, ela diz, o especialista decide. Outra razão pela qual eu gostava dessa coluna é que havia uma aura de heroísmo à sua volta. Ela sempre trazia uma história de resgate. O conselheiro matrimonial era o herói, e o casamento era a donzela. Ele precisava ser salvo, mesmo que isso significasse jogar a esposa, o marido, os filhos debaixo de um ônibus. Em uma luta pelo bem maior, você seria o dano colateral. O casamento era um mundo com uma população total de duas pessoas. Tinha de ser salvo porque o mundo precisava ser salvo.

Quando estava no segundo ano da escola, eu gostava muito da estrutura estilo Rashomon* da coluna "É Possível Salvar este Casamento?". O formato garoto *versus* garota realmente me agradava. Meu irmão e eu, com menos de dois anos de diferença, éramos grandes amigos e inimigos mortais. Cada coisinha entre nós gerava uma disputa em que tomávamos lados opostos rígidos e inflexíveis. Não sei se isso acontecia porque meu pai incentivava (e ele fazia isso: eu era o cérebro, meu irmão, os músculos) ou se simplesmente éramos daquele jeito. Dividíamos o mundo em esferas, escolhíamos os lados e debatíamos os méritos relativos de todas as coisas "opostas" em que conseguíamos pensar. As discussões nunca tinham a ver com gênero, que eu me lembre. Elas nunca eram sobre "coisas de garota" *versus* "coisas de garoto". Eram mais abstratas, mais filosóficas, mais "*Spy vs Spy*"*\*\*[Espião *vs.* Espião]. Discutíamos os méritos relativos de panquecas *versus waffles*, cachorros-quentes *versus* hambúrgueres, ketchup *versus* mostarda, baunilha *versus* chocolate (todos os inimigos naturais entre as comidas), Ênio *versus* Beto,*** Superman *versus* Mulher-Maravilha (essa, tudo bem). Nós nos empenhávamos. Defendíamos nossas posições. Lutávamos até a morte. Nenhuma posição era inflexível demais. Não havia golpe baixo demais. Não havia acordo ou meio-termo. Era ganhar ou perder. Assim era a vida. Eu via o conselheiro na coluna "É Possível Salvar este Casamento?" como uma espécie de juiz, cuja justiça, objetividade científica e imparcialidade eu não questionava. Eu pressupunha que o jogo era limpo e sem favoritismos. Eu tinha a certeza de viver em um país livre, porque o *slogan* "Este é um país livre" estava por toda parte. Eu também acreditava que vivíamos em um país

---

\* Estilo de narrativa em que um mesmo evento é apresentado sob diferentes pontos de vista. [N.P.]

\*\* Série de quadrinhos criada em 1961 por Antonio Prohías e publicada na revista *Mad*. A série era uma sátira à espionagem na Guerra Fria, aos filmes e séries do gênero. Os personagens eram dois espiões idênticos – um de preto e outro de branco – que tentavam acabar um com o outro. [N.P.]

\*\*\* Personagens de *Vila Sésamo*. [N.P.]

justo, fundado com base nos princípios de alternância e iguais quantidades de tudo, o tempo todo.

Durante anos, achei que meu amor por "É Possível Salvar este Casamento?" fosse uma mania pessoal obscura e excêntrica. Eu não imaginava que era uma das colunas mais populares de todos os tempos, nem que tivesse sido criada pelo eugenista Paul Popenoe, fundador da organização denominada Instituto Americano das Relações Familiares (American Institute of Family Relations - AIFR). Em 1960, o AIFR era o instituto de aconselhamento matrimonial mais conhecido no mundo. "É Possível Salvar este Casamento?" estreou em *Ladies' Home Journal* em 1953 e deu a Popenoe uma plataforma extremamente popular e influente na qual ele podia propagar suas opiniões de direita sobre a família e como as mulheres deveriam sacrificar-se para mantê-la unida. Popenoe, que dava os conselhos na coluna, tinha opiniões muito definidas sobre as diferenças entre homens e mulheres, e assumiu como missão emiti-las em todas as oportunidades possíveis. Ele acreditava que o homem médio era "mais ativo, empreendedor, agressivo, consistente, nômade, profissional, secular, racional, generoso e corajoso, enquanto a mulher média era (surpresa!) mais "modesta, submissa, romântica, sincera, religiosa, vingativa, traiçoeira, atraída por trivialidades e propensa a demonstrações de afeto",[21] e dava conselhos aos casais de acordo com sua visão. Mesmo em casos de violência doméstica, infidelidade dos maridos e infertilidade, ele tendia a culpar a esposa por todos os problemas conjugais. Ele tendia a crer que os casamentos falhavam devido a uma lamentável falta de empenho por parte da esposa. Nos anos 1950, ele às vezes aconselhava as esposas agredidas e tomar cuidado com o que diziam, para evitar novas surras. Quando o marido era alcoólatra, tinha problema com jogos ou dava à esposa um tratamento de silêncio, sua prescrição para ela era ficar de boca fechada. O silêncio curava tudo.

Não sei dizer com certeza até que ponto "É Possível Salvar este Casamento?" moldou minha visão sobre o casamento. Mas a noção de que o casamento seria de um sectarismo tão brutal que a única responsável por preservá-lo era a mulher me deixava confusa. Isso não era exatamente o mesmo que o som de uma única mão batendo palmas? Ao dividir o mundo com semelhante rigidez em esferas pública e privada, em coisas das garotas e coisas dos caras, não estaríamos criando dois universos imaginários alternantes, que na verdade não serviriam a ninguém, a não ser às corporações que controlam nossas vidas? E para quê? Em seu ensaio, Onion observou que as revistas masculinas não escrevem sobre problemas conjugais – elas escrevem sobre sexo.[22] Promover a ideia de que a responsabilidade pela formação e a manutenção de relacionamentos comprometidos recai apenas sobre as mulheres, mesmo o poder de decidir se um relacionamento vai se formar, é privilégio exclusivo dos homens. O trabalho emocional é dela, as decisões executivas são dele.

Na época em que comecei a ler a coluna, o instituto de Popenoe ainda fornecia muitos casos para ela, mas o próprio Popenoe não mais dava conselhos, e "É Possível Salvar este Casamento?" já não aconselhava mulheres agredidas a não dizer coisas que irritassem os maridos. Mesmo assim, havia algo assustador na coluna – bem gótico feminino. Para mim, não havia nada melhor do que me acomodar com um pudim de caixinha e deleitar-me com o excitante grotesco de "É Possível Salvar este Casamento?". Se, ao ler a coluna, eu estava aprendendo a ser uma esposa submissa, não tinha consciência disso. Eu tinha 8 anos. Achava pudim uma delícia, que Bill Cosby era hilariante e que as revistas precisavam de mais artigos sobre cabelos e maquiagem e menos receitas com frango. Eu adorava quando alguém aparecia com um livro de Stephen King ou *O Jardim dos Esquecidos* [*Flowers in the Attic*], de V. C. Andrews, em uma festa do pijama. Nos anos 1970, abundavam as emocionantes histórias góticas de loucura, humilhação, maus-tratos e confinamento doméstico, de modo que aquilo talvez parecesse apenas normal. No mundo de "É Possível Salvar este Casamento?" não havia problemas que não pudessem ser ocultados com uma toalha de mesa bonita, com um *negligé*, ou com janelas e portas vedadas com tijolos. Mas, como escreveu Onion poucos anos antes de a coluna deixar de existir: "Há uma sensação hermética na atual coluna 'É Possível Salvar este Casamento?' que persiste no entendimento de que os problemas conjugais são internos ao casal", mas "certamente parte do 'trabalho' que precisa ser feito é social e político, não pessoal". E é claro que esses aspectos se entrelaçam, como é bem sabido.

Ainda assim, era sempre uma surpresa dar de cara com histórias de ação radical, mais sinceras, organizadas e inspiradas do que qualquer coisa que eu já tivesse visto ou ouvido falar, ou das quais já tivesse participado. Quando li as memórias de Susan Brownmiller, por exemplo, fiquei chocada ao descobrir que, em março de 1970, antes que eu tivesse saído das fraldas, uma coalizão de grupos feministas, incluindo Mulheres da Mídia, NOW, as Redstockings e Feministas Radicais de Nova York (não confundir com um grupo anterior, Mulheres Radicais de Nova York), decidiu ocupar uma revista feminina para protestar contra seu viés masculino, sexista e racista. Com suas infindáveis dicas e conselhos sobre como ser uma garota, as revistas femininas condicionavam meninas e mulheres a serem subservientes e inseguras. Enquanto isso, com exceção da *Cosmopolitan*, tais publicações eram feitas quase sempre por homens. A *Ladies' Home Journal* havia sido fundada por uma mulher, que a dirigiu, porém, por menos de um ano, e desde então era administrada por homens. O editor-chefe era John Mack Carter, membro da fraternidade Sigma Delta Chi para jornalistas de destaque, e a revista não incluiu mulheres até 1969, embora nesse aspecto não diferisse das outras. A coluna de Popenoe foi o motivo principal pelo qual a coalizão escolheu a *Ladies' Home Journal* para o protesto. Cerca de cem manifestantes ocuparam os escritórios da revista. Penduraram uma faixa na janela, que dizia "revista feminina liberada". Elas pediam que Carter se demitisse e exigiam a contratação de uma mulher para o cargo de editora-chefe, e uma equipe totalmente feminina. Também exigiam que a revista contratasse mulheres para escreverem as colunas e artigos, incluísse na equipe mulheres não brancas na proporção como estavam representadas na população, aumentasse os salários das mulheres e oferecesse creche diurna gratuita no próprio local. Exigiam que a revista abrisse as reuniões editoriais a todos os funcionários e eliminasse a tradicional hierarquia de poder; que deixasse de publicar anúncios humilhantes para as mulheres e de empresas que exploravam as mulheres; que parasse de publicar artigos casados com propagandas; e que acabassem com a coluna "É Possível Salvar este Casamento?". Também entregaram a Carter uma lista de sugestões para artigos mais benéficos para as mulheres do que para os anunciantes, tais como "Como Obter um Divórcio", "Como Alcançar o Orgasmo", "O que Dizer a seu Filho que Chegou à Idade de Ser Convocado para a Guerra" e "Como os Detergentes Estragam nossos Rios e Riachos". Embora a princípio Carter se recusasse a negociar, por volta das seis da tarde um acordo foi alcançado. Ele prometeu estudar a possibilidade de uma creche no local. Carter não se demitiu, mas poucos anos depois a revista contratou sua primeira mulher editora-chefe desde sua fundação, em 1889. Ele concordou em permitir que a coalizão editasse parte de uma edição futura. A edição incluiu uma coluna chamada "Vale a Pena Salvar este Casamento?".

*A Feiticeira* e *Jeannie É um Gênio* eram minhas séries favoritas em 1975. Comédias semelhantes, uma sobre a bruxa Samantha, casada com o publicitário Darrin (James, no Brasil), e a outra sobre o gênio Jeannie, que se declara escrava do astronauta major Nelson, ambas abordavam poder e gênero, com uma certa tensão. Embora Samantha e Jeannie pudessem fazer literalmente qualquer coisa, a primeira mexendo o nariz, a segunda cruzando os braços e acenando a cabeça, elas se esforçavam para "comportar-se" e refrear seus poderes, por amor a seus respectivos marido e "amo". James e o major Nelson foram provavelmente dois dos personagens masculinos mais ansiosos, tensos, inseguros, infelizes e neuróticos que já apareceram na televisão. O humor era derivado dos malabarismos que as duas mulheres precisavam fazer para se tornarem um pouco mais passivas e fracas. Mas não eram de fato James ou o major Nelson que exigiam uma exibição de "normalidade" doméstica ou (no caso de Jeannie) de total invisibilidade: eram os chefes deles. Samantha e Jeannie representavam uma ameaça direta não para James e o major Nelson, mas para as instituições que eles representavam e das quais dependiam para viver. A carreira de James era o tempo todo ameaçada por Samantha e por sua família: a mãe insolente, Endora, que achava que a filha havia se casado com alguém que não estava à sua altura; a tolinha tia Clara; a filha do casal, Tabitha (no Brasil, Tabatha), que herdara os poderes da mãe; tio Arthur, o tio palhaço; Serena, a prima biruta; além de Gladys Kravitz, a vizinha bisbilhoteira. Em episódio após episódio, Endora, tia Clara, Samantha e Tabatha "torpedeavam" os clientes de James, enfureciam o chefe dele, Larry, e faziam com que James fosse demitido. Isso quase sempre decorria do fato de que a carreira de James dependia de sua habilidade em manter a imagem que seu trabalho diligente havia criado e estava vendendo, mas que ninguém conseguiria de fato manter na vida real. Por que alguém desejaria isso – como poderia alguém sequer considerar que tal conformismo servil pudesse ser algo a aspirar – é a questão representada por Endora, cujo maior desejo era ver Samantha livre dos efeitos opressores do ego frágil de James. Este amava Samantha, e de modo geral era solidário com ela; ele simplesmente estava entre a cruz e a espada. Era o chefe dele, e em última análise os clientes, quem exigia obediência a uma imagem que demandava de Samantha um determinado comportamento.

Há um episódio em que Samantha oferece um jantar para impressionar um cliente, que então dá em cima dela. Ele não desiste, e ela o transforma em um cachorro. Quando James grita com ela, Samantha tranca os dois para fora de casa. No dia seguinte, o cliente volta a fazer a mesma coisa, mas dessa vez James dá um soco nele e pede demissão. O cliente se desculpa e pede a James que retorne ao trabalho. No episódio seguinte, Samantha tem uma boa ideia para uma campanha, mas James fica com ciúmes e a acusa de usar magia. Então ele também a acusa de usar magia para fazer o serviço doméstico. Ele apresenta sua própria ideia ruim ao cliente, não consegue a conta dele, e Samantha o deixa. No fim, ele apresenta a ideia ruim a Larry, que a adora, e volta correndo para casa a fim de fazer as pazes com Samantha. Mais tarde, ele retorna ao trabalho, apresenta a ideia de Samantha ao cliente, consegue-o de volta e revela-se que tudo aquilo havia sido o plano de Samantha desde o início – sim, ela é astuta a esse ponto. Em outro episódio, Samantha conta a Endora que gostaria que James se esquecesse um pouco do trabalho de vez em quando, e Endora faz aparecer uma tigela de pipocas. Assim que James come um punhado de pipocas, diz que vai tirar o dia de folga. Então o leiteiro também come e decide juntar-se a James. Irritado, Larry aparece para ver o que está acontecendo, come as pipocas e se une a James e ao leiteiro em um jogo de pôquer. O cliente aparece para concluir o contrato com a agência, come um punhado de pipocas e imediatamente perde todo o interesse nos negócios. Então vem um policial... Bom, você já sabe.

Eu adorava *Jeannie É um Gênio*, mas a situação de Jeannie me deprimia. Comparada com a inteligente, capaz, racional, refinada, elegante e muito respeitável Samantha, Jeannie era imprevisível, ciumenta, impulsiva e abertamente sexual. Se Samantha fosse Nancy Kerrigan, ela seria Tonya Harding.[*] Sem qualquer familiaridade com os

---

[*] Referência a um escândalo ocorrido em 1994, em que a patinadora Tonya Harding se envolveu em um ataque à rival Nancy Kerrigan. [N. T.]

códigos sociais, que Samantha conhecia de cor e seguia ao pé da letra, Jeannie era ostensivamente moldada em uma época mais atrasada em termos do papel da mulher. Ali estava uma personagem mágica que tinha toda a liberdade e poder do mundo, que podia ir aonde quisesse, no tempo e no espaço, mas que ainda chamava um homem de "amo". Major Nelson estava sempre lhe mostrando os aspectos em que ela era mais "livre" no mundo moderno, e ao mesmo tempo estava claro que ele passava o tempo todo aterrorizado com a possibilidade de que ela cometesse alguma gafe social horrível, que manchasse a reputação dele ou mesmo que lhe arruinasse a carreira. Fica óbvio que a liberdade era uma "escolha" exercida por Jeannie, por sua própria conta e risco. O major estava sempre tentando convencer Jeannie a voltar para a garrafa. James estava sempre tentando desempoderar Samantha.

As conclusões, sob meu ponto de vista: (1) as mulheres que exercem poder abertamente são ruins para os negócios e destroem a civilização; (2) as mulheres controlam o mundo em segredo, por meio de magia, trapaças e bruxaria e, portanto, devem ser controladas, sob o risco de arruinarem os negócios e destruírem a civilização; (3) mulheres que policiam e diminuem a si mesmas são bruxas do bem, e mulheres (velhas) que dizem foda-se tudo isso e reafirmam seu poder e autoridade são do mal (contei ao menos vinte dessas *story lines* nas primeiras temporadas, e depois parei de contar); e (4) as mulheres nunca deveriam se casar.

Discutamos o final. Ansiamos pelo final feliz. Eu sempre o fiz. Lembro-me de um dia, durante a faculdade, em que me sentia perdida, não me lembro por quê. Nós nos mudávamos com muita frequência. Meus pais pareciam sempre prestes a separar-se. O inverno em Evanston, Illinois, era longo e brutal. Eu estava de ressaca. Tinha me encontrado com amigos, um desses casais que estão sempre grudados, que parecem levar consigo uma aura de "lar" onde quer que estejam. Não sei por que pensei isso. Ouvi meu amigo falando ao telefone com uma garota qualquer, que havia conhecido em um elevador, em Chicago. Mas há algo tão irresistível e definitivo no conceito de final feliz, que nos contentamos com um final apenas OK, ou nos convencemos de que a "felicidade" é algo que não é uma emoção, e as emoções são passageiras. O crítico Frank Kermode disse que a ficção é inerentemente apocalíptica, pois obriga leitores e autores a se moverem rumo a um final imaginado. O final cria "uma consonância satisfatória" com o começo e com o meio, e organiza o tempo em um padrão agradável. Mas o tempo não termina, de modo que o padrão precisa reorganizar-se continuamente. Compreendemos que as ficções literárias são "conscientemente falsas", diz ele (o mundo não termina), mas não nos importamos. Esse tipo particular de falsidade nos parece reconfortante, porque derrota o final em aberto, o não saber. Se o final deixa de materializar-se, o anseio apocalíptico permanece. Em outras palavras, Kermode disse: "O final é imanente, e não iminente".[23] No filme *Esposas em Conflito*, e na coluna "É Possível Salvar este Casamento?", o fim era imanente. Em minhas comédias televisivas favoritas sobre casamento, em contraste, temas semelhantes eram representados para fazer rir. Séries de televisão não anseiam pelo final – ao contrário, elas anseiam pelo agora interminável, pela imortalidade ou por seu equivalente televisivo, as reprises em canais independentes. Elas miram as minúcias que se sucedem momento a momento, em um eterno presente. Não são compelidas rumo a uma conclusão satisfatória; o imutável é muito mais favorável do ponto de vista econômico. Não é de espantar que a televisão praticamente tenha se construído em cima de comédias sobre o casamento e a vida familiar. Com suas repetições cíclicas absurdas e seus desejos frustrados, o casamento e a vida familiar constituem o tema ideal para comédias. Dependendo da forma de abordagem, pode ser uma série humorística, ou uma série de horror, ou uma visão estática de uma pós-vida celestial, amortecida: um sonho estático de perfeição ao estilo June Cleaver,* sem começo, sem fim, sem idade, sem morte, sem transtornos imprevistos que não possam ser resolvidos em um episódio. A televisão – ao menos a televisão dos anos 1950, 1960 e 1970, que desfrutei simultaneamente na infância, graças às reprises atemporais – estava baseada no mesmo conceito no qual casar-se e ser feliz para sempre se fundamentava: na ausência de mudança, em um retorno eterno e reconfortante ao *status quo*, na jornada circular da heroína a lugar nenhum.

---

* Personagem da série *Leave It to Beaver* (1957-1963), uma arquetípica dona de casa dos subúrbios americanos dos anos 1950. [N. T.]

# 3

# A Estátua de Bronze da Deusa Virgem, Vadia, Megera e de Coração Duro

"Ser venerada não é liberdade."

– Shulamith Firestone

KATHARINE HEPBURN ERA UMA MULHER DE 33 ANOS, ALTA, ESGUIA, intensa, quando fez o papel de Tracy Lord, a deusa vestida de branco que era uma *socialite* importante e divorciada, em *Núpcias de Escândalo* [*The Philadelphia Story*]. Eu tinha 10 ou 11 anos quando a vi pela primeira vez nesse filme; uma escolar do quarto ou quinto ano, baixinha, com uma silhueta mais ou menos de batata, provavelmente vestida com pantalonas curtas e meias três quartos coloridas. Lembro-me de estar parada na frente da televisão da sala de estar, numa tarde de sábado, pregada no chão como uma árvore, como se um raio tivesse me atingido. Sentia-me como achava que o personagem de Omar Sharif deve ter se sentido, perto do final de *Doutor Jivago* [*Doctor Zhivago*], quando olha pela janela do bonde lotado e de repente vê na calçada seu amor havia muito perdido, representado por Julie Christie. Ele bate na janela, mas ela não ouve. Tenta sair do veículo, mas a multidão o ignora. Quando consegue, é tarde demais. Ele cai na rua e morre de um ataque do coração. Lara, a personagem de Julie Christie, nem percebeu que ele estava lá. Minha mãe me levou para assistir *Doutor Jivago* uma noite, quando eu tinha por volta de 8 anos, pouco antes de mudarmos para Madri. Queríamos ver *As Novas Aventuras do Fusca* [*Herbie Rides Again*], mas os ingressos estavam esgotados. *Doutor Jivago* estava em exibição no mesmo conjunto de salas de cinema, em relançamento. Isso foi antes de existir Betamax, VHS, DVD e *streaming*. Vi no cinema todos os filmes favoritos de minha mãe quando criança – épicos bíblicos com milhares de pessoas no elenco, musicais em Technicolor e os filmes de Walt Disney, *Branca de Neve e os Sete Anões* [*Snow White and the Seven Dwarfs*], *Cinderela* [*Cinderella*] e *A Bela Adormecida*. Eu adorava todos, mas *Doutor Jivago*, com suas paisagens nevadas épicas, o vento batendo nos chapéus de pele, as casualidades históricas e políticas tão aleatórias e cruéis, o azar catastrófico e circunstancial de estar no lugar errado, na hora errada, para mim era simplesmente o máximo.

*Núpcias de Escândalo* começa com Tracy (vestida de branco, é claro) chutando com arrogância o marido, C. K. Dexter Haven (Cary Grant), para fora de casa – a casa do pai dela, descobre-se mais tarde – e a seguir quebrando o taco de golfe dele no joelho, só para deixar tudo bem claro. É esse gesto que cruza a linha: uma coisa é enfrentar o marido preguiçoso e bêbado, outra coisa é mandar para o inferno tudo que ele representa. Dexter deixa isso claro quando sobe as escadas de volta, decidido, e empurra Tracy com a mão na cara dela. Tracy cai para trás, como uma estátua desabando de um pedestal. Meus sentimentos quanto a essa cena foram contraditórios. Reconheci Tracy como a heroína irreverente e Dexter como o herói devasso, ou seja, percebi que estava sendo levada a entender que ela estava pedindo por aquilo e que mereceria tudo o que viesse a acontecer. A ordem "natural" das coisas estava para ser imposta.

Esqueci isso quase de imediato, porém, porque na cena seguinte (dois anos depois), Tracy está recuperada, indo para lá e para cá pela casa, às vésperas de seu segundo casamento. Depois de banir da cerimônia o pai, Seth, por ter humilhado sua mãe em público, ao assumir o caso com uma dançarina em Nova York, ela havia tomado posse temporária da casa da família Lord, transformando-a em um matriarcado frívolo. Tracy desfila de um lado para outro, supervisionando a propriedade, checando os ridículos presentes de casamento, rabiscando mensagens de agradecimento cínicas e no todo parecendo bem satisfeita consigo mesma. Eu nunca tinha visto uma noiva de filme que parecesse tão à vontade, tão pouco interessada nas flores ou nos lugares dos convidados à mesa, ou demonstrando tanta despreocupação quanto ao vestido ou ao bolo. Ela passa o dia anterior ao casamento montando a cavalo, nadando, lendo, fazendo piadas à custa de seu tio pervertido e falando sobre suas esperanças e sonhos de uma vida de aventura. Não muito convincente, ela fala sobre seu noivo George, refinado, íntegro, empreendedor, homem do povo, a sua mãe Margaret e a sua irmã mais nova, Dinah (o mesmo nome da gata de Alice!). Mas antes mesmo de colocar os olhos em George, eu soube, assim como Dinah parecia saber, que Tracy jamais ficaria com ele. Dexter era charmoso, de uma maneira suavemente manipuladora, narcisista e emocionalmente abusiva. Mas George era um sujeito de classe média, pretensioso e batalhador, com aspirações presidenciais. Tudo o que ele de fato queria era poder e acesso, e Tracy era seu troféu e seu bilhete de viagem. E enquanto exaltava as virtudes dele para a mãe e a irmã, ela sabia que ele era uma fraude. A primeira coisa que ela fez ao se encontrar com ele nos estábulos foi derrubá-lo na lama. "Você parece que saiu de uma vitrine", diz, esfregando terra nas imaculadas calças de montaria que ele veste. E George reclama que as roupas eram novas.

Antes de assistir a *Núpcias de Escândalo*, eu nunca havia pensado em feminilidade e condição feminina como sendo coisas distintas, a menos que o *cross-dressing*\* estivesse envolvido. Eu havia absorvido diligente-

---

\* *Cross-dressing* é um termo utilizado para se referir a pessoas que vestem roupa ou usam acessórios ligados tradicionalmente ao sexo oposto, apagando assim traços estéticos de seu

mente as lições embutidas em filmes, séries de televisão, anúncios, revistas, comerciais e desenhos animados. Quanto mais frívola, volúvel, insidiosa, doce, suave, bondosa, megera, acolhedora, assustadora, insegura e falsa uma personagem fosse, mais parecida com uma "garota" ela era. Eu havia aprendido a classificar as personagens femininas por beleza. ("Quem você acha que é mais bonita, Irene ou Minnie?", perguntou-me Kira numa manhã de sábado, enquanto assistia *Alô, Dolly!* [*Hello, Dolly!*] – outra herança simbólica, passada de minha mãe para mim e de mim para ela.) Garotinhas gostam de reivindicar a beleza de suas heroínas como a delas próprias. É como escolher um time, embora não esteja claro o que está sendo ganho. *Núpcias de Escândalo*, pelo que me lembro, foi meu primeiro contato com a ideia de que aquela coisa efêmera, mas familiar, que durante a vida toda eu reconhecera como o ideal feminino, podia não só ser diferente das mulheres em si, mas também possivelmente opressora a elas. Foi um choque. Ali estava Tracy, uma heroína – e uma noiva, ainda por cima – e ela era diferente. Tracy tinha experiência. Ela havia aprendido com os erros do passado e estava fazendo escolhas pensadas. Tinha capacidade de ação. Tinha um cavalo. (Não que isso fosse relevante, mas eu adorava cavalos.) Estava à vontade sendo ela mesma, segura, e acreditava em si. Ela irradiava confiança de um tipo que eu nunca havia visto antes em uma heroína de filme. Não era o tipo de confiança que em geral se vê em estrelas de cinema. Não se tratava apenas de estar segura de sua sensualidade. Ao contrário, ela não parecia sequer pensar em sua sensualidade. O que a tornava atraente era o fato de agir como uma pessoa, não como uma garota. Pensei então que era estranho encontrar aquilo pela primeira vez em 1980, já que *Núpcias de Escândalo* havia sido lançado em 1940. Na época em que o assisti, Hepburn vinha sendo descrita como "moderna" fazia umas cinco décadas. Depois de seu

---

gênero biológico. Homens podem se vestir como mulheres, enquanto mulheres podem se vestir como homens. Os que se utilizam dessa prática de forma continua são chamados de *crossdressers*. [N.E.]

filme de estreia, em 1932, as revistas a chamavam de "um novo tipo de estrela!" e "mais moderna do que o amanhã!".[1] E acho que ela revelou ser isso mesmo, porque a autonomia e a independência de Tracy eram a combinação certa para colocá-la no rumo correto. Era o prefácio para sua repentina aventura no País das Maravilhas da representação. O filme foi um desafio. Tracy comeu o pão que o diabo amassou. Depois que seu pai, seu ex-marido, seu futuro marido e o repórter do tabloide terminaram de dizer-lhe quem ela era e o que não era, ela já não sabia mais para que lado ir. Em parte foi isso que impactou, acho. Em que tipo de toca de coelho havíamos caído? Como conseguiríamos sair?

Há vestígios de *Alice no País das Maravilhas* em *Núpcias de Escândalo*. Quando Dexter aparece de forma inesperada, acompanhado pela equipe de um tabloide, Tracy atravessa para o outro lado do espelho. O filme é uma alegoria sobre as experiências de Katharine Hepburn em Hollywood, mas de forma mais abstrata aborda como é ser uma mulher independente que sofre pressão para moldar-se à ideia que a cultura tem do que é uma mulher. É um filme sobre a pessoa Hepburn e sobre a *persona* Hepburn estrela, e como o constructo ficcional da segunda chega perto de arruinar a vida real da primeira. Ela termina por perceber que não poderia ser apenas ela mesma; precisaria ser uma versão de si com a qual o público se sentia à vontade, e que tinha mais a ver com o que à época era considerado feminilidade do que com qualquer outra coisa. No início do filme, Tracy deixa Dexter, mas as estruturas permanecem as mesmas. Ela volta para a casa de Seth e permanece em um jardim de conto de fadas, protegido por muros. Quando ela está a ponto de se casar outra vez, Dexter volta de repente, ostensivamente para salvar a situação. Ele diz a todo mundo que havia feito um acordo com a revista *Spy*. Em troca da não publicação de uma matéria sobre o caso picante e escandaloso de Seth Lord, ele concordou em introduzir na festa dois jornalistas de um tabloide – o repórter Mike (James Stewart) e a fotógrafa Liz (Ruth Hussey) – para uma cobertura exclusiva do casamento do ano. Tracy fica furiosa, mas concorda, pelo bem de sua mãe.

Eu não sabia então, mas décadas mais tarde descobri que os pais de Katharine Hepburn eram progressistas e acreditavam na criação igual para garotas e garotos. A mãe dela, Kit, foi uma lider sufragista e uma das primeiras defensoras do controle de natalidade, causas que passou a defender depois de casar e ter filhos, e questionar o motivo pelo qual tudo o que se esperava dela era aquilo. O pai era um renomado urologista e advogava pela educação pública sobre doenças sexualmente transmissíveis. Quando Hepburn era pequena, cortou o cabelo, praticava esportes e fazia todo mundo chamá-la de Jimmy. A família discutia temas como bissexualidade e prostituição à mesa de jantar. A sociedade de Hartford não aprovava, de modo que Hepburn aprendeu a lutar pelo que acreditava ser certo. Ela e o irmão eram levados regularmente pela mãe a Greenwich Village, para visitar suas "tias" lésbicas, as antigas colegas de classe de Kit em Bryn Mawr, Mary "Aunty" Towle e Bertha Rembaugh. Towle era ativista pelos direitos das mulheres e advogada. Sua colega de advocacia, Rembaugh, foi a primeira mulher a concorrer a uma vaga de juiz no tribunal municipal, esteve entre os primeiros advogados de renome a defender prostitutas no tribunal noturno e foi uma das primeiras mulheres solteiras a adotar um bebê sozinha. Hepburn participava de encontros no Heterodoxy Club, das feministas radicais, para ouvir os discursos de Margaret Sanger e Emma Goldman. Ela queria fazer o que quisesse. E o que queria era atuar e ser famosa. Ela foi casada uma vez, brevemente, com o industrial Ludlow "Luddy" Ogden Smith, da Filadélfia, seu namorado de faculdade e amigo da vida inteira. A família dela o adorava. Eles o chamavam "o príncipe". Ela o convenceu a inverter os sobrenomes do meio e do final, para que seu nome de casada não ficasse Kate Smith, e então se divorciou dele para voltar para a Broadway. Ele continuou a fazer parte da família, de qualquer modo, como se fosse um filho.

O erro de Hepburn foi o mesmo cometido por tantas outras mulheres ambiciosas, idealistas, sinceras e ingênuas. Ela errou quando se esqueceu de "administrar sua imagem", quando se esqueceu de moldar-se à narrativa existente, quando pensou que você não apenas pode obter o que quer, mas pode fazer isso seguindo suas próprias regras, e que você pode mudar a história. Garotas estrategistas administram a percepção; garotas idealistas desafiam a narrativa, porque ela está na raiz do problema, e são sempre massacradas. Ao longo dos anos 1930, sua primeira década de fama, Hepburn interpretou papéis de heroínas não convencionais, andróginas: Jo March, em *As Quatro Irmãs* [*Little Women*], uma aviadora destruidora de lares, uma *crossdresser* trambiqueira, uma alpinista social iludida e duas herdeiras malucas. Ao longo dos anos 1930, Katharine Hepburn foi enquadrada pela imprensa como um tipo reconhecível: a mulher ameaçadora, teimosa, impiedosa, convencida, mandona, arrogante, mal-agradecida e nada humilde. Os tabloides confirmavam o que as pessoas suspeitavam, o que temiam. A história dela era uma história já conhecida. As histórias decidem o que vai acontecer conosco; elas nos lembram quem é que manda. As fofocas de celebridades nunca surpreendem. São familiares, tranquilizantes, reconfortantes – elas provam que nada muda, nunca. É por isso que nós as adoramos.

O público gostava cada vez menos de Hepburn. Não só porque Katharine Hepburn não lançava olhares lânguidos, nem sacudia o traseiro ou usava saias. Mas porque ela insistia em fazer o papel de pessoas e não de garotas de sonho. Em sua resenha do filme *Corações em Ruínas* [*Break of Hearts*], para *The Spectator*, Graham Greene expressou o seguinte: "A senhorita Hepburn sempre torna suas jovens horrivelmente parecidas com a vida real, com suas intuições de garota, sua intensidade, seus ideais, e isso destrói o sabor do prazer humano".

Hepburn recusava-se a dar autógrafos ou responder à correspondência dos fãs, ou ser simpática com repórteres, e a revista *Life* escreveu: "As pessoas se cansaram um pouco de Katharine, por ela encarar o mundo sem ilusões, sendo franca, arrogante e destemida, em situações nas quais bastava estar relaxada".[2] Os proprietários de salas de exibição incluíram-na em uma lista de atores que consideravam ruins para as bilheterias. Ela ansiava pelo papel de Scarlett O'Hara em *E o Vento Levou* [*Gone With the Wind*], mas David O. Selznick não o deu a Hepburn porque "não conseguia ver Rhett Butler (vivido por Clark Gable) correndo atrás dela por dez anos" (hoje em dia, Selznick jamais teria dito isso à atriz. Teria mandado um e-mail chamando-a de "incomível"). Em vez disso, ofereceu a ela um dos papéis principais em *Aves sem Rumo* [*Mother Carey's Chickens*].

Hepburn recusou o papel em *Aves sem Rumo*. Comprou seu contrato na RKO e voltou para a Costa Leste. Ela convidou seu amigo dramaturgo Phillip Barry para passar uma semana com ela na casa de verão dos pais, em Fenwick, Connecticut, onde conversariam sobre a peça que ele escreveria para ela. Seria sobre quem ela era, quem as pessoas pensavam que era, o que lhe aconteceu por causa disso e o que ela precisava fazer para consertar tudo. Barry notou que Luddy, o ex da atriz, andava pela casa, tirando fotos dos namorados que vinham visitar Katharine, como Howard Hughes e John Ford. Teve a ideia, então, de escrever uma peça sobre uma mulher da sociedade cujo casamento é transformado em uma história de tabloide, graças ao ex-marido dela, que usa a situação para reconquistá-la.

Hepburn usou parte de seu dinheiro para financiar a peça na Broadway, e Hughes comprou os direitos do filme, dando-os a ela de presente. A peça foi um grande sucesso, e a deixou rica. Então Hepburn vendeu os direitos a Louis Mayer, da MGM, escolheu o roteirista (David Ogden Stewart, amigo de Barry) e o diretor (o grande amigo dela George Cukor), e aprovou os atores com quem iria contracenar. (Ela queria Spencer Tracy e Clark Gable, mas eles não estavam disponíveis. Em seu lugar, foram oferecidos Cary Grant e James Stewart, e ela aceitou). O filme também foi um grande sucesso e a deixou ainda mais rica. Como disse o crítico Andrew Sarris, *Núpcias de Escândalo* era sobre "Hepburn por fim receber o que merecia, aceitando-o como a boa esportista que era".

Sarris acertou quanto a ela receber o que merecia, mas acho que foi mais que isso. O que Hepburn fez, nos filmes mais populares em que contracenou com seu amante (casado) da vida real (um dos muitos), Spencer Tracy, foi mostrar uma mulher independente, bem-sucedida e ameaçadora atrás da outra, que no último instante submetiam-se a um casamento tradicional. Repetidas vezes ela "desistia de tudo pelo amor". E foi assim que recebeu tudo de volta. Ela trocou os contos de fadas sobre o amor pela liberdade de nunca se casar. Ela conseguiu o que queria, interpretando o papel da "garota" que se recusava a se tornar.

Tecnicamente, Hepburn pertenceu à primeira geração pós-feminista. Ela não assumiu as causas de sua mãe, mas era grata a elas e queria desfrutá-las. Ela descobriu do modo mais difícil, porém, que era um novo tipo de mulher em um velho tipo de sistema. E é disso, na verdade, que trata *Núpcias de Escândalo*, a história de uma garota na Filadélfia, conhecida como a Cidade do Amor Fraterno. No início do filme, Tracy acha que deixar Dexter e expulsar Seth de seu casamento é tudo que precisa fazer para assumir o controle de sua vida. Mas a súbita aparição de Dexter escancara o modo como a autoridade masculina funciona no patriarcado: ela prevalece sobre a lógica. A chegada dele arrasta Tracy para uma realidade alternativa em que a autoridade masculina fica às claras, e ela acaba percebendo que tal autoridade tem o poder de anular a realidade e substituí-la pelo absurdo. A Tracy que víamos até então é a Tracy como ela vê a si mesma. A Tracy que vemos depois que Dexter chega, junto com a imprensa, é Tracy – a garota – como ela é vista quando não está desempenhando o papel de "garota". O segundo ato do filme é uma maratona de julgamentos. Dependendo de quem está julgando, ela é idolatrada e desvalorizada, zombada e menosprezada, desestabilizada e humilhada. Dexter diz que ela é fria demais, implacável demais, exigente demais. Ela estabelece padrões elevados demais para si e para os outros, e não é uma esposa "prestativa". Ele também a acha distante, fútil e mimada. Para George, ela é um símbolo do inatingível; um prêmio, um troféu, um objetivo. Ela deveria ser trancada em uma torre, venerada, punida. Era por culpa dela que Dexter bebia. Foi por culpa dela que o pai traiu. É por culpa dela que George é ciumento e possessivo. É por culpa dela que Mike é um ressentido e sente-se traído pela vida. Um a um, Mike, Dexter, Seth e George erguem Tracy em um pedestal e a derrubam de lá, até ela não saber mais quem é ou onde está.

*Núpcias de Escândalo* é uma história sobre uma história. Especificamente, é uma história sobre uma história de tabloide que, graças à manipulação inteligente de bastidores feita por Dexter, muda o desenlace do evento que em teoria o jornal está acompanhando, e isso faz com que Tracy rompa com George e volte a se casar com um Dexter repaginado, recontextualizado. Mas a história termina com uma nota ambígua: Sydney Kidd, o editor da revista *Spy*, invade o casamento e registra o momento com sua câmera. Terão êxito ou não? É difícil dizer. É difícil sustentar uma relação igualitária em um mundo desigual, onde as histórias não são verdadeiras ou falsas, onde as histórias têm um objetivo. É disso que o filme trata: é uma história verdadeira sobre histórias falsas, sobre como elas moldam a realidade e a percepção. Ele aborda o modo como as histórias guiam nossa empatia e identificação. *Núpcias de Escândalo* zomba disso, ao mesmo tempo que se rende. Tracy zombou das convenções e então cedeu. A solução de Hepburn foi a solução que mulheres inteligentes e ambiciosas sempre procuraram.

Ela achou um meio de driblar o sistema, mas o sistema permaneceu igual.

Como escreveu o filósofo Stanley Cavell em seu livro, *Pursuits of Happiness: The Hollywood Comedy of Remarriage*, o filme *Núpcias de Escândalo* é uma história sobre transformação por meio do casamento, na tradição de Shakespeare: a mulher é refeita como esposa nas mãos de homens que a repreendem. Mas é também uma história sobre o poder corretivo de um novo contexto. O filme sugere que não são as mulheres ou os homens que precisam ser refeitos, mas o casamento em si que precisa mudar, da doutrinação patriarcal condescendente para uma conversa mútua entre iguais. A trajetória de Tracy expõe a hipocrisia sobre a qual o sistema é construído, e desafia os homens que insistem em defendê-lo e em submeter os demais a seus padrões duplos frente a injustiças e crueldade. Por meio de Tracy, Hepburn mostrou sua experiência como estrela a partir de seu ponto de vista. Como uma estrela interpretando o papel de noiva feliz, ela faz com que o público fique em seu lugar. Assumindo o papel de mais fraca, ela confrontou o poder, e emergiu atordoada, ferida, lúcida, dona de si. Só então decidiu embarcar outra vez no barco *True Love* [amor verdadeiro] com Dexter – charmoso, manipulador, *sexy*, problemático – sem expectativas e sem garantias, na aventura do tornar-se.

"Os finais desastrosos ou meramente domésticos de muitos dos filmes dela podem ser ignorados com facilidade como sendo uma exigência de épocas menos esclarecidas", escreveu Claudia Roth Pierpoint em *The New Yorker*, depois da morte de Hepburn, "ou como um sinal da perplexidade reinante sobre qual deveria ser o final da história de uma mulher 'moderna' de verdade." O que é o casamento agora, de qualquer modo? Como está estruturada a instituição? Que premissas trazemos para ele? É a unidade econômica mínima, na qual produção e mão de obra permanecem distribuídas da forma tradicional (o modelo do marido como o protetor e provedor e da mulher como esposa perfeita, deusa do lar e nutriz)? Ou é uma parceria espiritual, intelectual, artística e social – uma colaboração para toda a vida, um projeto, uma transformação constante? É o que a sociedade patriarcal diz que é, ou o que Hollywood pretendia que fosse? O que significa ser uma mulher moderna? Onde reside a modernidade da mulher? Em sua aparência, no modo como age, no que faz, usa ou diz? Ou situa-se totalmente fora dela, em algum outro lugar, em um sistema maior que lhe permite ser uma pessoa inteira, livre; que a representa como tal; que permite a ela representar-se; que reconhece a individualidade e a subjetividade dela? Tem a ver com coisas como direito a voto e controle de natalidade, temas aos quais a mãe de Katharine Hepburn devotou a vida? Tem a ver com usar calças, não ter que agradar sempre, dormir com quem quiser e não se casar, como fez Katharine Hepburn? Tem a ver com fumar Virginia Slims? Talvez não tenha a ver com essas coisas, mas com o fato de precisarmos defender nossa condição como pessoas, o tempo todo. Não será a história que precisa ser vista por outro ângulo? A heroína que precisa de autorização para criar a si mesma a partir do nada? Essas são as perguntas que creio que Hepburn estava realmente colocando. Essas são as perguntas que ainda hoje fazemos, mas 75 anos depois. Este é o elefante na sala.

O que funcionou para Hepburn, afinal, o que lhe permitiu tornar-se a pessoa que era, foi sua decisão tática de interpretar o papel de garota nas telas. Ao fazer o papel de garota nas telas livrou-se de ter de interpretar o mesmo na vida real. "Vesti calças cinquenta anos atrás e declarei uma espécie de caminho do meio. Não vivi como uma mulher. Vivi como um homem. Fiz o que bem queria e ganhei dinheiro suficiente para sustentar a mim mesma, e não tenho medo de estar sozinha", disse ela a Barbara Walters em uma entrevista, em 1981, quando tinha 72 anos. Não que ela passasse muito tempo sozinha. No entanto, creio que teria ficado surpresa se, em 1940, lhe dissessem que, passados mais de 75 anos, ainda seria desconcertante a pergunta de como poderia terminar a história de uma verdadeira mulher moderna.

# 4

## Que Sensação[*]

Tenho 15 anos e sou nova na cidade, uma caloura em uma escola católica. Por que estou em uma escola católica, não tenho a menor ideia. Meus pais entraram em pânico. Colocaram-me em um convento. Tenho uma amiga. Ela também parece um pouco desnorteada. E infeliz. Ambas estamos infelizes. Somos muito infelizes.

Nos feriados de Natal, vamos assistir a *Flashdance: Em Ritmo de Embalo* [*Flashdance*]. E então assistimos de novo. E de novo. E de novo. Nossas mães nos levam de carro até o *shopping center* sem qualquer comentário, e fico aliviada. O filme é o nosso *Star Wars*. Assistimos a ele como se tentássemos absorvê-lo, fundir-nos a ele, organizar nossa vida e construir nossa identidade à volta dele. Se em algum momento minha amiga e eu chegamos a discutir isso, não me lembro do que foi dito. Não é o tipo de coisa sobre a qual se conversa. Nem mesmo é o tipo de filme sobre o qual se conversa. Não há o que discutir. Apenas comungamos em silêncio. Numa tarde gelada e cinzenta de domingo, minha mãe nos deixa no *shopping* meia-boca onde o filme tinha ido parar depois de sua temporada no *shopping* mais chique. Minha ânsia por ver de novo esse filme me deixa envergonhada. Parada no estacionamento vazio, nesse dia sombrio e ventoso, não sou exatamente Jane Eyre;[**] talvez seja mais como Catherine[***] na

---

[*]  What a Feeling" [Que Sensação], é uma referência à música-tema do filme *Flashdance*, composta por Giorgio Moroder e Keith Forsey e interpretada por Irene Cara. [N.E]
[**]  Protagonista do romance homônimo de Charlotte Brontë, publicado pela primeira vez em 1847. [N.P.]
[***]  Personagem principal do livro *O Morro dos Ventos Uivantes*, de Emily Brontë, publicado em 1847. [N.P.]

versão de Pat Benatar para a música "Wuthering Heights" do tributo de Kate Bush a *O Morro dos Ventos Uivantes* [*Wuthering Heights*]. De repente, uma vergonha tão violenta me invade que parece que vou me dissolver no asfalto. Tenho 15 anos, mas não sou idiota. Sei que o filme é terrível. Sei que é uma mentira do começo ao fim. Mas é uma mentira na qual quero muito acreditar. Pois que outra mentira existe na qual eu possa acreditar – quero dizer, que eu possa de fato assinar embaixo?

A puberdade é um transtorno. Você muda, como um lobisomem. Ela provoca agitação, perturbação – em seu próprio corpo, sim, mas também (sobretudo quando você é uma garota) no corpo e nas palavras e atitudes dos outros. Ela transmuta o mundo. Mais do que perder controle sobre seu corpo, você perde controle sobre a forma como ele é interpretado. Seu corpo torna-se um corpo estranho, uma indagação e não uma declaração. A mesma cultura que antes o sequestrou como um símbolo de sua própria pureza e inocência invioláveis agora acha insuportável a transformação, e culpa você por pervertê-lo, por permitir que isso aconteça. E quem mais teria a culpa? A garota é sempre sobrecarregada com padrões impossíveis. Ela é forçada a pagar pela perda da inocência com mais perda – de amor, de respeito, de proteção. Na história, ela tem uma única saída, um único caminho para a validação. A história diz: não se suje. Não quebre. Não pense que você pode escapar da narrativa. Achar que pode escapar da narrativa é a definição de *louca*.

Na história do amadurecimento masculino, o garoto cria a si mesmo. Na história do amadurecimento feminino, a garota é criada por forças que a rodeiam. Na história feminista do amadurecimento, a garota resiste às forças e torna-se ela mesma. Filmes sobre garotas adolescentes que enfrentam um perigo tenso e estetizado estão por toda parte. Brooke Shields, Jodie Foster e Tatum O'Neal crescem tão rápido que isso ameaça matá-las ou arruiná-las, ou matar ou arruinar os demais à volta delas. Em *Gatinhas* [*Foxes*] (dirigido por Adrian

Lyne, que três anos depois dirigiria *Flashdance: Em Ritmo de Embalo*),
*A Lagoa Azul* [*The Blue Lagon*], *Menina Bonita* [*Pretty Baby*], *Amor sem
Fim* [*Endless Love*], *Taxi Driver, Carrie, a Estranha* [*Carrie*], *O Exorcista* [*The Exorcist*] e *Eu, Christiane F., 13 Anos, Drogada e Prostituída*
[*Christiane F.*], as garotas não se metem em encrencas, elas se tornam
a encrenca. O perigo vem de dentro. É mutante, transgressivo. Ele
as torna incontroláveis. "Aos 12, era pó-de-anjo", diz a chamada para
*Eu, Christiane F.* "Aos 13, era heroína. Então ela foi para as ruas." A
maturidade e a experiência são as portas de entrada para a substância
mais perigosa de todas: a liberdade sem supervisão. Por que a garota
que está saindo da infância e aventurando-se no mundo é o símbolo
padrão para tudo que pode, e que com certeza vai, dar errado?

Jennifer Beals, em *Flashdance: Em Ritmo de Embalo*, não é muito mais
velha do que nós. Ela é caloura em Yale – um dos lugares onde temos
esperança de estar quando tivermos a idade dela. Formou-se na Francis W. Parker School, em Chicago – conhece pessoas que conhecem
pessoas que a conhecem. É quase como se ela pudesse ser nós. Nós
nunca poderíamos ser ela. Jennifer Beals é o ideal de beleza feminina
por volta de 1983. Ela é o padrão. Nós nos deleitamos com a emoção
da proximidade a tudo isso.

    O nome da personagem é Alexandra Owens, mas ela é chama-
da de Alex. O nome masculino significa que ela é legal e que você pode
confiar nela. Durante o dia, Alex trabalha como soldadora em uma siderúrgica, mas à noite ela sobe ao palco do bar Mawby's e dança. Dizer
que a dança dela é exuberante não chega nem perto de descrevê-la. Parece teatro kabuki* em um clube de *striptease*, com montagem, figurino,
cenário e filmagem típicos de um vídeo musical dos anos 1980. Na

---

\* Forma do tradicional teatro japonês, surgida no final do século XVI, caracterizada pela
maquiagem exagerada e pela estilização dramática. O espetáculo é encenado apenas por homens, mesmo os papéis femininos. [N.P.]

verdade, não *parece*: é exatamente isso. No Mawby's, a clientela seleta tem altíssima tolerância à arte performática experimental, e Alex pode expressar quem realmente é – e vestida.

No fim das contas, entretanto, o sonho de Alex não é derramar baldes de água sobre si todas as noites, na frente de um monte de metalúrgicos. Ela quer ser bailarina e sonha em ensaiar em um prestigioso conservatório de dança. É parte da história de como ela não é uma garota comum. Alex é excepcional. Tão excepcional que pode começar o treinamento de bailarina aos 18 anos. Tão excepcional que tem nome de garoto, um emprego de homem e se mantém firme em um ambiente masculino. Ela mora sozinha em um galpão enorme, em uma viela escura, e sua única companhia é Grunt, seu *pitbull* – a raça favorita da masculinidade tóxica. Ela tem o temperamento de uma adolescente suburbana angustiada, mas a vida de um poeta dono de terras no século XVIII, ou de um gênio boêmio morador de um sótão na Paris da década de 1920. Seu galpão é decorado em estilo bordel chique – uma mistura de *Menina Bonita* com *Blade Runner, o Caçador de Androides* [*Blade Runner*]. Ela é tão livre, tão espontânea, tão imune a normas e convenções e a seu efeito sobre os outros, notadamente os homens, que tira o sutiã por debaixo da blusa na frente do chefe, enquanto mantém no rosto uma expressão de Bambi curioso. Em Alex, tudo o que deveria ser "coisa de garota" está ao contrário, menos aquilo que conta. Ela é a antítese de uma dama, o retrato de uma não dama. É um garoto de 18 anos no corpo de uma mulher.

Embora em teoria seja baseado em uma história real, ou na combinação de várias histórias reais, *Flashdance: Em Ritmo de Embalo* está tão fora da realidade quanto seria possível sem estar em outro planeta. Inexplicavelmente livre das limitações de gênero, sociais e financeiras que prendem o resto da humanidade, Alex tem liberdade para ser um gênio. E sabemos que ela é um gênio porque, como a imagem idealizada da maioria dos gênios (que são homens), ela é temperamental, impulsiva, imprudente, arrogante e rude, e isso faz com que as pessoas se apaixonem por ela e percebam o equívoco de sua postura esnobe e polida e de sua formação clássica. Ela é representada não como uma garota em um romance, mas como uma heroína romântica. Ela é byroniana em sua turbulência e audácia. Ela joga o cabelo por cima do ombro como se fosse uma capa, antes de partir em busca das sublimes paisagens alpinas – ou o equivalente em Pittsburgh. Uma noite, Nick, o dono da siderúrgica, presta atenção em Alex, enquanto ela dança no Mawby's, e pergunta a seu amigo quem é ela. O amigo ri e responde, gritando, com o número de seguridade social dela – ela trabalha para ele. No dia seguinte, na siderúrgica, Nick convida Alex para jantar em um restaurante chique. Lá, ele tenta bravamente manter uma conversação enquanto ela faz sexo oral com o prato principal e ao mesmo tempo esfrega o pé na virilha dele. Os apetites de Alex são lascivos, e ela come com a boca aberta – não consigo decidir qual constitui a maior rebeldia. A ex-mulher de Nick por acaso também está ali, e se aproxima da mesa deles. Ela olha para Alex com desprezo e faz expressão de desdém. Nick a levou a seu lugar preferido, o mesmo lugar para onde leva todas as garotas? Em resposta, Alex tira o paletó do *smoking*, e revela que por baixo está usando apenas uma frente falsa de camisa, possivelmente feita de papel. Alex informa à ex de Nick que ela na verdade trepou como doida com ele, enquanto Nick sorri, embaraçado. É assim que ela sinaliza para a ex-mulher que venceu. Isso para nós é incrível. Pensamos, *mostra para essa vaca metida*.

Mas que tipo de demonstração de superioridade é essa, de fato? O que ela significa para mim, uma garota cujos modos o pai corrige o tempo todo durante as refeições? Tem sabor de liberdade, suponho. De autoafirmação, rebeldia *punk* ou algum tipo de força corretiva. Ainda, e isso é importante, é a primeira vez que vejo uma garota cujo gênio artístico não resulta em um tratamento de eletrochoque e uma internação de longo prazo.

Mas é claro que essa transgressão gloriosa e atrevida não pode durar, e vai haver um choque de mundos. Alex é uma princesa selvagem: ela vai resistir à domesticação até poder provar que é capaz de chegar lá por conta própria. Levando-a de carro para casa, certa noite, Nick deixa escapar que deu um telefonema e ajudou Alex a conseguir sua audição no prestigioso conservatório de dança. Alex surta. Ela precisa desesperadamente acreditar em um jogo limpo. Ela *quer* fazer tudo sozinha. De outro modo, nada faz sentido. Ela quer ser reconhecida e aprovada pelo sistema, da forma mais *punk rock*, mais antissistema possível. Senão, ela vai pegar sua bola e tirar o time de campo. De fato, ela salta do Porsche de Nick em movimento, dentro de um túnel, sem levar em conta o alto risco de um engavetamento, que num instante criaria uma armadilha em chamas para centenas de pessoas.

Nós captamos a mensagem. Temos 15 anos e nossos sonhos são grandiosos e indefinidos. Também precisamos acreditar num jogo limpo. Para nós, Nick aceita as explosões de Alex porque "capta" totalmente como ela é dedicada – não por ser paternalista, não por possuí-la. Para uma garota cujo destino é determinado inteiramente por seu corpo – como dançarina e a futura esposa do príncipe rico –, ela tem um alheamento abençoado quanto a suas condições materiais. Com seu emprego braçal, seu cachorro de garota durona, suas emoções incontroláveis e seus modos horríveis, Alex é um arquétipo que nunca encontrei antes. Ela é uma supermulher adolescente, uma obsessiva. Sua liberdade é completa, implausível e atemporal. Sua confiança e sua calma inabalável são desconcertantes e beiram o delírio, mas é fascinante ver uma garota pouco mais velha do que nós encenar essa fantasia romântica em particular. "O homem se torna o que ele quer ser, seu querer precede a sua existência", diz Nietzsche, e acho que Alex também o diz. A rebelião dela é como um superpoder, um escudo invisível contra a realidade. As limitações da existência física não são páreo para sua fibra, sua determinação, sua bizarra capacidade de desfrutar de todos os privilégios de viver no corpo de uma adolescente sem enfrentar nenhum dos inconvenientes. Pois tanto uns quanto outros existem, mas a mídia tende a deturpar os privilégios e raramente fala dos inconvenientes.

Em uma entrevista concedida décadas depois, Tom Hedley, que escreveu o roteiro com Joe Ezsterhas, explicou sua decisão de criar uma fantasia de Cinderela a partir de uma história real triste, dizendo: "Fui tocado pelo sonho dela de o que ela seria. Bem no início tomei a decisão de ir adiante seguindo a fantasia dela, não a realidade que ela vivia".[1] Não nos interessa como aquela jovenzinha conseguiu um emprego sindicalizado em uma cidade siderúrgica decadente. Não nos interessa como ela consegue não ser menosprezada, desvalorizada, assediada ou maltratada no trabalho. Não nos interessa como ela consegue pagar por seu imenso galpão, e mantê-lo aquecido enquanto economiza dinheiro para matricular-se em uma prestigiosa academia de dança. Não nos interessa que ela seja velha demais para ser bailarina e nova demais para ser operária na siderurgia porque naquela época as siderúrgicas já haviam parado de contratar, e de qualquer modo nunca a teriam contratado. Não notamos como é sinistra a história de amor, que seu namorado é vinte anos mais velho que ela, que ela trabalha para ele, que ele *detém os meios de produção, pelo amor de Karl Marx.* Não nos parece esquisito que ela tenha tido pelo menos dois chiliques violentos na frente de Nick, saltado do carro dele em movimento e jogado uma pedra na janela da casa dele, enquanto ele assiste com ar condescendente à impotência infantil e adorável, que só lhe dá mais vontade de trepar com ela. Não perguntamos como Alex consegue dar conta, sozinha, da produção, coreografia, figurino, direção de arte e cenografia em um cabaré de elite, toda noite depois do trabalho na siderúrgica. *Flashdance* não nos pede para fazer essas perguntas, e por isso nós não fazemos. Depois que o filme estreou, foi revelado que a cena da grande audição de Alex foi interpretada não por um, mas por três dublês de corpo que não receberam créditos – uma dançarina, uma ginasta e um dançarino de *break*.

Assim, é isso que *Flashdance* nos diz sobre a aspiração de uma mulher ( jovem e *sexy*): que é uma fantasia; que os sonhos de uma garota são um presente que apenas um príncipe pode fazer acontecer para ela, se ele a ama e a escolhe porque ela é especial, graças a atributos únicos e nada femininos. Alex é a vencedora sortuda da loteria patriarcal: diferente de todo o resto. E para o caso de que a mensagem não esteja clara, a melhor amiga dela, Jeannie, aspirante a patinadora artística, arrisca sua única chance e perde. Numa audição para a companhia Ice Capades, ela cai e não se levanta. Alex conta a Nick que a amiga havia treinado por dois anos (dois anos inteiros!). Na cena seguinte em que vemos Jeannie, ela está nua no palco do Zanzibar, clube de *striptease* alternativo ao Mawby's, onde uma garota não é valorizada por seu talento, de modo que tudo o que lhe resta é rolar pelo chão sem roupas.

Só agora, décadas depois, vejo *Flashdance: Em Ritmo de Embalo* pelo que ele de fato era: uma fantasia sobre a criação do eu, sem qualquer base na realidade política, material ou econômica. Era um videoclipe de longa-metragem apregoando a fantasia individualista do empreendedor solitário, característica da era Reagan. O filme dizia que você pode fazer qualquer coisa (em sua imaginação). Tudo que você precisa para sair do mais baixo degrau social e alçar voo nas asas da fama e do amor verdadeiro é um grande sonho, um estilo chamativo, uma crença psicótica em si mesmo e disposição para dormir com seu chefe. Você só tem que querer. Você pode! *Girl power!* Continue sonhando, mana! E, ei, se não rolar, lembre-se de que a culpa é toda sua. Talvez você não fosse boa o suficiente. Eis algumas dicas de aperfeiçoamento pessoal. *Flashdance: Em Ritmo de Embalo* nos ensinou que tudo bem fazer *striptease*, desde que seja criativo e feito para pagar a escola. Ensinou que a janela para o sucesso fica aberta por menos tempo do que se pensava. Sem Nick, Alex logo teria descambado para algo monstruoso.

\*

Eu estava na faculdade quando Adrian Lyne nos deu, em *Atração Fatal* [*Fatal Attraction*], a Alex seguinte, uma mulher de carreira com cabelos cacheados e moradora de um *loft*, interpretada por Glenn Close. É com ela que o advogado e marido bem-casado Dan Gallagher (Michael Douglas) comete a imprudência de fazer sexo, certa noite em que a mulher e a filha estão viajando. Alex o convence a ficarem juntos uma segunda noite, que culmina com uma tentativa de suicídio por parte dela. Dan, que já havia posto à venda seu apartamento, muda-se às pressas com a família para uma ampla casa branca em Bedford (uma das inspirações para Stepford), Connecticut, mas Alex não desiste.

Eu era uma universitária jovem e impressionável, e fiquei aterrorizada com a atuação de Glenn Close no papel de Alex. Aos 40 anos, ela era um alerta – tudo o que uma garota como eu era condicionada a não querer se tornar; a materialização do cartão com a *pop-art* de Roy Lichtenstein, de 1986, que trazia uma mulher chorosa sob o balão de pensamento "Não acredito. Esqueci de ter filhos!". Ao mesmo tempo, naquela época eu estava me formando em literatura comparada. Entendi a mensagem e ela me incomodou. Ela me incomodou sobretudo pelo contraste nauseante com a atuação de Anne Archer como Beth, a esposa idealizada, de olhar bovino e sorriso presunçoso, contemplando beatificamente no espelho primeiro ela mesma e, a seguir, seu marido traidor-transformado-em-vingador-heroico. "Ela é tão bonita", meu namorado sussurrou. Ocorreu-me que talvez sua intenção fosse algum tipo de elogio, pois nós duas tínhamos cabelos e olhos castanhos, e pensei: *Não, obrigada.*

Não que Alex fosse uma alternativa viável, alguém que pudesse servir de modelo. A alternativa à esposa de olhar bovino era uma assassina de coelhinhos, obsessiva e psicótica, que colocava crianças em perigo e que *não morria de jeito nenhum, por mais vezes que fosse morta.*

Na maior parte do tempo, assistir a esse tipo de coisa quase me fazia sentir como se meus olhos estivessem conectados a outro cérebro, dentro de outro corpo. Eu podia compreender a história que me contavam, mas ela parecia estar toda errada. A dissonância cognitiva era evidente. Eu só conseguia reconhecê-la pela comparação com a rara experiência de assistir a algo que via o mundo por um ângulo que me era familiar. Cada vez que isso acontecia era como uma revelação. Em um artigo sobre o trigésimo aniversário de lançamento de *Procura-se Susan Desesperadamente* [*Desperately Seeking Susan*], a crítica de cinema Carrie Rickey qualificou esse filme como "tanto uma *Mística Feminina New Wave* quanto uma fantasia urbana que apresenta Nova York como uma Emerald City* toda grafitada". Ela escreveu que, na época em que o filme foi rodado, ela trabalhava no *Boston Herald* e visitou o *set* de filmagens. Segundo ela, Leora Barish, a roteirista, fora influenciada pelo filme de Jacques Rivette *Céline e Julie Vão de Barco* [*Céline et Julie Vont en Bateau*], de 1974, que, por sua vez, fora inspirado em *Alice no País das Maravilhas*. Barish contara a Rickey que gostava da forma como Rivette "brinca[va] com a realidade de modo casual, quase imperceptível", mostrando como "as duas mulheres de reinos diferentes sentiam curiosidade uma em relação à outra", de um modo não sexual. Duas garotas numa aventura com final em aberto. O filme era uma revelação, disse ela, porque falava de libertação e de "explorar a pessoa que você quer ser".

---

\* Seriado de televisão produzido para a NBC, em 2017, baseado no clássico *O Mágico de Oz*. [N.P.]

Rosanna Arquette faz o papel de Roberta, uma dona de casa de Nova Jersey que tem um casamento infeliz com um vendedor de banheiras. Madonna faz o papel de Susan, uma trapaceira e andarilha que está fugindo da máfia. Roberta tem tudo o que poderia querer, enquanto Susan lava as axilas nos banheiros da rodoviária, secando-as nos secadores de mãos. Roberta sabe da existência de Susan porque lê os anúncios que o namorado dela coloca na seção de classificados pessoais do jornal, procurando por ela desesperadamente. "Eu gostaria de estar desesperada", diz Roberta certo dia a sua amiga, no salão de beleza. Ela gostaria de importar-se com alguma coisa a ponto de ficar desesperada, e gostaria de ter um foco único. Ela achava que isso a levaria à aventura... e é o que acontece. Susan representa tanto o objeto feminino do desejo quanto o sujeito feminino do desejo.[2] O desejo não é sexual, é de identificação; ela anseia pelo "desejo de desejar",[3] revigorante, libertador, empoderador, que de alguma forma escapou à repressão em Susan. Roberta começa com o desejo de ser como Susan, e termina acreditando *ser* ela. Como escreveu Molly Haskell em 1974, no livro *From Reverence to Rape: The Treatment of Women in the Movies*: "É muito frequente que interpretemos os papéis do passado à luz das posturas libertadas que apenas há pouco tempo tornaram-se imagináveis. Podemos, por exemplo, lamentar o fato de que em todo filme onde uma mulher se destaca como profissional, ela deve ser subjugada no fim, mas somente se reconhecermos o corolário: ao menos havia mulheres *trabalhando* nos filmes dos anos 1930 e 1940". Não apenas isso, mas mesmo que suas histórias terminassem em lágrimas, afirmou ela, nós as lembramos por sua fibra, sua inteligência, sua coragem e suas vitórias intermediárias. Lembramo-nos delas por serem heroínas e duronas. Enquanto isso, em contraste, "cá estamos nós, com uma liberdade de expressão sem paralelo e um número recorde de mulheres atuando, realizando, escolhendo sua própria realização, e somos insultadas com as piores heroínas da história do cinema – as mais maltratadas, negligenciadas e desumanizadas".[4] Ela talvez não imaginasse que a coisa só pioraria.

Um resumo da aventura: Susan rouba um par de brincos de um sujeito com quem acabou de dormir, e que possuem um valor inestimável. Mais tarde, ela vai a um brechó e vende sua jaqueta de couro muito chamativa, com uma pirâmide atrás. Roberta a segue até a loja, compra a jaqueta e é confundida com Susan por um mafioso que está tentando recuperar os brincos. Nesse meio-tempo, o namorado de Susan, Jim (o desesperado autor dos anúncios pessoais) pede a seu amigo Dez que vá apanhar Susan e, quando ele vê Roberta, também acha que é Susan. Quando Dez está se aproximando, o mafioso arranca a bolsa de Roberta, que cai e bate a cabeça. Ao voltar a si, ela não consegue se lembrar de nada. Dez acha que ela é Susan, de modo que ela aceita. Por fim, ela recupera a memória, faz sexo com Dez e tenta revelar sua verdadeira identidade. "Sou uma dona de casa de Fort Lee, Nova Jersey", diz a ele. "Estou casada faz quatro anos. Meu marido, Gary, vende *spas* de banheiro... saunas." Dez ri. De todas as coisas improváveis que ela poderia ser, essa é a mais improvável. "É disso que eu gosto em você", diz ele. "Nunca sei o que vai dizer."

Depois de ler o artigo de Carrie Rickey sobre *Procura-se Susan Desesperadamente*, liguei para ela a fim de perguntar-lhe como tinha sido visitar o *set* de filmagem, falar com os cineastas e depois ver o filme. Por que foi como uma revelação quando o vi pela primeira vez, aos 17 anos de idade? O que o filme tinha de tão inspirador? *Procura-se Susan Desesperadamente* foi escrito por uma mulher (Leora Barish), dirigido por uma mulher (Susan Seidelman), produzido por duas mulheres (Sarah Pillsbury e Midge Sanford, que fundaram uma produtora para fazer o filme) e estrelado por duas mulheres, Rosanna Arquette, uma estrela de filmes indie, e Madonna, que ainda não era tão famosa como é hoje. Aidan Quinn fazia o bonitão Nota Dez, por quem Roberta acaba se apaixonando, mas não era só isso.

Ou melhor, por ser contada do ponto de vista de uma garota, a história mudava de perspectiva de tal forma que aquilo que poderia ter sido um filme banal sobre um roubo atrapalhado e confusão de identidades me fez sentir como se algo profundo tivesse acontecido. A imagem do herói rebelde já foi muito testada e aperfeiçoada, mas a garota rebelde, a garota que de fato não se importa com o que as pessoas pensam, é algo raro. Tradicionalmente, a única moeda de troca de uma garota é o que as pessoas pensam.

Quando estava no ensino médio, eu achava que nós, garotas, estávamos entrando em uma nova era – como as coisas seriam daí em diante. Uma vez que a percepção muda, ela nunca mais volta ao que era – certo? Até mais ou menos aquela época, havia no cinema muito poucas representações dos finais felizes para as aventuras de mulheres que não terminassem em casamento. Todos os conflitos – sociais, familiares, financeiros – eram resolvidos pelo casamento. Mas então, mais ou menos entre 1975 e 1980, filmes feitos por mulheres apareceram aos montes, velozes e furiosos. Carrie Rickey me contou que, quando tinha 20 anos, na Universidade da Califórnia, em San Diego, ela assistiu ao filme *Cléo das 5 às 7* [*Cléo de 5 à 7*], de Agnès Varda. Logo depois, ela pegou a estrada até a Universidade da Califórnia, em Los Angeles, para uma retrospectiva da diretora Dorothy Arzner. Quando estava na Universidade de Nova York, em 1978, Rickey já tinha conhecimento das muitas cineastas mulheres, de Lois Weber a Elaine May. Para ela, foram filmes como *As Quatro Irmãs* [*My Brilliant Career*], de Gillian Armstrong; *Coupe de Foudre*, de Diane Kurys; *A Recruta Benjamin* [*Private Benjamin*], com roteiro de Nancy Myers; e *Picardias Estudantis* [*Fast Times at Ridgemont High*], de Amy Heckerling, juntamente com *Procura-se Susan Desesperadamente*, que a tornaram consciente de um novo olhar, feminino.

*Procura-se Susan Desesperadamente* erotizava Aidan Quinn como ela nunca havia visto antes em se tratando de um ator homem.

A ideia de que uma diretora hétero tivesse um olhar diferente quanto aos homens, que os enquadrasse de forma diferente, estava apenas começando a surgir para ela. Quando Rickey disse aquilo, percebi por que minhas amigas e eu tínhamos nos apaixonado tão loucamente por Quinn interpretando Dez: nós o havíamos visto pelos olhos de Roberta. Carrie me disse que nunca tinha encontrado antes aquele tipo de humor negro depressivo feito por mulheres, mas de repente lá estava ele, em filmes como *A Recruta Benjamin*. Escrito por Nancy Myers e Charles Shyer, *A Recruta Benjamin* era a história hilariante do despertar gradativo, da desprogramação de uma jovem "esposa de Stepford", ou seja, a "Senhora Perfeitinha" autoconstruída. Judy Benjamin, interpretada por Goldie Hawn, hilariante com seus olhos arregalados, soube a vida toda que tudo o que queria era "uma casa grande [...] roupas bonitas, dois *closets*, uma empregada que dorme no emprego e casar com um homem rico e de carreira sólida". Ela consegue tudo isso... e então seu marido morre de um ataque cardíaco na noite de núpcias. Assim, ela faz o que as pessoas fazem quando não têm nenhuma outra ideia: se alista no Exército. Contra qualquer expectativa, ela conclui o treinamento básico, e então conhece um médico francês, interpretado por Armand Assante, e os dois têm um caso. "Agora sei que tenho fingido todos esses anos!", diz ela sobre o sexo com seu segundo parceiro. Ela também diz: "Eu não entendi *Uma Mulher Descasada* [*An Unmarried Woman*]. Eu teria ido embora com Alan Bates". Mas ela não vai embora com Armand Assante no final. Há ecos desse humor em *Harry e Sally: Feitos Um para o Outro* [*When Harry Met Sally*] e em *Thelma & Louise* – a sensação de que conhecemos a nós mesmas de algum lugar, de que nos encontramos conosco antes.

Carrie também me contou que, no roteiro original, Susan era uma *hippie*, mas a diretora Susan Seidelman resolveu deixá-la mais urbana. Apesar de já famosa, Madonna ainda não tinha a carreira consolidada por completo. Seu *single* "Into the Groove" estourou durante a produção, transformando-a numa estrela internacional de uma hora para outra, e as pessoas começaram a pará-la na rua. Nessa época, eu estava no ensino médio. Pressenti algo "novo", mas apenas imaginei que dali em diante as coisas seriam daquele jeito. Usar o casamento como enredo parecia não ter mais vez. ("Qual a alternativa para o enredo do casamento?" Carrie disse: "A alternativa é a aventura".) Minha geração, pensei, era a primeira geração pós-feminista. A primeira a quem é permitido ver o amor em termos de aventura e de busca, não de salvação e redenção. Eu não sabia (não poderia saber) que aquele momento era o fim de um breve período no cinema dos Estados Unidos, entre 1978 e 1985, em que as histórias de heroínas não terminavam em casamento, mas começavam com aventura, como em *Uma Mulher Descasada*, *Como Eliminar seu Chefe* [*9 to 5*], *Alien, o 8º Passageiro* [*Alien*], *Norma Rae* e outras semelhantes. Mike Medavoy, o chefão dos estúdios, teria sido persuadido por sua enteada a filmar *Procura-se Susan Desesperadamente*. Ninguém esperava que fosse um sucesso.

É uma velha história com um tema recorrente; a noção de que não há público para filmes sobre mulheres, a menos que as mulheres sejam abstraídas a ponto de não mais se parecerem com pessoas. *Procura-se Susan Desesperadamente* foi uma revelação por muitos motivos, um dos quais o fato de que foi contado pelo ponto de vista feminino, de uma mulher que tinha tudo o que se supõe que uma mulher queira, mas que ainda assim sofria. "Lembro-me de ter ficado empolgada e de comentar com Molly", Carrie me contou, referindo-se à crítica e teórica do cinema feminista Molly Haskell, que era sua companheira das sessões de cinema, sobre que revelação foi começar a ver filmes dirigidos por mulheres nos anos 1970. Ela recorda-se de ter falado com a amiga "sobre como não havia mulheres em *O Poderoso Chefão* [*The Godfather*]". Ou melhor, que as mulheres apenas serviam para reafirmar que aquele era um espaço masculino, que elas estavam ali apenas para servir bebidas e ficar caladas. No cinema clássico de Hollywood, uma mulher surge na tela: ela está lá para ser olhada. Ela interrompe a ação. Diane Keaton em *O Poderoso Chefão* serve de contraste para Al Pacino: ela reclama, ela interrompe e no final é colocada em seu devido lugar. Ela prepara drinques e fecham a porta na cara dela.

Isso me fez lembrar a história que uma amiga me contou sobre um emprego que teve em uma produtora, onde era a única produtora executiva mulher. Toda sexta-feira, às cinco da tarde, todos os demais se reuniam na sala do chefe para beber, sem ela. Um dia, ela resolveu convidar a si mesma. Alguns minutos antes das cinco, ela entrou na sala do chefe e sentou-se. Ele a olhou como se ela estivesse maluca. "Você não tem trabalho para fazer?", ele perguntou. Ela se levantou e saiu, enquanto os outros entravam. Isso aconteceu no século XXI.

Essa ideia de quem estava vendo, de como os diretores criam a realidade a partir de um ponto de vista, surgiu aos poucos. Rickey era aluna de pós-graduação na Universidade de Nova York quando ouviu o nome de Dorothy Arzner pela primeira vez, ao ser citada por Francis Ford Coppola como professora em sua escola de cinema. Dorothy Arzner foi uma prolífica e muito bem-sucedida diretora dentro do sistema de estúdios na década de 1930. No livro *When Women Call the Shots: The Developing Power and Influence of Women in Television and Film*, de Linda Seger, li sobre como ela foi a primeira mulher a ser aceita como membro da Directors Guild, e a única até a entrada de Ida Lupino, sete anos depois de ter dirigido seu último filme;[5] porém, ela estava longe de ter sido a primeira diretora de cinema famosa. A lista de mulheres pioneiras esquecidas em Holloywood é longa: em 1895, Alice Guy, uma jovem secretária da Gaumont, companhia cinematográfica da França, teve uma ideia para um filme, e pediu permissão a seu chefe para escrever uma cena ou duas para que amigos seus interpretassem. Ele permitiu que ela o fizesse, desde que não negligenciasse seus deveres como secretária. Em 1896, Guy fez o filme *A Fada dos*

*Repolhos* [*La Fée aux Choux*], no qual bebês cresciam em canteiros de repolho. Gaumont adorou e montou um estúdio para ela. Guy tornou-se a primeira mulher roteirista, produtora, diretora e chefe de produção no ramo, antes que o ramo existisse. Então ele a mandou para os Estados Unidos, onde ela fez tudo de novo em Nova Jersey. Lois Weber, uma atriz norte-americana que atuou nos filmes de Guy, tornou-se a única outra mulher a escrever, dirigir, produzir e controlar um estúdio. "Em 1915, ela era tão famosa quanto D. W. Griffith ou Cecil B. DeMille", escreveu Linda Seger, e "um ano depois Lois Weber era tida como a pessoa mais importante e mais bem paga entre todos os diretores no Universal Studios, ganhando 5 mil dólares por semana."

Alice Guy, que fez centenas de filmes em todos os gêneros, era muito influente e estabeleceu o tom para a representação de mulheres. "Em uma época na qual os diretores homens estavam objetificando a mulher", escreveu Seger, "as protagonistas de Guy eram mulheres fortes, que tinham o controle de suas vidas e seus destinos. Em 1912, ela dirigiu *In the Year 2000*, filme sobre uma época em que as mulheres mandavam no mundo."[6] Julia Crawford Ivers, que foi a primeira mulher a ocupar o cargo de gerente geral de um estúdio, tirou Guy do Universal Studios e a levou para o Bosworth Studios, onde foi a primeira pessoa a contratar a roteirista Frances Marion. Esta se tornou uma das maiores roteiristas da história do cinema, tendo escrito 130 roteiros que foram produzidos. Nell Shipman produziu histórias de aventuras selvagens na natureza, com nudez, animais silvestres e temas feministas. Ela foi pioneira na segurança de animais no *set* de filmagens. "Do início da década de 1900 ao início da década de 1920, havia centenas de mulheres bem-sucedidas e prolíficas no cinema", escreveu Seger. "Qualquer coisa parecia possível. A indústria cinematográfica estava aberta a qualquer um que tivesse talento, determinação e um sonho. E estava aberta especialmente para mulheres, porque as que já estavam nesse meio ou davam apoio direto a outras mulheres ou serviam de exemplo para elas. Sob tais condições, as mulheres brilhavam."

Seger relata que a indústria cinematográfica, que estava bastante difundida, consolidou-se e mudou-se para Los Angeles. Quanto a Alice Guy, seu "Blaché Solar Studio passou para o controle de seu marido, Herbert, que o rebatizou como Blaché Features, levou-o à falência e então fugiu para Hollywood com sua amante [...] A carreira de Alice Guy Blaché acabou [...] Por ser uma mulher de 50 anos, ninguém a queria. Ela tentou atuar como *freelancer*, mas não conseguiu trabalho nem nos Estados Unidos, nem na França. O crédito pelo primeiro filme de ficção [...] foi dado a George Méliès [...] Nell Shipman teve o mesmo destino." Seger cita uma das primeiras supervisoras de roteiro, Meta Wilde, que escreveu um livro sobre sua relação de dezoito anos com William Faulkner e que supervisionou os roteiros de mais de duzentos filmes, incluindo *Quem Tem Medo de Virginia Woolf?* [*Who's Afraid of Virginia Woolf?*],[7] dizendo que os dias pioneiros de Hollywood eram muito mais abertos antes que o sistema de estúdios compartimentalizasse tudo e criasse hierarquias. Citando Wilde, Seger escreve: "Na década de 1930, as únicas mulheres no *set* eram as que trabalhavam no figurino". E assim, se você fosse uma garota em Hollywood, estava de volta ao esquema de trepadas e compras.

Quando Arzner começou sua carreira, no fim da década de 1920, já não existiam mulheres diretoras. Arzner começou como roteirista, rapidamente tornou-se uma editora inovadora e muito requisitada, e então entrou para a lista dos dez melhores diretores do sistema de estúdios. Ela dirigiu dezesseis longas-metragens em sua carreira, mais do que qualquer outra mulher até os dias de hoje.

Quanto a perspectiva é importante? Quanto isso molda a ficção que pensamos como realidade? Foi somente quando fui ao apartamento de Craig, que se tornaria meu marido, pela primeira vez que percebi que eu via quadros que o retratavam por cerca de cinco anos antes de nos conhecermos. E não eram quaisquer quadros, mas retratos feitos por uma de minhas artistas contemporâneas favoritas. A primeira vez que vi uma pintura de Elizabeth Peyton foi em 1997, e eu havia acabado de completar 29 anos. Já fazia sete anos que eu morava em São Francisco quando vi a obra no Museu de Arte Moderna de São Francisco. O retrato parecia com algo que uma adolescente de 12 anos desenharia na última folha de seu caderno, só que com a luminosidade de uma joia. O retrato refletia minha perspectiva, que eu nunca havia visto legitimada daquele jeito antes. Parecia ter sido feito por uma garota, uma fã apaixonada. Era a coisa mais radical que eu já havia visto. Meu primeiro pensamento foi que devia ser uma piada. Então fiquei brava. Permitiam isso, agora? Desde quando? E por que eu não tinha sido informada? Sem chance de que aquele precioso retratinho descaradamente romântico de Kurt Cobain fosse algo para valer. Não podia ser verdadeiro, e no entanto parecia ser. Validado. Legitimado. Institucionalizado.

Anos mais tarde, descobri que meu fascínio pelo trabalho de Peyton havia começado não muito depois de Craig tornar-se um de seus temas regulares. Quando o conheci, já havia visto muitas vezes sua versão idealizada por ela. Craig e eu nos conhecemos em Los Angeles, em uma festa na casa de amigos em comum. Algumas semanas depois, fiquei chocada ao descobrir uma das pinturas de Peyton na parede de seu apartamento acanhado em Hollywood. Ele ficou chocado por eu ter ficado chocada. Ninguém que ele conhecia em Los Angeles jamais a havia reconhecido.

Peyton uma vez respondeu à observação de que parecia haver muita melancolia em seu trabalho: "Não é tanto que seja sentimental, é que para mim a passagem do tempo é assustadora. Penso nisso constantemente, meio que obcecada. O modo como as coisas mudam, como eu mudo, e não há como deter isso". Se este capítulo tem um tema, teria que estar relacionado a esse comentário. Desde que Craig e eu nos conhecemos, desejamos que isso tivesse acontecido quando éramos mais novos. Não que, com trinta e poucos anos, fôssemos tão velhos assim. É que, à medida que fomos nos conhecendo e contando um ao outro nossas histórias passadas, fui sendo tocada pelas mesmas coisas que me tocaram quando conheci o trabalho de Peyton: a emoção como uma experiência estética; romantismo; imaginação; boemia; nostalgia; a natureza fugaz de beleza, juventude, fama, tempo, vida; a revolta ardente que eu sentia contra o pragmatismo e o materialismo triunfal que acabou devorando a todos nós.

Tem também algo a ver com isto: Peyton, cuja retrospectiva de 2008 foi intitulada *Live Forever* [Viva para Sempre], disse que sua carreira começou a decolar quando ela passou a conhecer gente que conseguia ver o que ela estava fazendo. Ao entrevistá-la, Steve Lafreniere observou: "Certa vez você me disse que é fascinada por aquele momento em que o valor e o destino de uma pessoa são revelados". Quando conheci Craig, tive a sensação de que ele podia ver o que eu estava fazendo. Queria que tivéssemos nos conhecido quando éramos bem jovens, que de algum modo pudéssemos voltar ao momento de puro potencial e fazer tudo de novo, juntos; tem a ver com a fantasia de que poderíamos ter guiado um ao outro através dos perigos de crescer. De algum modo, quando nos imagino conhecendo-nos bem jovens, consigo crer na ideia de que poderíamos ter vivido para sempre.

Vendemos o quadro que eu tinha reconhecido como sendo de Peyton pouco depois de nos casarmos, cerca de um ano antes do nascimento de Kira. Foi uma decisão totalmente pragmática, dolorosa demais, da qual até hoje às vezes me arrependo. Talvez a decisão romântica devesse ter vencido no final. Talvez, de algum modo, em alguma realidade paralela, ela ainda possa vencer.

# 5

# A Eterna Atração pela Doida Varrida

"Eu desmoronei, coisa que havia anos queria fazer."

– Sra. Copperfield, em *Duas Damas Bem-Comportadas*,
de Jane Bowles

Quando eu era jovem, adorava histórias sobre mulheres artistas que surtavam – histórias trágicas de garotas lindas, apaixonadas, que escapavam da trama perdendo o enredo. A loucura era recusa e revolta. Era *punk*. Era uma história que eu adorava em ficção, em não ficção e em filmes, nos quais a artista louca tinha grande chance de ser interpretada emblematicamente pela francesa Isabelle Adjani, atriz de beleza etérea e de prodigiosa emotividade. Em tempos pré-Prozac, ninguém fazia um colapso nervoso parecer tão *sexy* quanto ela. François Truffaut, que dirigiu Adjani em *A História de Adèle H.* [*L'Histoire d'Adèle H.*] quando ela estava com 19 anos, afirmou que atriz era um gênio – embora haja quem atribua tal arroubo a seu choque ante a recusa dela de dormir com ele. Nunca saberemos.

Quando *Camille Claudel* foi lançado, em 1988, eu era uma estudante em Paris, tentando imaginar como uma garota se tornava uma artista quando o mundo insistia em definir artistas como o oposto de uma garota. Eu morava a poucas quadras de distância de um restaurante italiano chamado Villa Borghese, o mesmo nome do lugar onde Henry Miller alugava um quarto em *Trópico de Câncer*. Peguei o romance emprestado de uma amiga, que o encontrara em seu quarto, deixado lá por algum outro estudante americano em algum programa de um ano no exterior. Comecei a lê-lo no metrô, indo para casa, e não consegui parar até devorá-lo por inteiro, como uma cobra píton devorando um rato. A ingestão se deu em um instante. A digestão levou muito mais tempo. Nunca amei e odiei tanto um livro em igual proporção. Cada vez que eu passava pela placa do Villa Borghese, as primeiras linhas do livro me vinham à mente. "Estou morando na Villa Borghese. Não há um resquício de sujeira em qualquer parte, uma cadeira fora do lugar. Estamos totalmente sós aqui e estamos mortos." Eu me perguntava se era o mesmo lugar, se havia quartos sobre o restaurante, se os piolhos ainda viviam lá. Eu era uma universitária em Paris. Era doida pelo modernismo, apesar de seu evidente problema com as mulheres, que eu me esforçava ao máximo para ignorar. No curso sobre cinema europeu do pós-guerra, meu professor recusava-se a aprender os nomes de todas as alunas mulheres, salvo dois ou três, mesmo que só houvesse três garotos na classe (ou talvez por causa disso). Ele nos deu novos nomes mnemônicos, ou talvez onanistas. Minha amiga Heather, com longos cabelos encaracolados e acobreados, repartidos de lado, era "*Vous*, Rita Hayworth-*là*". Você-Rita-Hayworth-aí. Você-Rita-Hayworth-aí, diga algo sobre *O Eclipse* [*L'Eclisse*].

*Camille Claudel* era a história real de uma garota burguesa do século XIX que se tornou artista e então deu uma pirada espetacular. Eu já sabia sobre Camille porque ela era um dos nomes que você pode tirar da manga quando alguém diz que não existiram mulheres artistas famosas. Dava para colocar uma grande placa na beira da estrada sinalizando-a: Camille Claudel – oito quilômetros! Eu colecionava mulheres artistas famosas como se fossem bonecos de ação, muito antes de saber que não era sua existência que era rara, mas sua inclusão na história. Eu também a conhecia por sua associação com Rodin, que era o real motivo pelo qual as pessoas a conheciam. Ela é uma nota de rodapé na história da arte. Claudel foi aluna, aprendiza, assistente, musa e amante de Rodin por mais de uma década. Vinte e quatro anos mais jovem que ele, Claudel nasceu no mesmo ano em que ele conheceu Rose Beuret, sua companheira de toda a vida e mãe de seu filho. Rodin e Claudel estavam apaixonados, mas Rodin recusava-se a deixar Rose e casar-se com Camille, e isso enlouqueceu a jovem. Ela e Rodin eram intelectualmente iguais e parceiros. Tinham uma conexão artística, espiritual e sexual. Rose, para ela, era uma babá e arrumadeira glorificada. Camille fez Rodin assinar um contrato dizendo que ele deveria parar de dormir com outras alunas, levá-la em uma viagem à Itália e então casar-se com ela. Ele assinou, mas não o honrou. Por fim, Camille o deixou para devotar-se inteiramente à sua carreira e desenvolver a própria identidade artística independente. Ela desenvolveu um novo estilo de "escultura narrativa" voltada para pequenos momentos do dia a dia. Rodin continuou a apoiar publicamente o trabalho dela, mas ela caiu no ostracismo social, sendo ignorada pelo mundo artístico. Estava falida e paranoica, convencida de que Rodin tentava sabotar sua carreira e envená-la. Uma semana depois da morte de seu pai, o irmão de Camille a internou em um sanatório. Ela parou de esculpir e tornou-se paciente mental até sua morte, trinta anos depois. "Os eventos de minha vida encheriam mais de um romance", escreveu ela a Eugène Blot, enquanto estava internada no Sanatório de Montdevergues. "Seria necessário um épico, a *Ilíada* e a *Odisseia*, e um Homero para contar minha história. Não vou contá-la hoje. Não quero deixá-lo triste. Caí em um abismo. Vivo em um mundo tão curioso, tão estranho. Do sonho que foi minha vida, este é o pesadelo."

*Camille Claudel* foi meu primeiro filme com Isabelle Adjani sobre uma artista lançada na insanidade por um mau namorado, mas para ela não foi o primeiro. Nas aulas de cinema, assistimos a *A História de Adèle H.*, de François Truffaut. Adèle era filha de Victor Hugo, ela própria escritora e compositora. O roteiro foi adaptado a partir dos diários de Adèle e girava em torno de sua perseguição insana ao tenente do exército britânico Albert Pinson. Este pedira a mão de Adèle, mas ela recusou o pedido. Mais tarde, ela mudou de ideia, mas a essa altura ele já havia ido embora com seu regimento para Halifax, Nova Escócia. Adèle disse aos pais que estava indo para Londres e partiu para o Canadá a fim de reconquistar Pinson.

É amplamente aceito que Adèle sofria de erotomania,* também conhecida como síndrome de Clérambault, e esquizofrenia. Depois de passar vários anos no Canadá, perseguindo Pinson, ela seguiu o regimento dele até Barbados. Uma mulher encontrou-a andando pelas ruas e falando sozinha, escreveu para a família dela e acompanhou-a de volta para a França. Victor Hugo, então, internou a filha em um sanatório pelo resto da vida dela. Hoje em dia aprendemos a não romantizar as doenças mentais, mas a insanidade de Adèle foi uma forma de expor os padrões duplos e a hipocrisia daquela época – em especial os de seu pai, o Grande Homem.

Qualquer que pudesse ser seu diagnóstico nos dias de hoje, em sua mente, Adèle (de Adjani/Truffaut) era uma heroína byroniana, que necessitava que sua vida fosse uma história com significado, uma aventura apaixonada. Ela partiu, literalmente, em uma viagem de descoberta, ou de recuperação, para conseguir o garoto de volta. O garoto tinha uma beleza platônica, era distante, remoto, indiferente. O garoto era um símbolo que estava logo ali, mas fora de alcance. Era perfeito, ideal. A decisão dela de seguir Pinson e de perseverar em sua devoção a ele era, sem dúvida, uma decisão louca, mas – ao menos como representada por Truffaut – era também uma decisão estética, uma decisão ética, em consonância com o espírito romântico da época. Ela buscava

---

* Perturbação delirante crônica em que se acredita ser amado por uma pessoa de *status* elevado, sem uma relação de proximidade com ela. É uma condição rara com predominância no sexo feminino. [N.P.]

a sensação, a "ânsia insaciável pelos objetivos inalcançáveis", para citar o filósofo Isaiah Berlin. Eu me identificava totalmente com isso, pois eu também estava em busca das sensações. Em *tudo* eu estava em busca das sensações – pela sublimidade, a transcendência, o transporte estético, pela verdade e beleza que dirigiam cada uma de minhas decisões fugazmente sublimes, absurdas, malfadadas. Adèle, *c'était moi.** Obsessiva, histérica, buscadora do sublime, estranha. Minha cena favorita do filme, a parte com a qual mais me identificava, era perto do final, em Barbados, quando Pinson decide por fim encarar Adèle. Ela está caminhando por uma rua poeirenta, usando uma capa preta, com um olhar vazio para diante e o cabelo desgrenhado. Ele vai até ela e faz o que ela havia anos desejava – diz o nome dela. Adèle passa reto por ele, sem vê-lo. Ela sequer o reconhece. Ele foi completamente apagado pela imagem que está na cabeça dela.

Nos filmes, como na narrativa popular em geral, o garoto que faz isso é um herói e a garota que faz isso é uma *stalker*, uma perseguidora obsessiva. Ela é aquela que cozinha coelhinhos. De pé à beira de um penhasco exposto ao vento em Guernsey, voltada para o mar bravio e agarrada a seu diário, Adèle imortaliza a si mesma em sua própria mente, como sempre fizeram os heróis literários; ela se declara para a câmera. "Este feito incrível, que uma jovem atravesse o oceano, que deixe o velho mundo rumo ao novo mundo para reencontrar-se com seu amado; isto é o que farei."

A declaração e o sentimento são notáveis, mesmo que, afinal, ela não tenha conseguido realizar o que se propunha – embora não por falta de tentativa. Na obra *The Madwoman in the Attic*, Sandra Gilbert e Susan Gubar abordam a loucura como protesto, subversão e resistência feministas. A louca, dizem elas, serve como "o duplo da *autora*, e a imagem de sua própria ansiedade e ira" contra uma cultura

---

\* Em francês, "Adèle era eu." Referência à frase atribuída a Flaubert, sobre sua personagem: "*Madame Bovary, c'est moi*". [N. T.]

que a oprime. Mas Adèle é a filha de 19 anos do maior dos Grandes Homens do século XIX. O fato de acreditar que pode realizar essa proeza incrível, que pense que tal narrativa está disponível para ela, é o que mostra que ela é louca.

Camille e Adèle foram artistas em uma época de alta ansiedade de gênero. O medo da mulher "antinatural" era grande, como era nos anos 1980, como é enquanto escrevo isto, em 2016. O comportamento das mulheres era rigidamente delimitado e policiado. Reagir a esses limites com frustração ou fúria significava receber o rótulo de histérica – a loucura feminina vem do útero. Acreditava-se que era uma enfermidade reprodutiva. Adèle era 34 anos mais velha que Camille, mas eram contemporâneas e teria sido possível que se encontrassem. Bruno Nuytten, que dirigiu *Camille Claudel*, certa vez contou ao *The New York Times:* "Chegamos a pensar em ter uma cena na qual Camille conheceria Adèle H. em uma festa e diria, 'Acho que ela está ficando louca'. Por sorte, caímos na real". Em minha opinião, teria sido incrível. Ambas precisaram de uma amiga que as compreendesse, com quem pudessem se identificar. Adèle poderia ter sido mentora de Camille. Para Camille, teria sido bom ter um mentor que não fosse também seu amante, um símbolo nacional e o escultor mais famoso da França.

Há um glamour decadente em perder a sanidade, mas nem todo mundo pode dar-se a esse luxo. Na época de *Camille Claudel*, o hospital McLean já era conhecido como o mais aristocrático de todos os hospitais psiquiátricos, e também estava começando a adquirir uma reputação como o mais literário. Era o hospício dos poetas famosos. O poeta Robert Lowell, com quem Sylvia Plath e Anne Sexton estudaram, passou várias temporadas lá, e Sexton tinha inveja da estada de Plath. "Como eu queria ter uma bolsa de estudos para ir a McLean", ela confessou a uma amiga. Plath estava bem ciente dessa atração. "*Preciso* escrever [algo] sobre uma jovem universitária suicida", registrou ela em seu diário depois de ler na revista *Cosmopolitan* alguns artigos sobre saúde mental. "Há um mercado em crescimento para material sobre sanatórios", escreveu ela. "Eu seria uma tola se não reviver isso, se não o recriar."[1]

Essa frase de Plath me faz estremecer, provavelmente porque a reconheço como o tipo de coisa que eu poderia ter escrito em um diário, ou uma variação do tipo de coisa que de fato escrevi. A garota escritora e sua relação com o mercado são um tema complexo. Que identidade está na moda agora, qual corredor você deve escolher? A fixação por garotas artistas malucas também me deixa desconfortável. É tão clichê, afinal de contas, tão depressivo e indulgente, tão irritantemente *coisa de garota*. Quando é que a genialidade feminina e a loucura *não* estiveram relacionadas?

Isso pode explicar por que, perto do início de *Garota Interrompida* [*Girl, Interrupted*], baseado nas memórias dos dois anos que Susanna Kaysen passou como paciente mental durante a adolescência, ela descreve a forma como aceitou, como se não fosse nada de mais, a decisão médica de que deveria ser internada. Ela havia acabado de tentar se matar com aspirina, mas mudara de ideia. Ela havia espremido uma espinha no queixo. O médico, que nunca tinha visto na vida, disse que ela parecia estar precisando de repouso. Daí a quinze minutos, ela estava em um táxi rumo a McLean. "O que havia de tão desequilibrado em mim para ser mandada pelo médico para um hospício em menos de meia hora?", pergunta Kaysen, e isso nos faz pensar. Seu distanciamento é tal que ela cogita possíveis justificativas: era 1967. O comportamento dos jovens era doido. Talvez o médico estivesse tentando protegê-la, ou poupar seus pais de algum desenlace trágico. Mas ainda assim. "Eu não era um perigo para a sociedade. Seria um perigo para mim mesma?" Talvez ela fosse apenas uma vítima da baixa tolerância da sociedade para com comportamentos desviantes, pensa ela. Talvez fosse uma pessoa sã em um mundo insano. Talvez aquilo parecesse, de certo modo, uma honra, ou uma oportunidade. O que impressiona é o senso de inevitabilidade. Ela se move pela cena como se estivesse em transe, uma heroína hipnotizada rumando para seu destino como uma sonâmbula, uma Bela Adormecida sedada pela roca de fiar, uma modelo anoréxica de olhar vazio numa passarela. Em 1967, uma garota que sofria com o papel de gênero que lhe fora imposto era vista como uma garota louca, doente, glamourosa, descolada.

Por outro lado, o que nos atrai talvez não sejam as histórias sobre a perda da sanidade, mas as histórias a respeito da recriação de si mesma. A parte sobre a deterioração mental é só um subproduto, ossos do ofício. Talvez o que me fez amar *Camille Claudel* tenha sido o que ela criou a partir do que havia despedaçado. Como uma garota burguesa torna-se uma artista e uma mulher? Qual seria o equivalente feminino do Grande Homem? Se não existia, por que não? Quem disse que não existia? Quem disse que não poderia existir? Quais eram as condições que tornavam isso tão difícil? Rodin constituía a imagem com a qual Claudel se identificava e em comparação com a qual definia a si mesma. F. Scott Fitzgerald era essa imagem para Zelda. Uma mulher não podia ser uma grande artista e ter um casamento tradicional – não a menos que seu marido fosse um Leonard Woolf. Tive um namorado na faculdade que costumava brincar: "Só um artista por família", querendo dizer que não poderia ser eu. Eu não entendia na época, mas agora entendo. Para uma garota com aspirações criativas, sempre há algo autodestruidor no ato de amar – sempre, mas muito mais então do que agora. A mensagem, invariavelmente, era de que paixões juvenis levam a colapsos na meia-idade, então escolha bem sua instituição. Casamento ou hospício. Um ou outro. Comecei a perceber que o que me atraía não eram as histórias sobre garotas que piravam. Eram as histórias a respeito de garotas que tinham ambições e que acabavam internadas. Ser trancafiada não era resultado da aventura, mas o preço a pagar por ela, a punição. Eu havia confundido correlação com causação. Erro de principiante.

Em 2014, tropecei em um artigo do *The Guardian* escrito por James Dearden, roteirista de *Atração Fatal*. Ele contava de que modo a personagem de Glenn Close, Alex, começou simpática e acabou psicopata. Dearden disse que originalmente havia descrito Alex como "uma figura em essência trágica e solitária". "Sim, ela exagera um pouco, mas acho que todos podemos reconhecer quão perto do comportamento obsessivo podemos chegar levados pelo amor – ou pela ilusão do amor."[2] O filme foi desenvolvido ao longo de quatro anos, e o roteiro continuou sendo reescrito mesmo depois que Michael Douglas e Adrian Lyne já estavam envolvidos, mas a Paramount continuava resistente. "'Como podemos torcer por esse cara?', insistiam em perguntar. 'Ele trai a mulher!' Hollywood gosta que seus protagonistas masculinos sejam indiscutivelmente heroicos, e parece que há demasiados tons obscuros em Dan Gallagher, personagem de Douglas", escreveu Dearden. "Assim, aos poucos, sem quaisquer remorsos, Dan fica cada vez mais inocente, enquanto Alex se torna inevitavelmente cada vez mais a vilã da história. As alterações são sutis, quase imperceptíveis, mas elas se acumulam, de modo que ela se tornou – sem que tivéssemos percebido por completo – essa personagem predadora e, no fim, desequilibrada." Um monstro com quem ninguém pode se identificar.

Em 2011, e ao que parece com algum receio, Nancy Joe Sales traçou o perfil de Courtney Love na revista *Vanity Fair*. Tudo que poderia ser dito sobre Love já havia sido dito, de modo que ela escreveu sobre como era tentar retratar alguém cuja história a precede. Ela escreveu sobre como interpretamos as pessoas, e quais são as responsabilidades para com as pessoas que retratamos. O resultado foi um retrato fascinante de uma pessoa em conflito com sua *persona*, sob a perspectiva de alguém ambivalente quanto ao tom da história. Todo mundo "conhece" Love. Devemos partir desse pressuposto? Abordá-lo? Confirmá-lo? Ignorá-lo? Tentar dissipá-lo? Defender a figura pública conhecida como Courtney Love é arriscar uma identificação que você provavelmente não quer. Defender Love da acusação de louca é assumir você mesma a alegada loucura dela. É tornar-se um mártir em nome da loucura. Você pensa duas vezes.

Na matéria, você descobre que Love está obcecada pela ideia de que está falida. Ela diz que foi lesada em centenas de milhões de dólares. Sales e Love passaram o fim de semana na casa de campo do conde de March e Kinrara, e Love diz que o lugar dela é entre "os ricos". Eles a entendem. Sales navega no limite entre credulidade e descrença. Foi um estudo fascinante em ambivalência. A matéria parece desafiar o leitor a ter empatia com a mulher vilipendiada, a arcar com as consequências de odiá-la, e, ao mesmo tempo, sentir o calafrio de esticar o pescoço para fora. Em um dado momento, Love conta a Sales que, quando era criança, sonhava em crescer e ficar famosa, pois assim finalmente as pessoas a amariam. Mas uma garota tão ambiciosa, imprudente e carente como ela nunca será amada pelas multidões de forma acrítica, como ela deve ter sonhado. Para ser amada dessa forma, você pode ser um caos ou pode ser uma garota, mas não pode ser as duas coisas. Uma garota como ela nunca é amada dessa maneira – e é por isso que as garotas a amam. A matéria levava o título "Amor em um Clima Frio" e a chamada era "Desastre Ambulante ou Gênio Vitimizado?".[3]

Em seu livro, *The Female Malady: Women, Madness, and English Culture, 1830-1980,* Elaine Showalter mostra como, na Era Vitoriana, a loucura tornou-se uma condição ligada ao gênero. Até então, a insanidade era representada como algo masculino, mas foi reinventada como uma "moléstia feminina", mais *sexy*, mais romântica. Os sanatórios recém-construídos do século XIX estavam lotados principalmente de mulheres, que se acreditava serem mais suscetíveis a tal diagnóstico por sua "constituição delicada", suas tendências histéricas e suas deficiências lógicas. Os vitorianos criaram a louca chique, ao repensar a insanidade como uma doença da sensibilidade, do refinamento. Considerava-se que um Grande Homem aguentaria a força da genialidade, capaz de destruir os nervos, mas que os nervos delicados de uma mulher artista terminariam por sucumbir – em geral na meia-idade, quando a excentricidade dela deixasse de ser engraçadinha. É por isso que ninguém romantiza Alex Forrest em *Atração Fatal,* ou identifica-se com Amy Jellicoe, personagem de Laura Dern na série de Mike White, *Enlightened*, produzida pela HBO, e é por isso que Tina Fey brinca que "a definição de 'loucura' no *show business* é uma mulher que continua falando quando ninguém mais quer transar com ela".

*Enlightened* começa com o colapso nervoso de Amy: ela está escondida em um cubículo de banheiro, chorando e gemendo enquanto estrias negras de maquiagem escorrem por seu rosto contorcido como uma máscara grega de tragédia. A cena mostra perfeitamente seu drama. Amy, de 40 anos, é uma executiva de vendas nas Indústrias Abaddon. Seu chefe, mais jovem e casado, acabou de transferi-la do departamento de Saúde e Beleza, que ela amava, para o exílio do departamento de Produtos de Limpeza, porque ele não quer mais dormir com ela (de Saúde e Beleza para Produtos de Limpeza. A sequência do enredo do casamento resumida em uma frase!). Quando duas colegas entram no banheiro e começam a fofocar sobre ela, Amy sai de repente do cubículo, chama uma delas de piranha traidora e vai confrontar o chefe, que está saindo para almoçar com vendedores. A assistente dela tenta detê-la. "Amy, você parece louca", sussurra. E é verdade, mas ela já não se importa. Quando uma mulher de 40 anos é transferida do departamento de Saúde e Beleza para o de Produtos de Limpeza, espera-se que vá sem drama. Se, ao chegar à idade de

Amy, uma mulher não tiver sublimado sua paixão, sua ambição e seu ego ante as necessidades de outros, então ela é como "uma figura em essência trágica e solitária", digna de pena.

Amy perde a cabeça na frente de todos, e é mandada para um retiro voltado para a saúde mental, onde ela nada com golfinhos, usa roupas esvoaçantes e tem a epifania de ser una com o universo. Volta para casa transformada e cheia de esperança na transformação de seu maligno chefe, de seu ex-marido viciado em drogas e de sua mãe deprimida e incapacitada. Ela quer mudar o mundo com afirmações positivas. Ela acredita que é capaz. Quando descobre que as Indústrias Abaddon estão escondendo algo grande, decide denunciá-las. Um repórter *sexy*, interpretado por Dermot Mulroney, a convence a fazer isso. Ele anseia pela história. Ela anseia por ter algo em que acreditar.

Uma vez entrevistei Mike White para uma matéria na *The New York Times Magazine*, e passamos os primeiros vinte minutos falando sobre o colapso de Kim Richards em *The Real Housewives of Beverly Hills*, que havia ido ao ar na noite anterior. Richards, uma ex-estrela infantil que muitos anos antes havia ofuscado suas irmãs insossas, agora é a maluca da família, falida, divorciada duas vezes e alcoólatra, objeto de pena e de desprezo por parte das irmãs bem-casadas. Sua irmã mais velha, Kathy, é casada com um Hilton, e ambos são os pais de Paris. Sua irmã mais nova, Kyle, é casada com um homem *sexy*, um corretor de imóveis de altíssimo padrão que idolatra a esposa e as filhas. Agora na casa dos 50 anos, Kim tem um estilo de vida que faz as irmãs sentirem-se superiores e afortunadas. O drama de Kim Richards – das "Kims do mundo" em geral, como White as chamou – vem de uma mistura de escolhas ruins e má sorte, exposição excessiva e negligência. Kim parece não ter defesas. Ela é um nervo exposto vibrando com esperança, angústia e carência. Ela diz verdades que ninguém quer ouvir; as pessoas não querem que seus próprios sentimentos sejam expostos. Para nós, Kim e Amy são loucas, como todas as mulheres inconvenientes e descontroladas; mulheres que não conseguem manter o equilíbrio, que transbordam de forma grotesca em todas as direções.

Não muito depois de ver *Camille Claudel* com Você-Rita-Hayworth-aí, um dia eu voltava para casa, cruzando Montparnasse. Tinha acabado de passar pelo Villa Borghese e estava esperando para atravessar a rua quando um homem alto e magro, de óculos, com cabelo encaracolado e despenteado, uma espécie de Jeff Goldblum francês, fez uma referência à *villa*, que eu consegui entender. Então começou a me acompanhar, sem pedir licença. Estávamos em plena luz do dia, em uma rua movimentada perto de casa, e ele parecia inofensivo. Perguntou-me se eu era escritora. Eu era o tipo de garota que acreditava em sinais e presságios. E gostava de bajulação, como qualquer um. Estivera esperando que o universo mandasse um sinal para seguir adiante, que me ungisse de algum modo. Ao mesmo tempo, senti uma pontada de irritação. Pensei: *Esse cara acha que sou uma estudante americana. Leia-se: burra. Leia-se: fácil. Leia-se: uma coelhinha que ele pode seduzir com uma cenoura. Ele me lê como um signo com referenciais que remetem a Jean Seberg em* Acossado [*A Bout de Souffle*]. Para ele, eu transmito, "Vou trepar com você e aí você vai ter sessenta segundos para cair fora, antes que eu ligue o modo maluca ou brega insuportável". Eu tinha 21 anos. O Goldblum francês tinha uns 40. Pensei: *Vou pegar esse babaca. Não sou inofensiva.*

A sensação de que minha identidade pudesse ser tão facilmente ignorada e substituída por outra me incomodava. Jean-Paul Belmondo substituindo Jean Seberg pela *femme fatale* em sua imaginação havia me incomodado, e a leitura de *Trópico de Câncer*, de Henry Miller, fizera com que me sentisse defensiva, ambivalente, mais incomodada do que o normal com as relações de poder. O estilo de Miller era tão estimulante, e seu desdém era devastador. Se eu continuasse andando, qualquer ideia que Jeff Goldblum fizesse a meu respeito permaneceria intacta. Se eu lhe desse bola, ele iria supor que eu era ingênua, impressionável e fácil de manipular, com os olhos cheios de Torres Eiffel. Mesmo que eu fosse embora, alguém ia acabar aparecendo e confirmando seus pressupostos. Assim, concordei em tomar um café com ele, não com a intenção de dormir com ele, mas de mudá-lo.

Essa história é meio vergonhosa. Durante anos tentei escrevê-la e ir além da superfície constrangedora. Falhei um milhão de vezes.

Falamos sobre meu futuro como escritora.

Ele disse que (V ou F?) eu teria uma vida trágica, porque uma mulher não pode ser escritora e ser feliz ao mesmo tempo.

Ele disse que não é porque elas não podem ser artistas, mas porque a sociedade não deixa que sejam. Espera-se que as mulheres mantenham-se dentro do aceitável e que restrinjam suas experiências e expressões, de uma forma tal que é contraproducente à arte. (V ou F?)

Eu disse que poderia fazer o que bem entendesse, pois não tinha medo de nada. (V ou F?)

Ele disse que estava na cara que eu era uma burguesinha bem-criada e que muito provavelmente eu perderia a coragem. (V ou F?)

Eu disse que não era. (V ou F?)

Ele disse: "Prove".

"Como?", perguntei.

"Vamos comigo a um hotel e passe a tarde..." Acho que houve alguma descrição pornográfica da atividade, mas não me lembro, e meu francês era precário naquele assunto. Não se falava sobre essas coisas em meu curso de *nouveau roman*.[*] *Bonjour, tristesse*. Eu nem o

---

[*] *Noveau roman* (em francês, "novo romance") foi um movimento literário francês dos anos 1950 que defendeu substituir o foco tradicional do romance em enredo, ação, narrativa, ideias e personagens pelo foco em objetos. [N.T.]

acompanhei e nem fui embora sozinha. Em vez disso, pedi outro *café crème*, e de livre vontade entrei em uma "matriz de comunicação". Tentei mostrar a ele... o quê? Que eu era uma pessoa? Que podia mudar as coisas com palavras? Que era uma heroína que um dia desmistificaria a narrativa que ele tomava por realidade, revelando o pesadelo autoritário que de fato era? Não tive sucesso. Ele também não. Chegamos, ao final de nosso terceiro café, a um impasse exaustivo. Dissemos adeus com educação, tendo esgotado por completo a fúria e a acidez de minha parte e o interesse sexual da parte dele. Saí pela rua piscando os olhos, atordoada e ligadona por causa da cafeína, exausta e deprimida. Por algum motivo sentia vergonha, como se odiasse a mim mesma. O sujeito era um babaca, mas estava certo quanto ao duplo padrão. Histórias sobre homens tendem a ter uma certa qualidade aventureira; elas se desenrolam como aventuras com final em aberto, cheias de reveses e quase desastres, levando irremediavelmente a uma conclusão satisfatória. Histórias sobre mulheres que se rebelam e se desviam do caminho tradicional tendem a terminar em decepção, arsênico, láudano ou breves encontros com trens em movimento. Minha tentativa de contar a ele uma história sobre mim que suplantasse a versão dele (ele sequer me conhecia!) havia falhado. A história dele era a história oficial, com o peso da história em si, da repetição, da autoridade, do poder. A versão dele era a versão oficial, e a minha era uma tosca teoria da conspiração. Eu era só uma estudante americana idiota. Todos conhecem esse tipo. Um ano depois, fui para a Jamaica nas férias de primavera, e minha amiga Whitney tentou dizer a um cara que nos assediou na praia que ele, na verdade, estava assediando um constructo cultural. Eu estava num clima do tipo, *Quem sabe é melhor a gente só continuar andando*. Exceto que eu tinha feito isso na primavera anterior, na Grécia, com minha amiga Rita Hayworth, e o cara acabou nos seguindo por duas quadras, xingando-nos de vacas. Nunca era uma decisão fácil. Fazíamos o que podíamos.

Por que ele desistiria de sua posição, quando todas as ficções corroboram a subjetividade dele? Eu desistiria, se fosse ele? Se o mundo fosse feito para mim? Por outro lado, quem sabe, talvez eu tenha conseguido mudá-lo só um pouquinho. Talvez ele tenha mudado. Duvido. De qualquer modo, tenho certeza de que ele se esqueceu de mim faz muito tempo.

# Parte Dois

## A Lagoa de Lágrimas

"Ai, nossa! Como está tudo estranho hoje! E ontem as coisas estavam tão normais. Será que fui trocada durante a noite? Preciso pensar: eu era a mesma quando me levantei de manhã? Acho que quase consigo me lembrar de me sentir um pouquinho diferente. Mas, se não sou a mesma, a pergunta seguinte é 'Quem, afinal, sou eu?'. Ah, este é o grande enigma!"

– Lewis Carroll, *Alice no País das Maravilhas*

# 6

## A Ingênua Escolhe entre o Casamento e a Morte

"Os contos de fadas dizem respeito a dinheiro, casamento e homens. São os mapas e manuais deixados por mães e avós para ajudá-las a sobreviver."

– Marina Warner

MERGULHAR NA TEORIA LITERÁRIA ENQUANTO VOCÊ É JOVEM E IMpressionável é mais ou menos como apertar os olhos enquanto olha uma torrada até que a face de Jesus se materialize. É uma leve mudança de percepção (você só precisa desfocar o olhar), mas arriscada, porque, depois de Jesus, você não consegue voltar à simples torrada. Da mesma maneira, uma vez que você se entregou a leituras feministas de *Ilíada*, ou realizou análises textuais detalhadas de *Alf, o ETeimoso*, ou redigiu artigos descrevendo a relação intertextual entre *Videodrome: A Síndrome do Vídeo* [*Videodrome*] e *Madame Bovary* – em outras palavras, uma vez que teve um vislumbre das bases sociais, políticas, históricas e ideológicas subjacentes a cada texto já escrito – você nunca mais vai ver as histórias do mesmo jeito. Elas perdem a inocência, expõem seus segredos sujos, revelando que o mundo é um lugar mais sinistro e mais perigoso do que parecia. Nesse ponto, você pode descobrir-se desejando a volta a uma relação mais simples com suas torradas/histórias, o retorno do modo como você via as coisas antes que sua inocência fosse perdida para algum francês filho da mãe e insensível como Foucault ou Baudrillard. Mas sua inocência estará perdida para sempre, assim como sua comunhão, antes tão natural, com o vasto e transformador empreendimento comercial conhecido como "cultura pop", e você vai se sentir como Thelma, quando disse a Louise que algo dentro de si tinha cruzado um limite e que ela não poderia voltar.

Quando olho para trás, para meu primeiro ano de formada, imagino os filmes *Uma Linda Mulher* [*Pretty Woman*] e *Thelma & Louise* frente a frente, como pistoleiros em um duelo, ou metanarrativas enfrentando-se ao alvorecer, ou uma bifurcação na estrada pós-feminista, ou qualquer outra cena desolada mas decisiva do Velho Oeste. Em qualquer caso, poeira, arbustos que rolam com o vento e a música lamuriosa de Ennio Morricone formam o pano de fundo. A cultura não era grande o bastante para os dois. O filme *Uma Linda Mulher* estreou poucos meses antes de minha formatura na faculdade, e fui assisti-lo com meu namorado, a quem meu pai havia apelidado de "o Proprietário", não porque fosse dono de terras, mas porque parecia ter acabado de sair de um filme de Merchant-Ivory. O tempo todo. Ele era Julian Sands em *Uma Janela para o Amor* [*A Room with a View*], e eu, em um dia muito, muito bom (e só na minha cabeça) era Helena Bonham Carter.

A primeira fala de *Uma Linda Mulher* é: "É o que eu sempre digo, eu acho que tudo é uma questão de dinheiro". A fala é proferida pelo mágico que faz truques em uma festa em Beverly Hills. Philip, um advogado pilantra interpretado por Jason Alexander, é o anfitrião, e o convidado de honra é seu cliente rico e bem-sucedido Edward (Richard Gere). Edward é um predador corporativo dos anos 1980, às vésperas de um ataque. Ele é uma serpente pronta para o bote. Nós o vemos pela primeira vez ao telefone com a namorada que está em Nova York e lhe diz que não vai voar para Los Angeles para ser sua acompanhante durante aquela pilhagem. "Falo mais com sua secretária do que com você", ela reclama, e você compreende que essa fala destina-se a mostrar que é uma mulher desagradável e arrogante. Edward, percebe-se, não tem tempo para mulheres como essa – mulheres que esperam ser tratadas como pessoas.

"Entendo", diz ele.

"Também tenho minha vida, sabia, Edward?", ela diz, mas não soa convincente.

Edward olha para seu reflexo nos grandes painéis de vidro da janela. É um momento reflexivo com uma superfície reflexiva. Ele lhe diz qual exatamente é a situação. É "uma semana decisiva" para Edward, e ele precisa dela ali.

"Mas você nunca me avisa antes!", ela diz. "Você acha que devo ficar à sua disposição?"

"Não acho que tenha que ficar à minha disposição", responde Edward. E, desse modo, eles terminam. O homem poderoso não admite ser contrariado e não tolera conversa de mulherzinha.

Edward pega emprestado o carro esporte de luxo de seu advogado e sai, aos trancos, na direção do pôr do sol (ele não consegue dirigir com câmbio manual) e, enquanto ele parte em sua viagem de descoberta (ele não faz ideia de para onde está indo), o filme passa a alternar entre as cenas com ele e a vida miserável de Vivian, prostituta de rua novata, interpretada por Julia Roberts, então com 22 anos. A primeira tomada dela mostra seu traseiro com uma calcinha de renda preta. Ela se vira, e temos a visão de frente, e então uma tomada de seus seios em uma camiseta regata, depois das pernas enquanto ela fecha o zíper das botas, logo depois dos braços enquanto ela coloca um monte de braceletes de plástico e em seguida de um olho enquanto ela aplica máscara nos cílios. Os pedaços finalmente se somam para formar Vivian, esgueirando-se para fora de seu hotel de quinta categoria porque sua companheira de quarto pegou o dinheiro do aluguel de novo para comprar drogas. Ela desce pela escada de incêndio até a rua, onde um policial está tirando uma prostituta morta de dentro de uma lixeira.

*Uma Linda Mulher* me deixou confusa. Esse filme fez algo que eu nunca sequer pensara ser possível. Ele pegou a "imbatível combinação madona-prostituta" e inverteu a madona e a prostituta. Ele tornou virtuosa a prostituta ao transformá-la em uma princesa por dentro, e comparando-a com o espelho distorcido de sua companheira de quarto cínica, que usava drogas, não acreditava em contos de fadas e mascava chiclete o tempo todo. Vivian não usava drogas, não tinha um cafetão e não beijava na boca. Ela controlava seu próprio destino. Ela separava trabalho e prazer. Fazia exames mensais para o HIV e nunca deixava de passar fio dental. Acima de tudo, ela acreditava no poder da perfeição de seu corpo para conquistar a vida de privilégios que poderia ser comprada no mercado, mas em momento algum admitiu isso. Ela mantinha uma permanente aura de inocência despreocupada e infantil. Era a prostituta mais íntegra, mais pura que já pisou no Hollywood Boulevard. Vivian e Edward encontram-se quando ele para o carro para perguntar como se chega ao hotel Regency Beverly Wilshire, e Vivian cobra dele o serviço de acompanhante. Ao final da noite, ela aceita 3 mil dólares para passar a semana com ele, como sua namorada. O gerente do hotel tenta expulsá-la, mas logo é conquistado pelo charme de princesa e pela inocência de gazela. Ele mesmo se declara mentor pessoal dela para aulas de etiqueta. Vivian e Edward transam em cima do piano de cauda do *lounge* do hotel e, depois de Edward instruí-la a não virar de vez a taça de champanhe, mas sorver a bebida com delicadeza enquanto come um morango maduro, entrega-lhe um cartão de crédito e autoriza que ela vá às compras. Nesse grande romance, praticamente não há um momento sem negociações, instruções ou uma profunda condescendência.

A garota ingênua é um arquétipo dramático e literário. Ela é definida não apenas por sua idade – aquele momento crepuscular entre a infância e a adolescência –, mas também por sua inocência. Inocente em um mundo complexo, urbano, estranho, ela em geral é retratada como uma recém-chegada e um peixe fora d'água. Ela se move pelo mundo alheia à hipocrisia, ambiguidade e exploração que ocorrem à sua volta. Ela é crédula e vulnerável e dependente de uma figura paterna protetora, e vive em constante perigo de ser explorada ou corrompida por algum pilantra ou vilão. Essa ameaça é a tensão central de sua vida. O que a torna interessante é a questão de como vai lidar com o mundo, quem se tornará e o que vai acontecer com ela.

"A ingênua simboliza o caráter mutável por excelência, a tábula rasa em busca de uma identidade", escreve a acadêmica Julia V. Douthwaite sobre o papel da ingênua na literatura francesa.[1] Ela se lança pelo mundo como puro potencial – mutável, maleável e moldável. Ela é um palco vazio no qual é possível encenar o que quer que nos esteja perturbando no momento. Para E. M. Forster, a ingênua era uma figura de transição entre a Era Vitoriana e a Era Moderna.

As garotas de minha geração também eram de transição. Fomos criadas para viver em um mundo que naquele exato momento estava sendo formado por uma outra geração; para penetrar no desconhecido. Não muito depois de assistir *Thelma & Louise*, fui a uma festa com o Proprietário, onde mencionei a um amigo dele que eu tinha acabado de ver *Thelma & Louise* e havia amado. Que filme incrível, disse eu. Era um filme que mudava o mundo. Ele sorriu para mim. Era um filme idiota, disse. Era um retrocesso, irrelevante e de uma sinceridade constrangedora. Ninguém com um mínimo de discernimento podia achar que era mais do que uma vergonha, uma porcaria. E por onde eu tinha andado? Eu não sabia que até Betty Friedan tinha renegado Betty Friedan? (Eu não fazia ideia, claro. Tinha ouvido falar de Betty Friedan e, pelo que compreendera a partir da cultura, eu deveria desprezá-la, mas, fora isso, eu não sabia muita coisa. Quem poderia ter-me ensinado?) O que quer que eu tivesse sentido ao assistir aquele filme, eu estava errada por gostar dele, por identificar-me com ele. Eu estava especialmente errada em achar que era revolucionário e que poderia mudar o mundo. Ele sabia que era errado porque a mãe dele era ativa no movimento feminino. Ele tinha respaldo de uma autoridade. Ele também era muito rico. Saí da festa pisando duro e voltei para casa a pé, sozinha. Estava furiosa, mas também tinha certeza de que, logo, encontros desse tipo seriam coisa do passado. O filme em si era uma evidência de que as coisas estavam mudando, e logo poderíamos sacudir a poeira, apertar as mãos e viver felizes para sempre. Eu não tinha dúvidas de que estávamos entrando em uma nova era, mais esclarecida.

Julia Roberts levou o crédito por trazer de volta a personagem da ingênua, mas Geena Davis também representou uma em *Thelma & Louise*. Tanto Vivian (Roberts) quanto Thelma (Davis) começam infantis e protegidas do mundo – Thelma por seu casamento repressivo com o chauvinista Daryl, Vivian por sua negação um tanto alarmante – e ambas embarcam em uma viagem de transformação. Thelma faz uma transição para si mesma, enquanto Vivian encontra um meio de ser para sempre uma noiva-criança de olhos arregalados. O que é notável em *Uma Linda Mulher* é como o filme consegue não apenas apagar as distinções entre a ingênua inocente e a prostituta experiente e cínica, mas também fundir as duas. Para contornar o fato de que a ingênua também é uma prostituta, o filme transforma todas as demais personagens em prostitutas ainda piores – igualando as condições do jogo. Sim, Vivian está à venda, mas todos os demais também estão. Ela pelo menos é simpática. Ao menos é agradecida e mantém uma atitude positiva e profissional quanto a isso, ao contrário da ex-namorada antipática de Edward ou as vendedoras esnobes de Rodeo Drive. Ao menos ela está confortável em seu papel como mercadoria. Em um dado momento, Vivian diz a Edward, de maneira direta: "Eu quero o conto de fadas" e, violando toda lógica narrativa, ela o consegue. Ela volta à butique de Rodeo Drive onde havia sido esnobada e diz às vendedoras que cometeram um "grande erro" ao esnobá-la. Porque agora ela é valiosa. Ela alcançou o preço mais alto no leilão. Todos ovacionaram a prostituta que havia sido humilhada e que conseguiu sua chance de vingar-se da vendedora. Era algo ridículo, absurdo, tolo e profundamente triste.

Quando estava no ensino médio, decidi que seria escritora e que durante o dia trabalharia como publicitária, porque parecia um jeito de ter tanto a arte quanto dinheiro. Meu pai aprovou. Mais tarde, ele me deu um exemplar de *Bill Bernbach's Book: A History of Advertising that Changed the History of Advertising*, de Bob Levenson, e o livro de David Ogilvy, *Ogilvy on Advertising*. No último ano de faculdade, fiz um curso de redação publicitária na J. Walter Thompson, em Chicago. Alguns meses antes de me formar, meu tio me ajudou a conseguir uma entrevista na McCann Erickson em Nova York. Era 1990 e estávamos em recessão. O sujeito que me entrevistou disse: "Tenho caras que acabaram de se formar na escola de cinema da Universidade de Nova York e não conseguem estágio". Ele não completou: "Por que eu deveria contratar você?", mas eu o fiz, em minha mente.

Eu contava a meu pai que, quando entrava para uma entrevista, podia ver o cara – era sempre um cara – entortar um pouquinho a cabeça de lado e mentalmente dar tapinhas em minha cabeça. Papai ficava furioso e dizia: "Diga isso na cara dele. Diga: 'Sei o que você está pensando'. Vire o jogo". O que ele queria dizer era: "Mostre para ele que você não é uma *garota*", um conselho que era útil e ao mesmo tempo não era. Na verdade, ele queria dizer que eu devia me considerar aquele persistente tipo da ficção – a garota excepcional.

Mudei-me para São Francisco e consegui um emprego temporário envelopando correspondências, depois um emprego de período integral dobrando suéteres, e então, quando a loja fechou (a recessão), um emprego de meio período vaporizando leite em um café, onde meu chefe sugeriu que os conflitos de horário que eu estava tendo com a outra barista de 20 anos aconteciam porque as "mulheres estavam no mercado de trabalho fazia pouco tempo". Lembro-me de ter pensado que o garoto de 18 anos que era nosso colega também estava no mercado de trabalho fazia pouco tempo. Um ou dois anos depois, um amigo roteirista de televisão opinou que talvez a razão pela qual não houvesse muitas garotas nas equipes de roteiristas era que os homens não se sentiam confortáveis com a ideia de ter mulheres em seu local de trabalho. Pensei: *Espera aí. Não fomos juntos à faculdade? O que foi que eu perdi?* Obviamente, eu havia perdido algo. Havia faltado a alguma aula muito importante. O que me lembro de conversas assim era que me faziam sentir idiota. Depois do trabalho, eu voltava para casa para comer burritos e assistir às audiências do caso Clarence Thomas–Anita Hill na televisão.[*]

Entrei para a escola de cinema e fiz um amigo. Eu tinha 23 anos e ele tinha 30, e havia trabalhado em publicidade durante anos. Ele ganhou muito dinheiro e achava engraçado que eu não pudesse comprar um aspirador de pó. Mas eu realmente não podia comprar um aspirador. Ajudei-o a escrever o roteiro de seu curta, e ele foi aceito em festivais, e pedi a ele que me ajudasse a conseguir uma entrevista em uma agência, e ele respondeu que eu era *cool* demais para a publicidade. Além disso, garotas não eram boas redatoras publicitárias, a me-

---

[*] Caso em que a advogada e professora universitária Anita Hill acusou de assédio sexual o candidato à Suprema Corte dos EUA Clarence Thomas, na época em que ele foi seu supervisor em um órgão público. Nas audiências, Hill sofreu um massacre moral. O candidato foi aprovado e Hill acabou tendo que demitir-se da universidade onde dava aulas. O caso, porém, popularizou o conceito de assédio sexual e resultou em um aumento significativo de mulheres eleitas nos EUA, na eleição seguinte. [N. T.]

nos que fosse para produtos femininos. Ele não se referia só a produtos de higiene feminina, mas também coisas de mulherzinha em geral, do tipo que era popular na época, logo depois da descoberta do "mercado feminino". De repente, os mercados estavam repletos de produtos que "celebravam" a mulher oferecendo um alívio cor-de-rosa, indulgente, em geral cremoso, para o fardo de ser uma princesa e deusa, domésticas ou não. No fim, escrevi para um diretor de criação da mesma agência onde meu amigo havia trabalhado e consegui uma entrevista. O cara que me entrevistou elogiou meu trabalho, mas não tinha um emprego para mim. Quando contei a meu amigo sobre a entrevista, ele riu e disse que o sujeito era conhecido por usar as entrevistas para conhecer garotas.

Hoje em dia, quando as pessoas descrevem algo como sendo "uma história de Cinderela", estão quase sempre se referindo à história de uma garota que é tirada da obscuridade, da mediocridade ou coisa pior, por um homem rico e poderoso que a recria de forma a torná-la digna do amor dele – esquecendo-se de que Cinderela, na história original, foi roubada. A Cinderela moderna é o material bruto a partir do qual o conhecedor de mulheres dotado de grande discernimento pode moldar seu ideal. O homem – e já o vimos muitas vezes, do predador corporativo de Richard Gere ao ávido espancador interpretado por Jamie Dornan em *Cinquenta Tons de Cinza* [*Fifty Shades of Grey*] – não fica satisfeito com as mulheres que conhece. Seus gostos são peculiares. Ele precisa de alguém que possa moldar e controlar. Chamamos a isso de "resgate". O que é interessante nesse caso é o fato de ser muito diferente da *Cinderela* de verdade, em que uma jovem burguesa, após a morte do pai, é despojada da herança que é sua por direito e forçada a trabalhar como serviçal de sua madrasta. O casamento com o príncipe é um gesto político – é uma forma de recuperar seus bens, restaurar sua posição e, é claro, vingar-se.

A história de Cinderela que me interessou foi a que ouvi cerca de um ano depois da estreia de *Uma Linda Mulher* – a história da garçonete cujo roteiro feminista foi transformado em filme por Ridley Scott. Tanto *Uma Linda Mulher* quanto *Thelma & Louise* tocaram um ponto atual e apresentaram fantasias de fuga de uma condição em que a mulher está falida, impotente, desvalorizada e "objetificada". Até onde posso ver, foi Vivian, e não Thelma e Louise, quem deixou de existir ao final do filme. Por alguns anos depois da estreia de *Thelma & Louise*, a cultura passou a ser receptiva, de um modo estranho e incomum, aos protestos de uma geração de garotas que se sentia exilada. A cena Riot Grrrl* explodiu e, uma vez mais, assim como eu sentira no começo dos anos 1980, mais ou menos quando surgiu *Procura-se Susan Desesperadamente*, pensei: *É agora. Daqui em diante, vamos avançar.* Mas daí a alguns anos, a coisa toda se esgotou e foi suplantada por uma versão muito mais alegre, muito mais palatável, muito mais comercial dela mesma. Foi uma trajetória bem rápida de "revolução ao estilo grrrl já" para "*girl power*", de Riot Grrrls para Spice Girls. A mercantilização do *girl power* seria rápida e total. Em última análise, *Uma Linda Mulher* não era uma história de amor; era uma história de dinheiro.

Quando *Thelma & Louise* estreou, fazia um ano que eu morava em São Francisco, com um namorado sobre quem, ao defender minha sanidade e minha lucidez, eu me vi dizendo coisas como: "Bom, mas na verdade não vou me casar com ele, mesmo". A perspectiva de encontrar um emprego que não fosse vaporizar leite parecia tão provável quanto descobrir um portal mágico para Nárnia dentro de um dos envelopes que eu preparava para uma grande instituição financeira (mas era um trabalho temporário). Eu não só me sentia impotente e

---

\* Movimento punk feminista underground que surgiu no início dos anos 1990, nos Estados Unidos. [N.P.]

perdida, mas continuei tendo que ler no *The New York Times* sobre como minha geração se sentia impotente e perdida.

Em 1992, Rebecca Walker cunhou o termo *terceira onda*, em um artigo publicado na revista *Ms.*, que ela escreveu quando tinha 22 anos e eu li quando tinha 23. Ela se inspirou nas audiências de 1991 do Senado, anteriores à confirmação de Clarence Thomas para a Suprema Corte, depois que o relatório de uma entrevista do FBI com Anita Hill vazou para a imprensa. Hill tinha dado testemunho de que Thomas repetidas vezes a convidara para sair; que lhe descrevia os filmes que assistia, sobre mulheres fazendo sexo com animais, com sexo grupal e cenas de estupro; que ele mediu seu pênis e disse a ela o nome dele; que ele havia pegado uma lata de refrigerante em cima da mesa dele e perguntado quem tinha posto um pelo pubiano nela. Quanto mais era interrogada pelo Comitê Judiciário do Senado, mais óbvio se tornava que o caráter de Hill estava sendo julgado. Como Walker e todos os meus conhecidos, eu estava transfixada pelo espetáculo de Hill sendo humilhada por um comitê judiciário totalmente masculino. Todo mundo acreditava em Anita Hill. Contudo, lá estava. Lendo o artigo de Walker, senti como se ela tivesse penetrado em minha alma, recolhido minha fúria e a tivesse arremessado para todos os lados, em estilhaços cortantes. Ela havia articulado perfeitamente a relação entre as mulheres e o *establishment* cultural, e expôs o funcionamento de um sistema que fingia nos incluir, mas que não o fazia; que fingia preocupar-se conosco, mas só enquanto seguíssemos suas diretrizes de comportamento; que fingia nos ouvir, exceto se falássemos contra ele, e nesse caso nos atacaria sem compaixão. Na disputa entre a reputação de Hill e a de Thomas, Hill não tinha como ganhar. Nunca teve. Não importava quão crível, quão exemplar fosse em qualquer outro contexto, no âmbito das audiências de confirmação, Anita Hill era uma ameaça à estrutura de poder, e foi abatida sem piedade. Não era possível assistir a isso, sendo uma mulher jovem, e não tirar essa lição. Para Walker, o fundamental foi a reação de pânico ante a ameaça de que a palavra de Hill prejudicasse a carreira de Thomas. Se ela o enfrentasse e lhe dessem razão, teria o sistema desmoronado? O testemunho de Hill, mais do que uma ameaça à confirmação de Thomas, era uma ameaça à ordem patriarcal. Para uma mulher jovem, assistir ao caso significava esperar ansiosamente um veredito que diria se éramos iguais ou se os privilégios masculinos sempre venciam. Ela escreveu:

> Enquanto alguns podem louvar todo o espetáculo, devido à forma como gerou consciência quanto ao assédio sexual, seu resultado real é mais instrutivo. Ele foi promovido. Ela foi repudiada. Aos homens foi garantida a inviolabilidade de seu pênis/poder. As mulheres foram advertidas de que devem guardar para si suas experiências. A reação contra as mulheres dos EUA é real. À medida que a concepção equivocada de igualdade entre os sexos se torna mais disseminada, o mesmo acontece com as tentativas de restringir os limites do poder pessoal e político das mulheres. A confirmação de Thomas, a demonstração definitiva de apoio ao paradigma masculino do assédio, envia uma mensagem clara às mulheres: "Calem-se! Mesmo que falem, não vamos ouvir".[2]

Walker perguntou a seu namorado o que ele achava das audiências, e ficou chocada ao descobrir que a maior preocupação dele era com o histórico lamentável de Thomas quanto a direitos civis e oportunidades para os negros. "Então solto os cachorros", ela escreveu. "Quando é que os homens negros progressistas vão dar prioridade a meus direitos e meu bem-estar? Quando vão parar de falar tanto sobre 'a raça', como se ela dissesse respeito apenas a eles? Ele me diz que minhas emoções estão sempre à flor da pele. Eu berro: 'Preciso saber, você está comigo ou vai ajudá-los a tentar me destruir?'."

Quando Walker se declarou parte da "terceira onda", o que estava dizendo era que não se considerava mais parte da assim chamada geração pós-feminista. Ela estava repudiando a ideia de que a "segunda onda" tinha tanto sido bem-sucedida (então siga em frente) quanto falhado (então cale a boca), e que esse era apenas mais um dos paradoxos malucos com o qual nossa geração havia sido criada. O que Walker dizia fazia total sentido para mim. Nada em minha experiência contradizia as palavras dela. Nossa geração estava assumindo o comando depois de um longo período de reação e dormência. Agora as coisas seriam diferentes.

Muitos anos depois, eu estava trabalhando em uma *startup* no Vale do Silício. Meu trabalho consistia em lidar, sobretudo, com milhares e milhares de minúsculos arquivos digitais, que eu rotoscopiava, comprimia, nomeava, cadastrava, armazenava e catalogava em dúzias de *drives* de um *gigabyte* do tamanho de blocos de concreto. (Isso é verdade. Eles eram grandes assim no final dos anos 1990.) Eu trabalhava das nove da manhã às nove da noite nos dias de semana, e ao menos um dia inteiro no fim de semana. Ganhava tão mal que fiz uma dívida comprando sanduíches na lanchonete do saguão de entrada. Eu o fiz porque, na entrevista para o emprego, alguém me disse que no ano anterior todos tinham recebido 30 mil dólares em bônus no Natal.

Quando finalmente chegou o dia do encontro para revisão salarial, meu gerente me levou até a sala do chefe e nos sentamos.

"Então, você quer um aumento", disse meu chefe, com um sorriso. Respondi que sim. Ele me perguntou com que tipo de sujeito eu saía. Eu sabia que ele achava que estava sendo engraçado. Quando certo tipo de cara (como, digamos, seu chefe engraçado), em certo tipo de situação (como, digamos, sua revisão salarial superatrasada), acha que está sendo engraçado, não há muito o que você possa fazer para tirar essa ideia da cabeça dele, e mesmo que houvesse, mesmo que levasse o caso à responsável pelos recursos humanos (não é sempre uma mulher?), você teria uma vitória de Pirro, que provavelmente traria um custo maior do que a vantagem. Assim, fiz o de sempre nessas situações. Calei a boca e fiz olhar de peixe morto. Dei um sorriso irônico, entortei a cabeça e adotei minha postura "sei o que você está fazendo e vou aumentar a aposta, não apenas deixando de registrar o insulto, mas devolvendo-o enquanto finjo que não, e então podemos rir de você juntos". Eu achava que era assim que se jogava.

"Eu saio com artistas", respondi. Era para ser irônico, mas não agressivo o bastante para ele me despedir antes que eu pudesse quitar a dívida dos sanduíches. Mas soou idiota.

"Sério?", reagiu ele. Parecia preocupado de verdade. "Eu poderia apresentar você a uns caras ricos."

Tudo não passou de uma brincadeira, é claro. Nós rimos. Ele riu muito mais. De rabo de olho, eu via meu supervisor junto à janela, fazendo gestos frenéticos. Por fim, ele captou a mensagem e encerrou a reunião. Recebi um reajuste simbólico, que estava atrasado vários meses.

No fim das contas, naquele ano não houve bônus, mas ganhamos presentes de Natal – cada um de nós recebeu um exemplar de encalhe de *Zona Quente: Uma História Terrível e Real* [*The Hot Zone*], de Richard Preston, livro sobre o vírus Ebola. Também recebemos um livro sobre Anita Hill. Pedi demissão alguns meses depois. De algum modo, consegui pagar a dívida dos sanduíches.

Para mim, aquilo pareceu ter um enorme significado, e ao mesmo tempo ser algo sem importância. Não era nada. Era engraçado. Era apenas um pequeno fragmento de absurdo, a ser guardado e transformado em arte mais tarde, quando eu não tivesse que trabalhar o tempo todo. Sempre tive um lado gótico, uma atração pela podridão, ruína e decadência trazidas pela interação entre a verdade e seu efeito corrosivo na beleza. Era arte futura, arte ainda não contextualizada. Em algum momento futuro, quando finalmente me tornasse eu mesma, eu elaboraria meu verdadeiro eu a partir dessas histórias. Eu as contaria e encontraria um modo de fazer de mim mesma a heroína.

Mas era mais difícil do que eu esperava, porque surgem muitos medos. Você tem medo de parecer amarga, vingativa, sensível demais. Tem medo de dar a impressão de que está jogando nos outros a culpa por suas limitações, ou vingando-se. Bate a preocupação de que alguém vai ficar ofendido ou tentar desacreditar você. "Você saía da sala quando seus pais brigavam?", me perguntou certa vez um professor de roteirização (e então ele me disse: "Devíamos sair para beber algo. Eu provavelmente seria preso. Quantos anos você tem, aliás?"). Ele tinha razão quanto à minha aversão a conflitos. Na hora me faziam sentir culpada. É assim que a experiência que você viveu se torna impossível de contar, e as coisas que fizeram com você viram culpa sua, seu segredo terrível. As regras do jogo, como eu as entendia, eram apenas jogar de acordo com o jogo – apenas faça o melhor que puder com os tacos de flamingo e as bolas de ouriço, como fez Alice nos jardins da Rainha de Copas. Você sabe que nunca vai *vencer*, mas pelo menos você não perde *tudo*.

Assim, tudo isso foi para dizer que esta história não foi composta a partir de outras, mas poderia ter sido. Não é excepcional, só mais engraçada que a maioria. Acho que não fiquei traumatizada com a experiência. Penso nela como instrutiva. Não fiquei traumatizada. Penso nela como uma das muitas experiências que refinam meu senso de absurdo. Não fiquei traumatizada. É como acabei ganhando a vida, prestando atenção a momentos, localizando a dissonância cognitiva, guardando-a para depois. Não fiquei traumatizada – mas tampouco deixo de sentir a reponsabilidade por minha desesperança intermitente, pela vontade de desistir de tudo.

Não muito depois do término das audiências de Anita Hill, meu namorado e eu fomos convidados para outra festa, um jantar de Ação de Graças na casa da amiga de uma amiga – uma mulher uns dez anos mais velha do que eu. Depois do jantar, alguém sugeriu que assistíssemos a *Uma Linda Mulher*. As mulheres ficaram encantadas e declararam seu amor, enquanto os homens executaram manobras de distanciamento. Eu já tinha idade suficiente para saber que não devia começar uma discussão, mas sim entrar no jogo. Em vez disso, emburrei. Encontrei um canto do carpete pastel e ali fiquei sentada, durante o filme inteiro, num silêncio ofendido. Eu sabia que o filme tinha fãs, claro, mas nunca as encontrei pessoalmente. Naquela tarde, as mulheres encenaram para mim meus maiores medos quanto à condição feminina. Elas me deixaram indignada. Eu estava em busca de alguma narrativa na vida real, na ficção ou na não ficção, com a qual pudesse me identificar e à qual pudesse aspirar, e não conseguia encontrá-la em lugar algum. E elas estavam ali felizes, sem ligar, ou fingindo que não ligavam.

Naquela ocasião, percebi algo que nunca havia notado. Nossa anfitriã e suas amigas conseguiam aceitar *Uma Linda Mulher* por seu valor aparente, de um modo que eu não conseguia, mas pelo visto eu também precisava de algum tipo de final de contos de fadas. Incomodava-me que a vida das mulheres me parecesse incompleta, e que eu não pudesse resistir ao desejo de ver todo mundo em seu lugar. Mas, mesmo que eu quisesse, não poderia "deixar de ver" a mensagem de *Uma Linda Mulher*. Eu não poderia "deixar de saber" o que eu sabia. O papel da ficção romântica desde o século XVIII, sobretudo do século XIX em diante, era esconder o fato de que o casamento era uma negociação, utilizando o amor e o romance para disfarçá-lo. Para uma garota de classe média na época de Jane Austen, não havia aposta mais arriscada do que o casamento, mas era necessário, por razões óbvias, minimizar a aparência de negociação. A heroína nunca se casava por dinheiro, é claro. Mas seu príncipe bondoso, sábio e nobre sempre calhava de ser rico (casar por amor, sem dinheiro, nunca deixou de ser um erro grave). *Uma Linda Mulher* nos dá a descarada versão americana capitalista, baseada no eu como algo a ser vendido. Revisitando *Thelma & Louise* décadas depois, impressionou-me como o filme envelheceu. Na época, eu nunca teria imaginado que *Uma Linda Mulher* prefiguraria todas as comédias românticas que viriam nas duas décadas seguintes, mas foi o que aconteceu. *Uma Linda Mulher* não se mostrou um retrocesso. Mostrou ser o futuro.

# 7

## Uma Lily Totalmente Moderna

POUCO ANTES DA VIRADA DO MILÊNIO, ADAM GOPNIK ESCREVEU UM artigo para a revista *The New Yorker* sobre a remodelação da moeda dos EUA. Os usuários ficavam perturbados com as novas cédulas, afirmou ele, porque estas pareciam zombar das antigas, por meio do uso dos "recursos tradicionais satíricos do exagero, do deslocamento e da simplificação excessiva". Enquanto as cédulas antigas recordavam os excessos da *Gilded Age*, a Era Dourada dos Estados Unidos, para ele as novas pareciam uma paródia. Como "metamoeda", elas pareciam "estar nos afetando de algum modo obscuro".[1]

O dinheiro começou a parecer muito evidente, de uma hora para a outra. Antes não era assim. Mudei-me para São Francisco depois da faculdade, quando era tão barato morar lá que as pessoas costumavam dizer que era a cidade "onde os jovens vinham se aposentar". De lá fui para Los Angeles, e voltei pouco antes da virada do milênio. Mal consegui reconhecer o lugar. Parecia que o dinheiro estava zombando de nós, ou pelo menos de alguns de nós. Um dia, ao sair de minha quitinete caríssima, na Divisadero Street, vi que alguém tinha pichado algo na calçada em frente a meu prédio, com estêncil e *spray* vermelho. Era uma declaração absurda feita à imprensa pelo então prefeito Willie Brown, no sentido de que ninguém devia tentar viver em São Francisco com menos de 50 mil dólares por ano. Eu tentei. Meus esforços foram heroicos, mas fadados ao fracasso. Meu aluguel era altíssimo. Quando meu carro quebrou, não o consertei. Meu namorado fazia as compras para mim, porque trabalhava com finanças e eu com jornalismo, e era assim que as coisas sempre eram – de novo. Eu tinha acabado de fazer 30 anos e de súbito adquiri uma percepção aguda tanto da aparente disponibilidade de dinheiro quanto da impossibilidade pessoal de obtê-lo, de formas que antes não percebia. Eu estava mergulhada, mais uma vez, em ideias sobre como o dinheiro se entrelaçava com sexo e relacionamentos. A série *Sex and the City* havia estreado na televisão.

Não lembro exatamente como ou quando comecei a mudar de opinião a respeito de *Sex and the City*, mas foi o que aconteceu. No começo, essa série me dava nos nervos, da mesma maneira que *Uma Linda Mulher*. Para mim, era uma fantasia para mulheres solteiras mais velhas que não percebiam sua mensagem retrógrada. Eu associava a série com a colega que ocupava o cubículo em frente ao meu no trabalho, e que costumava ficar o que pareciam ser horas ao telefone com a irmã, dissecando cada episódio após sua exibição.

Claro, as situações nas quais Carrie, Miranda, Charlotte e Samantha se metiam eram muitas vezes familiares ou evocavam experiências pelas quais eu havia passado, mas as personagens em si eram arquetípicas e unidimensionais demais para permitir que me identificasse com elas de forma consistente: Samantha era estranha demais, Miranda era amarga demais, Charlotte era rígida demais e Carrie era infantil demais. Mais do que personagens com as quais era possível se identificar, elas eram projeções de fantasia, cujos momentos mais mundanos eram reconhecíveis de imediato, mesmo que seu orçamento de roupas ou seus apartamentos em Park Avenue ou seu plantel sexual fossem absolutamente fantásticos. Carrie e Charlotte eram as românticas, e ambas estavam determinadas a capturar homens ricos. O amor, para ambas, era a realização de aspirações. Charlotte aspirava a um lar tradicional de alto padrão, um verdadeiro pedestal doméstico, e Carrie aspirava a luxo, glamour e prazeres sibaritas.

A percepção convencional era de que *Sex and the City* seria uma série tão certeira em capturar os arquétipos femininos modernos, que mulher alguma deixaria de se identificar. Para mim, parecia que as quatro amigas eram, mais do que arquétipos modernos, estereótipos criados pela mídia, figuras alegóricas que representavam partes nas quais se dividia a mística feminina. Suas conversas não eram conversas, mas referendos sobre os assuntos femininos do dia, em que cada personagem manifestava uma fantasia opressiva da feminilidade contemporânea e lidava com ela, gerando reações nas demais. Era isso que, no fim das contas, fazia a série valer a pena; dava para sentir a tensão entre ideologia e experiência. A guerra estava sendo travada dentro da psique de cada uma das amigas, mas ao menos elas estavam juntas na mesma trincheira.

O fim do século XIX deu origem a uma nova classe superior americana cuja fortuna parecia fabulosa. As pessoas faziam fila do lado de fora dos escritórios da Standard Oil para ter um vislumbre de John D. Rockefeller. O dinheiro infiltrou-se no imaginário americano. Os milionários tornaram-se heróis populares. Como haviam conseguido? A maioria das pessoas não fazia ideia. A maioria ainda não faz. Mas todo mundo estava embriagado de desejos de champanhe e sonhos de caviar. Talvez nos dias de hoje o dinheiro alheio já não tenha o mesmo fascínio de então, sendo visto com mais desconfiança e ressentimento. Mas no final do século XX, como no fim do século XIX, o dinheiro erguia-se acima da cultura e tingia tudo. Novas fortunas permeavam a atmosfera, penetravam no lençol freático, exigiam atenção. Durante a Era Dourada, o culto à fortuna estava a mil.

A popularidade do enredo do casamento como caminho para a fortuna havia minguado durante meus primeiros anos, a ponto de que, exceto talvez pelo noivado e casamento do príncipe Charles e de Diana, tão explorados pela mídia, minha única experiência significativa com ele tenham sido as princesas da Disney. Então, mais para o fim da década de 1990, os "casamentos de sonho", enormes e elaborados, voltaram com tudo e ganharam notoriedade. Talvez o início tenha sido com *O Casamento do meu Melhor Amigo* [*My Best Friend's Wedding*], de 1997, o filme que apresentou à minha geração a noção de entrar em pânico com a "data de validade". O site The Knot havia sido fundado um ano antes. De repente, tornou-se raro abrir uma revista e não encontrar um artigo lamentando que o dinheiro tivesse se infiltrado no casamento como a umidade no reboco, manchando-o e danificando-o sem qualquer esperança de salvação. Homens com pouco dinheiro escreviam sobre as exigências irracionais por parte de mulheres com pouco dinheiro. Mulheres com pouco dinheiro defendiam seus padrões econômicos impossíveis, enquanto lamentavam que homens com dinheiro exigissem padrões impossíveis de beleza. Mulheres com dinheiro (essas eram mais raras) reclamavam que os homens sem dinheiro no fim ressentiam-se e as deixavam. As revistas, da *Forbes* à *Harper's Bazaar*, devotavam páginas à abundância de milionários disponíveis no Vale do Silício e davam instruções sobre como agarrá-los. A *Cosmopolitan* afirmava que era tão fácil sair com um homem rico quanto com um pobre. A lista Forbes 400 incluía informação sobre estado civil.

Proponentes da consolidação da mídia* afirmam que ela propiciou ao mercado a liberdade de oferecer o que o público deseja. Então, o que é que o público deseja? Ele deseja o que foi ensinado a desejar. Sem uma mídia cada vez mais concentrada, não há "público" com desejos previsíveis. A ascensão das mídias sociais permitiu uma grande proliferação de vozes em um momento de consolidação de mídia sem precedentes, é verdade. Ao mesmo tempo, porém, criou uma tendência a mascarar o fato de que as mídias sociais apenas consolidaram

---

* Consolidação da mídia é a concentração da propriedade das fontes de notícias nas mãos de um número cada vez menor de corporações. [N.T.]

*ainda mais* a mídia. A questão ampara-se também em uma premissa falsa, sempre: a de que existe algo como um público único, coletivo, e que essa massa consciente "deseja" algo. É a mesma premissa falsa na qual a infame "questão da mulher" de Freud estava baseada. "A grande questão que nunca foi respondida", disse ele, "e à qual ainda não fui capaz de responder, a despeito de meus trinta anos de pesquisa sobre a alma feminina, é: 'O que uma mulher deseja?'."[2] É claro que é impossível responder a essa pergunta, porque ela sequer é uma pergunta, é uma armadilha. As mulheres da imaginação de Freud eram o oposto simbólico de tudo o que ele entendia como *humano*, de modo que não é de espantar que ele estivesse convencido de que as mulheres, por sua natureza, "opõem-se à mudança, recebem passivamente e não acrescentam nada de si".[3]

*

Em 2000, Terence Davies adaptou o livro *The House of Mirth*, de Edith Wharton,[*] para o cinema, num filme intitulado *A Essência da Paixão*. Davies disse ter escolhido Gillian Anderson para o papel de Lily Bart porque uma foto dela o fez se lembrar de um retrato pintado por John Singer Sargent. Mas a Lily de Wharton, por mais bela que fosse, jamais teria sido retratada por Sargent, ou por seu correspondente ficcional, Morpeth, o pintor de pessoas da sociedade; não haveria quem pagasse a conta. Sargent pintava as esposas de homens muito ricos – algo que Lily nunca conseguiu tornar-se, a despeito de seus esforços (ou por causa deles). Lily odeia grandes festas, mas comparece a elas porque faz "parte do negócio". Mas ela também é uma péssima mulher de negócios, que se atrapalha cada vez que tem uma mínima possibilidade de fechar um contrato. Lily, cuja definição de sucesso é "con-

---

[*] Edith Wharton (1862-1937) foi uma escritora americana que ficou conhecida por retratar em seus textos a vida e a moral da classe alta de Nova York, durante a Era Dourada. [N.T.]

seguir da vida tudo o que for possível" (e ela entende isso como "casar com o homem mais rico possível"), carece do autoconhecimento e da coragem para reconhecer que pode ter de sacrificar seus ideais românticos em troca de fortuna e *status*... ou vice-versa. Como resultado, ela termina sem nada. O que é comovente quanto a Lily não é que fracasse em conseguir seu objetivo, nem que tenha contribuído de forma involuntária para tal fracasso; o comovente é que, como finalmente percebe, "em momento algum ela teve uma relação de fato com a vida".

Se já houve um livro que refute a noção de que a beleza é algo superficial, pelo menos no que se refere à autoimagem, esse livro é *The House of Mirth*. Para Lily, sua própria beleza é o prisma através do qual o mundo a vê e através do qual ela vê o mundo. A beleza é uma característica fundamental, que dá forma a seu caráter e a seu destino. Sem ela, Lily seria outra pessoa, totalmente diferente – seria sua prima pobre, pouco atraente e solteira, Gerty Farish, que também é sua única amiga de verdade (embora sem reconhecimento). Gerty, uma personagem central da história de Wharton, foi omitida da adaptação de Davies. No entanto, sem garotas como Gerty, não poderiam existir garotas como Lily. Gerty é o padrão de comparação pelo qual Lily define a si mesma. "Ela gosta de ser generosa", diz Lily a respeito de Gerty, logo no começo da história. "Eu gosto de ser feliz."

O fato de Lily considerar que o dinheiro é sinônimo de felicidade, a crença que ela tem em seu direito natural de negociar sua beleza e charme por ambos e sua opinião de que a generosidade é o caminho mais seguro para a pobreza são apenas alguns dos temas que fazem o livro de Wharton parecer tão contemporâneo. Lily não só "aprecia as melhores coisas da vida". Ela é uma viciada obsessiva. "Sou terrivelmente pobre", diz ela a Lawrence Selden perto do início da história, "e muito cara. Preciso ter uma grande quantia de dinheiro." Por algum motivo, o filme falha em aprofundar esse aspecto do caráter de Lily. Sua ganância e seu desejo de adulação constante nunca são tratados no filme. Lembro-me de ter sentido que Davies ignorou o senso de merecimento que a beleza havia inculcado nela, assim como ignorou a participação dela mesma em sua ruína financeira. Gillian Anderson interpretou-a como uma inocente tensa e chorosa, cuja ruína decorre de seus próprios escrúpulos e senso de jogo limpo em um mundo que não tem nada disso.

A escritora Candace Bushnell, autora do romance em que a série *Sex and the City* foi baseada, expressou uma afinidade com Wharton; ela conseguiu acertar pontos sensíveis do mercado de massa, uma vez atrás da outra, quando não se recusou a explorar esse mesmo território, transformando-o em algo atual. O que Bushnell deu a entender, e que ninguém mais pareceu perceber com tanta clareza, foi que, no que diz respeito a dinheiro e beleza, não houve grandes mudanças na relação entre homens e mulheres nos últimos cem anos. Sempre houve mulheres que participaram de sua própria mercantilização, mas de repente isso se transformou em um sonho muito popular, o tipo de coisa da qual as pessoas se orgulhavam. Enquanto Davies nos mostrava Lily como vítima de uma cruel época do passado, Bushnell e o criador da série, Michael Patrick King, viam Lily em ação por onde quer que olhassem.

Uma amiga minha que cresceu em Nova York descreveu assim a situação: "Você anda pela Madison Avenue e vê coisas. Você começa a gostar delas, e aí você as quer. Então percebe o quanto elas custam". Itens de luxo sempre foram comercializados tendo em vista as mulheres, e as mulheres que têm condição de comprá-los sempre acabam elas mesmas tornando-se itens de luxo. Em sua crítica aos valores da classe alta, *A Teoria da Classe Ociosa* [*The Theory of the Leisure Class*], de 1899, o economista e filósofo Thorstein Veblen escreveu: "Os trajes das mulheres demonstram ainda mais que os trajes masculinos a abstinência de atividades produtivas por parte de quem os usa. Não é necessário argumento algum para reiterar a generalização de que os estilos mais elegantes de toucas femininas vão ainda mais longe do que a cartola masculina no sentido de tornar impossível o trabalho. Os sapatos femininos adicionam o assim chamado salto francês à evidência de ócio forçado fornecida por seu verniz; pois esse salto alto sem dúvida torna extremamente difícil qualquer trabalho manual, mesmo o mais simples e necessário". As mulheres podem já não mais usar toucas, e sapatos de salto talvez não mais sejam encarados como obstáculos ao emprego, mas permanece o fato de que "os estilos mais elegantes" estão fora do alcance da maioria das mulheres que trabalha. Eles exigem mais dinheiro, mais atenção e mais ociosidade do que a mulher trabalhadora média pode dispor. É esse o objetivo deles.

Lembro-me de um episódio de *Sex and the City* no qual Carrie tem seu cartão de crédito cortado ao meio enquanto tenta comprar um par de sapatos Dolce & Gabbana: sapatos mule azul-claros com um pompom de plumas em cima. Os sapatos são objetos de fetiche caríssimos e nem um pouco práticos. Ao socorro de Carrie surge Amalita, uma mulher que vive à custa de seus namorados ricos do *jet set*. Amalita paga os sapatos com o cartão do namorado do momento, e despede-se de Carrie com um beijo. Mais tarde, quando Carrie dá de cara com a mulher e seus amigos em um bar, recebe um convite para ir a Veneza. Carrie, com seus comprometimentos financeiros, pergunta-se: "Existe uma linha divisória entre 'namorada' e 'prostituta'?". Por fim, por ser nossa heroína, Carrie decide que para ela a linha existe, recusa o convite e decide evitar Amalita no futuro. Carrie é uma versão moderna da Lily de Wharton, cujo fracasso em conseguir o que quer (ela estraga ao menos três chances de conseguir se casar com milionários) poderia resultar de sua criação moral ou de sua ingenuidade. Charlotte, obcecada pelo casamento, não encara tais questões. A única diferença entre ela e a "namorada profissional" é que ela não está disposta a sacrificar nada em troca de sua recompensa sem fim.

Apesar de sua profissão criativa mal remunerada, Carrie anseia pelo luxo da mesma forma que Lily, e sente-se igualmente merecedora dele. Como Lily, ela não nega nada a si mesma, mesmo que isso signifique acumular dívidas. No fim das contas, ela não tem coragem de encarar a hipocrisia intrínseca de sua vida. As coisas que ela quer não podem ser adquiridas de forma virtuosa – ninguém que não está disposto a cruzar algumas linhas morais pode comprar sapatos de 500 dólares. Para Carrie, assim como para Lily, o conflito entre a ânsia por romance e a ânsia por luxo é insolúvel. Na nova Era Dourada, a tragédia de Lily Bart teria sido reformulada. Na nova Era Dourada, sua tragédia não seria viver em um mundo que a valoriza só por suas qualidades ornamentais, ou ser cúmplice em sua própria mercantilização, ou ser reduzida a uma parasita para então ser descartada, mas ter todo o necessário para ser bem-sucedida e ainda assim ser incapaz de ter êxito. Ela sabia o que queria, e o que queria estava a seu alcance, só não era pragmática o suficiente para pagar o preço.

# 8

## A Namorada Malvada

Uma vez, no fim dos anos 1990, passei três estranhos dias percorrendo o Sheraton Hotel, na Universal City – a qual não é uma cidade, mas uma área não incorporada do condado de Los Angeles onde se situam o Universal Studios e os parques temáticos associados – cobrindo um evento que definia a si mesmo como uma conferência acadêmica sobre a Primeira Emenda e a pornografia. Eu estava lá a trabalho, para a nova (e agora extinta) seção de educação da revista *Salon*. O gancho era que a conferência estava sendo patrocinada em conjunto pelo Centro de Pesquisas sobre Sexo e Gênero da Universidade do Estado da Califórnia, Northridge, e algo que se chamava Coalisão da Liberdade de Expressão, que na verdade era o braço lobista da indústria de entretenimento para adultos.

Eu nunca havia participado de uma conferência acadêmica e não sabia o que esperar, mas a mistura rendeu justaposições engraçadas, algumas das quais beiravam a paródia. Mesas-redondas sobre pornografia vitoriana e vasos eróticos da Grécia Antiga eram apresentados lado a lado com bate-papos com estrelas pornôs. Meu trabalho, pelo que me lembro, era mergulhar no clima, filtrá-lo através de minha incredulidade e produzir um relato em tom irônico. O artigo se escreveria sozinho.

Minha percepção da conferência foi moldada, sem dúvida, pela conjunção de inexperiência, foco seletivo e viés de confirmação, mas logo de cara me impressionou a aparente hostilidade a questionamentos (sobretudo tendo em vista que um dos promotores do evento era um centro de pesquisa). Para ser sincera, não me lembro de ter assistido a qualquer mesa-redonda sobre pornografia vitoriana ou vasos da Grécia Antiga; se o tivesse feito, quem sabe minha impressão tivesse sido atenuada. Por outro lado, a lembrança que tenho daqueles dias é de ter-me exposto a um desfile de implacáveis hinos enaltecendo a mercantilização da postura pró-sexo, com excelente treinamento de mídia, e de sentir-me cada vez mais deprimida. Os participantes mais conhecidos e mais veementes em suas declarações pareciam responder a todas as questões, salvo as mais lisonjeiras, primeiro invalidando-as e a seguir humilhando o interlocutor. As estrelas pornôs seguiam o roteiro e transmitiam sua mensagem. "Gostar de sexo" era o eufemismo favorito para a produção e o consumo de pornografia. Da mesma forma, a menor objeção à pornografia significava que você "odiava sexo" e estava a fim de cortar o barato de todo mundo.

Logo emergiu uma narrativa dominante em que a pornografia – não a pornografia vitoriana, com *bloomers*\* e surras, mas a que incluía recordes de estupros coletivos – era apresentada como um baluarte da desinibição orgiástica; um jardim do éden devasso, do qual brotam apenas alegria, empoderamento, casamento, filhos e unicórnios. Como qualquer boa história, esta tinha um vilão: a "namorada" avessa ao sexo, frustrante para qualquer homem, cujo comportamento cruel e repressivo lançava, dia após dia, hordas de homens desconsolados nos braços ternos de suas estrelas pornôs favoritas. Eu era a namorada! Seria *aquele tipo* de namorada? Eu não sentia que fosse, mas naquele universo alternativo, sem dúvida era. Pouco tempo antes eu havia tido um encontro perturbador com o acervo pornô de um namorado e me sentia perturbada, e também me sentia perturbada por sentir-me

---

\* *Bloomers* eram calças largas e bufantes, inspiradas nos trajes turcos, usadas por baixo de uma saia curta. Surgidas por volta de 1850, tornaram-se um símbolo dos direitos femininos, pelo conforto e liberdade que conferiam. [N. T.]

perturbada. No fim dos anos 1990, não era legal perturbar-se com a pornografia ou com serviços sexuais de qualquer tipo. Naquela época, como hoje, parecia muito mais vergonhoso desaprovar a pornografia do que produzi-la, distribuí-la ou consumi-la. Ao longo do evento, quanto mais essa versão da realidade era reiterada e reafirmada, mais triste, isolada e humilhada eu me sentia. O pior dessa experiência foi ela ter sido tão abrangente e ter feito com que me sentisse tão aberrante.

Uns quinze anos mais tarde, lembrei-me desses estranhos dias ao assistir a *Mestres do Sexo* [*Masters of Sex*], uma série do Showtime. Ironicamente, o que evocou a lembrança do evento foi o ambiente sexual dogmático e intolerante. Criada por Michelle Ashford e baseada no livro *Masters of Sex*, de Thomas Maier, a série acompanhava os primeiros passos da pesquisa e do relacionamento dos sexólogos William Masters e Virginia Johnson, cujo livro *A Resposta Sexual Humana* [*Human Sexual Response*], de 1966, foi um marco que terminaria por derrubar barreiras e ajudaria a abrir caminho para a revolução sexual. A série "começa" em 1956, quando Bill Masters (Michael Sheen), especialista em terapia de reposição hormonal, contrata como secretária Gini Johnson (Lizzy Caplan), uma ex-cantora de casas noturnas, divorciada três vezes e mãe de dois filhos, e juntos lideram a batalha para tirar o sexo da Idade Média. As personagens passam por mudanças colossais, causadas por seus próprios impulsos reprimidos, não analisados e por fim incontroláveis.

Enquanto a série *Mad Men* tomava uma personagem ficcional, vagamente baseada em uma pessoa real, e a confrontava com eventos cataclísmicos ocorridos em sua época, *Mestres do Sexo* usou figuras históricas, com um tratamento ficcional que lhes dava maior dramaticidade, como agentes de mudança que atuavam com a precisão de um relógio, no nível mais íntimo. O publicitário Don Draper, personagem

central de *Mad Men*, interpretado por Jon Hamm, era quase um telepata, um adivinho dos sentimentos, um místico capaz de conferir qualidades mágicas e emocionais a produtos simples. Bill Masters e Gini
Johnson, como imaginados em *Mestres do Sexo*, eram médicos decididos a lançar a dura luz da ciência sobre um assunto misterioso e transcendente. Em comum, as duas séries tinham um olhar retrospectivo a
partir do futuro distante, e tentavam identificar o momento exato de
uma grande mudança. *Mestres do Sexo* era uma série contemporânea
sobre um período do passado conhecido por suas atitudes retrógradas,
tateando às cegas em busca do instante em que o modo "antiquado" de
pensar sobre sexo deu lugar ao modo "moderno". As duas séries mostravam sinais de estresse pós-traumático. Mas o interessante era que,
em *Mad Men*, o trabalho do protagonista era substituir a realidade por
histórias nocivas – histórias que sequestravam a capacidade de ação,
que dominavam e controlavam –, enquanto *Mestres do Sexo* abordava
o efeito das histórias sobre as pessoas e sobre a humanidade que as
pessoas eram forçadas a sublimar ante a Grande Mentira.*

A publicidade infiltra-se em nossa vida interior e nos nossos sonhos
de maneiras que Don Draper (se tivesse existido) jamais poderia imaginar. Mas os olhares lançados para trás – as coisas deram certo ou
não? – parecem tentativas de entender o que aconteceu. Daquela forma metamágica que as obras que expressam o espírito de sua época
às vezes têm, os mundos de *Mad Men* e *Mestres do Sexo* fundem-se
e sobrepõem-se no presente, onde se transmutaram em algo grande,
estranho e incontrolável – a carcaça de um polvo mutante à qual o
comércio deu vida e que avança sobre Tóquio.

    *Mestres do Sexo* girava em torno de como a sexualidade feminina e a identidade sexual das mulheres eram construídas quase que ex-

---

\* "Grande Mentira" é o método de propaganda que usa a distorção proposital da verdade. A
expressão foi criada por Adolf Hitler. [N. T.]

clusivamente por homens, a partir de conjecturas, projeções, medos e muito pouca informação concreta, e como tal construção era irradiada e transformada em algo monstruoso pela mídia e pelo corporativismo. Não só a pesquisa conduzida por Masters e Johnson era praticamente inédita, mas também cientistas mulheres quase inexistiam nessa área. A personagem de Gini – seja ou não fiel à sua contraparte da vida real – é eletrizante, e sai por aí virando do avesso as noções alheias, de forma geral sendo sempre uma desajustada. Mãe solteira, trabalhadora e um pouco estressada, com recursos limitados – isto é, a perfeita garota que faz escolhas de vida erradas –, Gini é retratada, porém, como a personagem mais feliz, mais satisfeita e menos frustrada da série. Ela dá a impressão de ser ambiciosa, curiosa, realizada e livre. Tem um certo sentimento de culpa, mas não é atormentada por ele e não se pune. E os roteiristas da série não são nada ambíguos quanto a isso: a felicidade e a satisfação dela se devem a dois fatores; por um lado, a única coisa que ela espera do sexo é o prazer (desvinculando-o do dinheiro) e, por outro, está envolvida de forma criativa com seu trabalho. Embora diga, com frequência, que precisa do emprego para manter os filhos, fica evidente que também precisa dele para si mesma.

O charme e a sedução de Gini incomodam a doutora DePaul (Julianne Nicholson), a única médica mulher do hospital, fria e conservadora, que se ressente da forma como Gini é capaz de exibir sua beleza e sensualidade e ainda assim ser confundida com uma médica, enquanto ela mesma se vê na obrigação de ocultar tais aspectos para ser levada a sério como profissional. A esposa de Bill Masters, Libby, quer engravidar e passa o dia cuidando de um lar para ninguém; Betty, a prostituta, está disposta a fazer qualquer coisa para ter a chance de viver a vida normal de uma esposa. Um dos temas para o qual *Mestres do Sexo* retorna o tempo todo é a falta de controle que as mulheres da época tinham quanto a suas identidades sexuais; a facilidade como aceitavam ser classificadas e colocadas em nichos; como era normal serem idealizadas ou desvalorizadas, desumanizadas e reduzidas a uma única função dentro desse sistema de controle total. Claro, a piada interna é que todas as personagens da série de alguma forma "desviam" do padrão, ou desejam fazê-lo, ou sentem-se sufocadas pelas expectativas que pairam sobre elas como uma nuvem tóxica. Como diz Bill a Gini em certo momento, 80% das mulheres que vêm a seu consultório acham que são frígidas só porque Freud tinha problemas na cama. Apenas Gini consegue libertar-se disso, e é por isso que algo nela transmite uma sensação de modernidade que chega a ser anacrônica.

*Mestres do Sexo* passa-se no período imediatamente anterior ao momento em que o controle da sexualidade feminina e da reprodução muda do homem para a mulher. O sexo agora pode ficar completamente às claras, mas ainda é definido e controlado por um subconjunto poderoso da elite masculina. Nos últimos trinta anos, os parâmetros do que torna *sexy* as mulheres ficaram mais estreitos, mais rígidos e mais pornográficos, com seu foco em exibição e desempenho. Nancy Jo Sales escreveu um artigo para a *Vanity Fair*, sobre a estética "estrela pornô" e o comportamento das garotas mais jovens nas mídias sociais, observando que a pornografia não significa liberação, mas controle. Quanto mais pornografia, mais controle. "As garotas dizem sentir que devem ser como o que veem na televisão", contou a Sales a diretora de um serviço de aconselhamento para adolescentes. "Elas relatam problemas de imagem corporal e o fato de não terem modelos de comportamento. Todas querem ser como as Kardashian." A disseminação da estética pornô, combinada com a sub-representação de personagens femininas mais multidimensionais, afeta as atitudes, o comportamento e as ideias acerca dos papéis de gênero tanto em garotas quanto em garotos, mas é insidiosa sobretudo em relação à autoimagem das garotas, que absorvem o tempo todo a mensagem de que precisam escolher entre as *selfies* com bico de pato nas mídias sociais ou uma invisibilidade horrenda. Não tenho certeza de onde vem a ideia de que exibições ostensivas de sexualidade são de algum modo "ousadas" ou "iconoclastas", ou que existem fora de uma norma repressiva. Na verdade, é o oposto.

Teria Gini ficado deslocada nos anos 1950? Não sei. Tudo que sei sobre essa época, aprendi em filmes e séries de televisão. É fácil olhar para trás e rir da inocência de uma época em que o sexo ocultava-se por trás de portas fechadas, em especial agora que temos a certeza de que todas as portas foram escancaradas. Mas a maioria das personagens femininas ainda é reduzida a uma única característica bem evidente (a maldosa, a tonta, a romântica, a puta), o que faz com que a personagem de Gini pareça ainda mais moderna, e mais deslocada do que nunca. Ela é complexa e contraditória, uma destruidora de lares compassiva, uma mulher sexualizada que é inteligente. Ainda hoje ela se destaca.

Os programas glamourosos da TV a cabo são a casa que as exibições sexuais ostensivas construíram. Atualmente, não é possível vender uma série de televisão a cabo que não ofereça junto pessoas atraentes e despidas. Parte do interesse de *Mestres do Sexo* reside no fato de ser uma série sobre um período reacionário e pudico, incrustada como uma pérola em meio à lascívia implacável e quase compulsória da paisagem midiática. É interessante ver a questão pelo outro lado, a partir de uma época em que é quase tão comum ofender uma pessoa chamando-a de puritana quanto a chamando de vadia. A ideia de que exibições sexuais ostensivas são ousadas ou iconoclastas é uma noção persistente cujo período talvez tenha, finalmente, começado e terminado. Talvez apenas tenhamos substituído a "dona de casa dos anos 1950" pela "estrela pornô" como símbolo de uma norma repressiva. Dado o ambiente atual, está claro que a maior dificuldade que os espectadores de *Mestres do Sexo* devem superar é imaginar uma época em que o sexo, sob qualquer forma, era um tabu absoluto. *Mestres do Sexo* foi a primeira série de televisão cuja temática era o sexo em si – como as pessoas respondem à estimulação, o que constitui atração e como o sexo é usado para outras finalidades que não a procriação ou o prazer. A observação de desconhecidos fazendo sexo disseminou-se tanto e ficou tão banal, sem mencionar o negócio rentável e influente que se tornou, que o *The New York Times* fez pouco caso diante de uma nova safra de "escândalos" de vídeos de sexo de celebridades, declarando não serem mais escandalosos do que um *release* para a imprensa, e pouco mais eficientes. Como se faz uma série de TV sobre sexo em uma época em que é difícil encontrar algo que não seja sobre sexo, ao menos quando há mulheres envolvidas? *Mestres do Sexo* mostra como. Só porque estamos sempre assistindo a pessoas fazendo sexo, não significa que não possamos aprender alguma coisa também.

# 9

## A Durona

Logo depois da recontagem de votos nas eleições da Flórida, em 2000, meu namorado e eu pegamos um voo para Vero Beach, a fim de passar o Natal com os pais dele. Eles eram idosos, republicanos e, ao contrário de muitos residentes do estado, haviam votado intencionalmente em George W. Bush. Isso poderia ter rendido alguma saia justa à mesa de jantar, mas nos mantivemos nos tópicos seguros durante nossas expedições noturnas aos restaurantes Chili's e Outback Steakhouse. Quando as festas de fim de ano terminaram, eu estava exausta, deprimida e empanturrada. Tudo o que eu queria era retornar à Califórnia, onde poderia voltar a detonar a política republicana Katherine Harris a uma distância segura e comer em restaurantes onde os garçons não eram obrigados a decorar suas falas. No último dia da viagem, no caminho para o aeroporto, paramos em Orlando para visitar o irmão do meu namorado e a namorada dele, uma manicure miúda. Eles sugeriram que almoçássemos na recém-inaugurada cidade falsa de Celebration. Eu me animei. Havia acabado de ver o filme *O Show de Truman* [*The Truman Show*]. Estava com muita vontade de ir.

Celebration era uma comunidade planejada, construída pela Walt Disney Company. Não sei exatamente qual era o plano, mas devia ser bem diabólico. A cidade foi construída de acordo com a visão original de Walt Disney para o que ele chamou de protótipo experimental da comunidade do futuro (em inglês, *experimental prototype community of tomorrow*, ou EPCOT), que no fim acabou sendo mais um protótipo experimental da comunidade do passado – a versão temática e higienizada de uma cidade pequena americana, de um tempo que não existiu. A coisa mais estranha nesse lugar era que parecia ter sido expurgado de qualquer marca ou propaganda, exceto, é claro, as alusões constantes à Disney – a marca dentro da qual os residentes habitavam. Celebration era, mais do que um lugar, uma ideia manifestada: a ideia de transferir toda a sua existência para uma fantasia controlada, sem atritos, onde o tempo podia ser negado e o mundo, refeito para moldar-se aos valores da marca. Celebration era uma celebração do medo sublimado em nostalgia, a saudade de uma época que jamais existiu, quando nada era confuso. Tudo era muito ficção especulativa de uma ideologia totalitária superassustadora, exceto que não era ficção. Depois do almoço em um restaurante cubano iluminado e colorido, onde tomei um mojito do tamanho de um regador, saímos para o sol ofuscante da Flórida, e fomos pegos de repente por uma nevasca *fake* pré-programada, acompanhada pela música de Natal que saía de alto-falantes. Ah, claro, hoje em dia ninguém nem liga. Claro, hoje em dia, perto do Natal, combino com meus amigos de ir jantar e curtir a neve *fake* no Grove, um shopping a céu aberto em Los Angeles, porque as crianças gostam. Mas, naquela época, talvez porque estivesse meio alta e de fato empolgada para tomar o avião, algo aconteceu, e me senti ceder como se fosse manteiga ao prazer fácil, manipulado e patologicamente desonesto daquela experiência.

\*

Talvez eu esperasse demais da vida. Talvez uma imitação de inverno, de neve, de uma cidade, de um restaurante cubano, de uma eleição, de uma democracia e de um presidente devesse ter sido suficiente. Talvez eu devesse ter agradecido pelas coisas boas e afastado os maus sentimentos, mas as coisas de repente deram uma guinada para pior quando voltamos à casa do irmão de meu namorado para pegar algumas armas, e sentei-me no assento de trás da SUV, como uma adolescente emburrada, ouvindo Rush Limbaugh* vociferar no volume máximo enquanto a euforia provocada pelo coquetel se esvaía. De repente, eu não sabia quem eu era ou como havia chegado àquele lugar estranho – não apenas a Flórida, mas tudo o mais. O que estava fazendo aqui? Poderia estar aqui e ainda ser eu mesma? Quem era eu? Quando chegamos ao estande de tiro, eu estava às voltas com uma profunda crise de identidade; segundos depois de pôr os pés lá dentro, caí no choro, corri para a porta de saída e passei o resto da tarde sozinha no banco traseiro do carro, lendo Jane Austen.

Mais tarde, no avião a caminho de casa, me peguei divagando: se essa história tivesse sido uma cena de filme e eu fosse a heroína, poderia ser considerada uma "personagem feminina forte"? Caso a resposta fosse negativa, então o que eu era? O que uma heroína durona faria em uma situação como esta? Soltaria uma frase espirituosa enquanto dava um tiro no rádio do carro? Revelaria um talento oculto para artes marciais ao saltar por cima do balcão do estande de tiro, esmurrando o cara das armas até ele virar purê? O que ela estaria usando, sapatos baixos ou de salto? Ou chinelos de dedo?

Eu não me sentia forte. Com trinta e poucos anos, não sabia para onde minha vida estava indo. Tudo parecia de certa forma falso, arbitrário, como se estivesse vivendo um simulacro da vida que gostaria de levar, mas que não tivesse competência para ter. Em meu trabalho, eu estava acompanhando e resenhando vários *reality shows* – as primeiras crônicas sobre *Big Brother*, *Temptation Island* [Ilha da Tentação], *Chains of Love* [Correntes do Amor] e coisas assim. Resenhei um *reality* da FOX, um especial com duas horas de duração chamado *Who Wants to Marry a Multi-Millionaire* [Quem Quer se Casar com

---

\* Radialista de direita, radicado na Flórida, com enorme audiência, e acusado de propagar notícias falsas. [N. T.]

um Multimilionário], que consistiu em um concurso de beleza no qual um grupo de mulheres disputava um marido rico, que jamais tinham visto. A vencedora, uma enfermeira que trabalhava em um pronto-socorro, casou-se com ele no palco. No fim, o marido rico não era tão rico assim e seu histórico não havia sido devidamente checado pela produção, e o casamento logo foi anulado. Suponho que a enfermeira tenha voltado a trabalhar – salva uma vez mais, agora de um vilão de verdade, e não de uma vida perfeitamente boa.

O filme *As Panteras* [*Charlie's Angels*] estreou pouco depois, naquele mesmo ano. Era um pastiche muito divertido de uma de minhas séries favoritas de infância. Era também uma correção das "personagens femininas fortes" dos anos 1980 e 1990. Durante minha infância, adolescência e juventude, as heroínas de ação (com a notável e gloriosa exceção de Goldie Hawn, em *A Recruta Benjamin*) haviam sido representadas como mulheres cheias de problemas, seguindo o modelo de Jordan O'Neill, de *Até o Limite da Honra* [*G. I. Jane*], interpretada por Demi Moore – cheias de raiva sublimada, canalizada para a violência. Parecia que todas elas ou não tinham filhos, ou o filho tinha morrido, ou algo horrível tinha acontecido com o filho – eram todas tristes. A força delas precisava ser explicada desta forma: privadas de sua realização maternal, todas viravam macho. Não dava para ficarem por aí combatendo o crime ou explorando o espaço ou seja lá o quê, sem explicar onde diabos estavam os filhos delas. Não dava para mostrá-las *curtindo*. Não dava para mostrá-las correndo por aí de maiô sem terem os músculos definidos, como *Mulher-Maravilha* [*Wonder Woman*] ou *As Panteras*, nos anos 1970 – pelo menos não a sério – e dar-se bem. Assim, o filme *As Panteras* fez isso como comédia. Esse filme nos deu a durona pós-feminista, a heroína pastiche.

Como Celebration, *As Panteras* tornava seguro ter saudades dos problemáticos velhos tempos, ao privá-los de seu contexto. Transformadas em um pastiche dentro de um vácuo social e político, Cameron

Diaz, Drew Barrymore e Lucy Liu permitiam-nos curtir as controversas heroínas de ação da infância delas e da nossa, de uma forma irônica e, portanto, livre de problematização. Era comentário e mais comentário em cima de comentário, uma representação desconcertante, tal qual um jogo de espelhos, da clonagem cultural que àquela altura estava no auge. Refilmagens têm mais a ver com clonagem do que com cópia. Como a clonagem, um *remake* envolve induzir uma ideia a achar que ela foi fertilizada. Mas a ideia não é nova, e sim antiga. Ela foi reproduzida várias vezes. Seus telômeros foram se degradando com o passar do tempo.[*] O novo filme não é um gêmeo idêntico do original, que surgiu em um contexto temporal para sempre desaparecido. É um produto do momento atual, com toda a experiência que isso carrega. Geneticamente, é um adulto. Não pode desaprender o que aprendeu. Fingir não saber torna-o suspeito.

Ao contrário das personagens da série de televisão original, ou das heroínas de algum romance de Jane Austen, as garotas duronas, *sexy*, autoconfiantes e inabaláveis de *As Panteras* são ao mesmo tempo altamente destruidoras e aparentemente indestrutíveis. São garotas que foram desconectadas da história, do tempo e do espaço. Nesse vácuo a-histórico, as consequências não existem. Não há causa e efeito, e ninguém liga para eles (é o que inferimos), pois preocupar-se com consequências, e mesmo admitir a existência de coisas como os fatos e a realidade, é coisa de otários (o presidente confirmaria isso sem demora). O lado bom é que pelo menos as heroínas de *As Panteras* se divertiram juntas, como amigas. Pelo menos tiveram aventuras, mesmo que fossem totalmente fantasiosas. No ano seguinte, a garota mais desconectada de um contexto foi *Lara Croft: Tomb Raider*, um dos primeiros filmes baseados em um *videogame*. A garota durona chutava

---

[*] Telômeros são estruturas que existem na extremidade dos cromossomos, que vão se perdendo a cada divisão celular, limitando o número de vezes que as células podem se dividir e determinando o inevitável término da capacidade regenerativa do organismo, a velhice e por fim sua morte. [N. T.]

bundas no vácuo – ela chutava bundas teóricas. Era a garota excepcional, aquela a quem as regras não se aplicam, aquela que não é uma pessoa, mas uma ideia.

A frase *reality-based community*\* somente seria cunhada dali a três anos, quando, depois do atentado de 11 de setembro de 2001, o presidente Bush sugeriu que todos os americanos saíssem para fazer compras e programassem suas férias na Disneylândia. Mas fica evidente que já estávamos vivendo em um mundo onde a realidade discernível já era difícil de localizar, sobretudo nas telas. Se *Flashdance* introduziu a estética do videoclipe (puro estilo) no cinema, então *As Panteras* transformou os filmes em um comercial (tudo eram referências, tudo eram associações, tudo era eco). Era uma nova realidade criada a partir dos cromossomos enfraquecidos de realidades passadas, descontextualizada, expurgada de problemas, idealizada e des-historicizada. Éramos tão sofisticados. Tão pós-modernos. Tão acima de tudo. Como diria Karl Rove, chefe da Casa Civil na presidência de George Bush, ao *The New York Times*: "Somos um império, agora, e quando agimos, criamos nossa própria realidade. E enquanto você está estudando essa realidade – cuidadosamente, como sempre –, nós agimos de novo, criando outras novas realidades". *Cuidadosamente, como sempre, seus idiotas.*

Em uma entrevista concedida à revista *New York* em 2013, o roteirista Damon Lindelof falou sobre a entropia que aflige os filmes de Hollywood, agora que os orçamentos se tornaram tão gigantescos que exigem efeitos especiais colossais e consequentemente "personagens extraordinárias que possam brandir tais efeitos". É uma questão de proporcionalidade. Qualquer coisa que não adquira um tamanho monstruoso e seja blindada contra os caprichos do mercado por um campo de força de puro gigantismo, por comparação parecerá fraca,

---

\* "Comunidade baseada na realidade", rótulo que se aplica, nos EUA, a pessoas que fazem julgamentos políticos calcados na realidade atual. [N. T.]

diminuta e condenada ao fracasso. Lindelof chamou a isso "gravidade da história", atribuindo a esse aspecto a distorção de tudo, desde a trama até as personagens. "É quase impossível, por exemplo, não ter uma cena final na qual o destino do mundo livre está em jogo", disse ele.

As apostas cada vez mais elevadas (*"Os Vingadores* [*The Avengers*] não vão salvar Guam, eles têm que salvar o mundo", foi o exemplo dado por Lindelof), em conjunto com o costumeiro senso de moral e história incontestáveis, têm como efeito o amortecimento dos *blockbusters* contemporâneos. As personagens são reduzidas a tipos – o herói, o vilão, a garota – e situadas em um dentre vários cenários intercambiáveis entre si para interpretar a mesma história, uma vez após a outra. Assistir a esses filmes é como ser acertado na cabeça, de novo e de novo, por uma ideologia monolítica obcecada com o exercício de sua bondade e de sua superioridade moral. Isso também reprograma seu cérebro. É a história que nos contam uma vez após a outra: por pior que fiquem as coisas em termos de ecologia, finanças, corporações, saúde pública ou desigualdades, nossa excepcionalidade, materializada como um "sujeito normal", instigado e moralmente enfurecido em proporções míticas, vai nos salvar. E é necessário que o espectador pense em si mesmo como um "sujeito normal", o centro indiscutível do universo, para contar a história dessa história sem comprometer seus objetivos, levando tudo a sério.

A diferença entre a forma como a ideologia costumava funcionar e a forma como funciona hoje é, de acordo com Slavoj Žižek, que antes costumávamos aceitá-la pelo que parecia ser. Hoje, nossa ingenuidade foi substituída por uma percepção cínica – o que ele chama de "paradoxo da falsa consciência esclarecida".[1] Vemos o abismo entre a realidade e a representação distorcida da realidade, e compreendemos a mentira que esta nos conta. Não renunciamos a ela, apenas notamos que a estamos notando. Zombamos dela. Em seu livro *The Rise of En-*

*lightened Sexism*, Susan J. Douglas fala sobre uma mudança similar ocorrida no feminismo. Se você cresceu nos anos 1970 e 1980, então pensa em si mesmo como vivendo em um mundo pós-feminista. Você resolveu o problema de viver em um mundo sexista que fingia não ser mais sexista, ao notá-lo entre aspas e não ligar para isso, ao distanciar--se e não lhe dar atenção, como se fosse tudo uma piada, ou irreal. Mas ele não era.

A entrevista com Lindelof é um exemplo perfeito desse complexo ajuste mental em ação. Não menos do que cinco vezes, ele fez alusão à sua percepção dos problemas inerentes a essa forma de contar histórias e a sua incapacidade de fazer qualquer coisa a respeito. "Ultimamente, porém, tenho sentido – mesmo sendo um fornecedor disso – alguma aversão por essa orgia de destruição que surgiu no verão passado e tornou-se bem descarada", disse Lindelof. "E, uma vez mais, declaro-me culpado das acusações. É difícil não fazê-lo, sobretudo porque um filme, se executado de forma correta, dá a impressão de que está num crescendo." Ele disse que essa "orgia de destruição" é quase inescapável: "Uma vez que você gasta mais de cem milhões de dólares em um filme, você tem que salvar o mundo. E com esse ponto de partida, você fica limitado em termos de como fazê-lo. E, de muitas formas, você pode virar um escravo dele".

Lembrei-me da entrevista com Lindelof recentemente, enquanto assistia ao filme *Gravidade* [*Gravity*], com direção de Alfonso Cuarón, maravilhoso em termos de técnica, mas sem peso emocional e que, apesar do verniz sentimental, logo descamba para a ação alucinada, implacável, do tipo "uma desgraça atrás da outra" que estávamos esperando. Em uma missão espacial de rotina com o astronauta veterano Matt Kowalsky (George Clooney), a nave sofre avarias e a doutora Ryan Stone (Sandra Bullock) acaba sozinha no espaço. Nos primeiros minutos do filme, em uma cena com Kowalsky, destinada a apresentar a personagem, é revelado que Ryan teve uma filha, que morreu, ainda criança, em um estranho acidente no *playground*; isso fez com que ela se desconectasse do mundo.

Eu esperava que *Gravidade* fosse uma meditação sobre a existência. Achei que Clooney ficaria em comunicação com Bullock durante todo o filme, levando a alguma exploração existencial, a algum vislumbre libertador. Não sei por que imaginei isso. Devia ter esperado um enredo de corrida de obstáculos, com a alternância monótona entre avanços e retrocessos, como um jogo de futebol. Em *Perdido em Marte* [*The Martian*], o personagem de Matt Damon, Mark Watney, também é atingido por lixo espacial e fica perdido no espaço, e supõe-se que todos nos preocupemos com ele e gostemos dele mesmo que não tenha família e nem uma história pregressa, porque ele não requer qualquer justificativa. Ele é uma pessoa, e nós nos importamos incondicionalmente com as pessoas. Mas o detalhe da criança morta parecia indicar que não nos importássemos com a personagem Dra. Ryan Stone, de *Gravidade*, uma mulher na casa dos 40 anos, caso ela não tivesse uma tremenda forma física e ao mesmo tempo uma história trágica de maternidade. Precisava haver uma criança, e essa criança tinha que estar morta. De que outra maneira poderíamos aceitar o fato de essa mulher estar flutuando no espaço, tão longe de casa?

Ver Ryan (o nome masculino indica que tudo bem gostar dela, confiar nela e respeitá-la, e, sabe, *identificar-se* com ela) lutando para superar obstáculos impossíveis sozinha na verdade não me fez me sentir bem. Não fez com que me sentisse empoderada. Não me identifiquei, talvez exceto quanto à solidão e à insignificância, e quanto à frieza e à crueldade do mundo à volta dela (mas havia de fato um mundo? Ela não tinha nenhum contexto). Não me fez sentir nada, fora ter ficado um pouco ansiosa e contraída, porque aquela mulher não é nada mais do que um Jó sofrendo no espaço. Quero dizer, é uma porrada atrás da outra. As calamidades que ela enfrenta são bíblicas.

Eu estava esperando que viesse uma praga de furúnculos. Quando ela nada até a superfície do mar no fim do filme, eu meio que achei que ela ia enfrentar e derrotar, desarmada, um tubarão faminto, ou quem sabe um cardume inteiro deles, tipo *Sharknado*. Não me impressionei com essa *performance* ritualística de individualismo férreo e isolamento emocional contra o mundo. Estou cansada das mesmas batalhas binárias entre o bem e o mal. Estou cansada de alegorias fascistas; elas me esgotam. Não aceito que me digam repetidas vezes que até mesmo nossa sobrevivência básica em um universo imenso, gelado e indiferente depende 100% de nós mesmos e de nossos bíceps. Que até mesmo George Clooney torna-se um peso morto quando Sandra Bullock iça a si mesma pelos cabos de seu paraquedas, totalmente só no universo, volta ao interior de sua cápsula útero e retorna à Terra.

Eu não esperava que todos esses pensamentos e sentimentos viessem à tona enquanto assistia a *Doll & Em*, uma pequena série de TV sobre duas inglesas nos EUA, mas foi exatamente o que aconteceu. Escrita por Emily Mortimer e Dolly Wellls, melhores amigas na vida real, a série é de várias maneiras sobre os efeitos alienantes que a "gravidade da história" exerce sobre as mulheres da vida real e até sobre as estrelas de cinema. É o oposto estético e ético de *Gravidade*. Tudo nessa série é pequenino: os momentos, o que está em jogo, os diminutos deslizes e mal-entendidos que desencadeiam cataclismos emocionais – a maioria dos quais, claro, é reprimida. Na primeira temporada da série, a garçonete Doll termina com seu namorado em Londres e é convidada por Em, uma atriz de cinema, a mudar-se para Los Angeles e tornar-se sua assistente pessoal, no filme em que está trabalhando. A ideia é péssima, claro; não apenas porque Doll e Em cresceram juntas em circunstâncias estranhamente similares (uma é quase um reflexo da outra), mas porque o desequilíbrio de forças é grande demais. Em tem "tudo": marido, dois filhos, casa e uma carreira artística bem-sucedida; Doll não tem "nada": não tem marido, filhos, sucesso ou casa.

E, no entanto, algo estranho acontece quando Doll se junta a Em em Los Angeles, no *set* de um filme idiota em que ela é dirigida por um diretor jovem demais, que trata Em, que tem 40 anos, como lixo: o desequilíbrio de forças é insustentável, e começa a extravasar como ressentimento, inveja, agressão passiva e sabotagem explícita. Em *Doll & Em*, Emily tem dificuldade em lidar com o papel de uma "mulher forte", a quem o diretor descreve como "a versão feminina de *O Poderoso Chefão* – a mulher mais forte de todas!". Em uma cena em que precisa chorar, ela não consegue, embora, como diz a Dolly, na vida real chore todos os dias. Ela não consegue identificar-se com o papel de maneira alguma, sentindo-se completamente alheia a ele. Dolly responde demonstrando sua incrível capacidade de chorar quando quer, pensando em alguma outra coisa; e Em é obrigada a elogiá-la. A incapacidade de Em para conectar-se emocionalmente com o papel idiota, em conjunto com o óbvio desprezo de seu diretor pretensioso, aos poucos acaba com a confiança dela. O problema é que "ficam o tempo todo lhe dizendo como é maravilhoso que ela interprete aquela mulher forte e como são tão poucos os papéis de mulheres fortes", disse Emily Mortimer em uma entrevista. "É um papo tão clichê em nosso meio. 'Puxa, é uma oportunidade e tanto interpretar essa mulher forte!' Era divertido para nós que, quanto mais lhe dissessem que tinha muita sorte, mais aterrorizada Em ficava por não ser forte o bastante para o papel de mulher forte." Essa força ficcional só faz com que a mulher real que a interpreta sinta-se tola e fraca.

Aqui estava uma história com a qual eu podia me identificar. Naquela época fazia tempo que eu já estava cansada de "personagens femininas fortes". Estava cansada da forma como a força feminina era feita para parecer fria e sem humor; a forma como era caracterizada como diferente, "artificial" e sempre solitária e excepcional. Estava cansada da sensação sombria de tragédia que espreitava sob sua superfície. As "personagens femininas fortes" nunca eram engraçadas e também nunca se divertiam. Na maioria das vezes eram celibatárias, desprovidas de amigos e clinicamente depressivas. Sua devoção monomaníaca à luta contra o crime tornava-as rijas, rabugentas e impacientes. É claro que elas tinham seus próprios interesses pessoais: eram noivas vingadoras, assassinas de expressão insondável, ninjas soturnas avessas a compromissos. Quem eram tais personagens? O que tentavam nos dizer? Por que nunca se despediam ao desligar o telefone? E por que estavam sempre renascendo ou tornando-se máquinas de matar depois de perder tudo o que amavam?

Talvez por ter dado à luz não estou muito ansiosa para reviver a experiência, e nem disposta a carregá-la com metáforas. Sou indiferente a imagens de renascimento, a menos que o que renasça seja o sistema como um todo. Não quero ver outra mulher simbólica começando tudo de novo. Quero ver o mundo simbólico mudando para reconhecer a existência dela. Não quero ver uma garota passar por uma transformação do visual ou sair às compras com o cartão de crédito do namorado. Eu quero ver a Estrela da Morte explodir – metaforicamente, é claro.

# Parte Três

# Você não Teria Vindo para Cá

"*Naquela* direção vive um Chapeleiro", disse o Gato, acenando com a pata direita. Em seguida, acenou com a pata esquerda, "e *naquela* direção mora uma Lebre de Março. Visite quem você preferir. Os dois são loucos."

"Mas não quero ter contato com gente louca", protestou Alice.

"Ah, mas você não pode evitar", retrucou o Gato. "Somos todos loucos aqui. Eu sou louco. Você é louca."

"Como você sabe que sou louca?", perguntou Alice.

"Deve ser, ou não teria vindo para cá", respondeu o Gato.

– Lewis Carroll, *Alice no País das Maravilhas*

# 10

## Donas de Casa Surreais

EM 2000, A ESTUDIOSA FEMINISTA DE CINEMA E DE TELEVISÃO Charlotte Brunsdon publicou o livro *The Feminist, the Housewife, and the Soap Opera*, um relato histórico da obsessão das feministas teóricas da segunda onda pelas telenovelas. Em entrevistas com conceituadas acadêmicas, ela perguntou por que as críticas feministas da década de 1970 tinham tanto interesse no gênero. O consenso foi de que as novelas "eram percebidas como sendo para e sobre mulheres", e as feministas as estudavam como parte de "um esforço para conhecer o inimigo". Naqueles dias, o que era pessoal de repente virou político, e as telenovelas ajudavam as feministas a definir-se como oposição a "um outro imaginado, a esposa que assistia a telenovelas".[1] Mais de trinta anos depois, essas veneráveis figuras – a feminista raivosa e a dona de casa feliz – continuam presas na mesma jaula semiótica embolorada, ao menos na imaginação popular.

Cada nova geração de mulheres, sejam feministas ou donas de casa, parece ser impelida pela cultura pop a renegar suas ancestrais e declarar-se como um fenômeno inédito, nunca antes visto, completamente diferente do que havia no passado, em todos os sentidos. As "donas de casa" dos anos 1970 deram lugar às "construtoras de lar" de Martha Stewart\* dos anos 1980, e então às "mães torcedoras" dos anos 1990, e então às mães caseiras dos anos 2000. As próximas podem ser as educadoras domiciliares do iminente pós-apocalipse – vai saber. O

---

\* Apresentadora extremamente popular de programas femininos e de variedades. [N.T.]

aspecto significativo é que o ciclo de idealização, desvalorização e revisão dá uma aparência de avanço, de mudança superficial, que desvia nossa atenção do quadro mais amplo. Em si, a expressão *dona de casa* passou de uma conotação servil à evocação do privilégio de dedicar-se ao cuidado da casa e de si mesma em período integral. Odiamos a dona de casa, mas amamos sua repaginação moderna – agora com significados novos e mais complexos! Se "a esposa de Stepford" era a "verdadeira mulher" vitoriana de meados a fins do século XX, o filme *Esposas em Conflito* nos deu permissão para repaginá-la e vilipendiá-la como a "esposa perfeita" da "década do eu", e atribuir-lhe toda a responsabilidade por ter escolhido devotar-se à perfeição doméstica. Quando o rótulo "esposa de Stepford" foi adicionado ao vocabulário, já tinha mudado totalmente de significado. Não era mais uma esposa assassinada substituída por um robô, mas uma mulher simples e conformista que escolhe transformar-se em um autômato e que merece o que lhe acontece. Três décadas depois do lançamento da versão original, *Esposas em Conflito* teve um *remake* que a corrigiu, com o título de *Mulheres Perfeitas*. Na nova versão, não é o casamento que anula a humanidade das mulheres, transformando-as em robôs, mas sim o trabalho. O vilão patriarca Diz, líder da Associação dos Homens, é agora uma mulher: uma ex-neurocirurgiã e engenheira, interpretada por nada mais nada menos que a ameaça favorita de Hollywood, a mulher de carreira enlouquecida pela solidão, Claire (Glenn Close), que o marido trocou pela própria assistente dela, e que por isso jura promover o retorno a uma época, como diz Claire: "antes das horas extras, do *quality time*, antes de que as mulheres se convertessem em robôs".

Pode ser fácil esquecer que a onipresente franquia *Real Housewives* surgiu de um renascimento do estilo dona de casa, desencadeado pelo há muito extinto *Desperate Housewives*, que por sua vez surgiu em 2004, depois que Frank Oz dirigiu *Mulheres Perfeitas*. Dado o conservadorismo extremo do momento, não é surpresa que a série – ou, talvez de forma mais precisa, o meme cultural no qual estava calcada – tenha tocado num ponto culturalmente tão sensível que a então primeira-dama dos EUA, Laura Bush, fez uma piada sobre ela no jantar dos correspondentes da Casa Branca, em 2005: "Às nove da noite, o senhor Diversão aqui está num sono profundo e eu estou assistindo a *Desperate Housewives*. Com Lynne Cheney.* Senhoras e senhores, eu sou uma dona de casa desesperada".

Naquela época, a frase "donas de casa desesperadas" havia sido reapropriada fazia pouco tempo, e ainda trazia em si o choque do significado pejorativo original. Ou talvez *Real Housewives* seja o legado de telenovelas dos anos 1980 como *Dinastia [Dynasty]* e *Dallas*. O produtor Scott Dunlop queria fazer um filme sobre Coto de Caza, o exclusivo condomínio fechado onde ele morava, no condado de Orange, na Califórnia, quando lhe ocorreu que a subcultura das donas de casa do local renderia o *reality show* ideal. Embora o realismo da versão original do condado de Orange fosse construído de caso pensado por suas estrelas, estava presente ali a semente de algo orgânico – o fato é que o canal Bravo esbarrou por acaso em *Real Housewives*, que virou um sucesso.

As donas de casa estão tão distantes da vida doméstica que algumas sequer são casadas. Sejam solteiras, casadas ou divorciadas, trabalhem ou criem os filhos, tenham enriquecido por casamento ou por esforço próprio, o que faz com que se orgulhem é sua capacidade de se fazerem passar por mulheres ricas, de não precisarem trabalhar e de mecenato indulgente. As "verdadeiras donas de casa" preenchem seus dias com compras, cuidados com a beleza, almoços, brigas e autopromoção. O que não fazem é o trabalho doméstico, embora algumas se ofendam diante de insinuações de que contratam funcionários para administrar

---

\* Esposa de Dick Cheney, vice-presidente dos EUA na época. [N.P.]

seu lar e fazer o trabalho pesado. Mesmo supondo que seu público-alvo seja formado sobretudo por mulheres casadas, a intelectual feminista e a dona de casa que assiste novelas já não estão diametralmente opostas. No mínimo, a consumidora contemporânea de *reality shows* sabe que aquilo que está vendo é uma encenação baseada no tema da dona de casa, que está sendo apresentada a serviço de uma marca pessoal. As "verdadeiras donas de casa" têm tanto em comum com June Cleaver, de *Leave It to Beaver*, quanto esta tinha em comum com Cleópatra.

Os *spin-offs*, porém, não têm o mesmo sabor de "achado". Eles são construídos de forma muito mais deliberada. O ponto fundamental de tais programas era a capacidade das participantes de casarem "bem", e alguns dos *spin-offs* mais recentes dão uma sensação mais artificial, menos antropológica.

Ao longo das diversas versões, as "verdadeiras donas de casa" reiteravam sua recusa a aceitar o ideal feliz da moderna dona de casa, como se estivessem quebrando a lei ao passar o dia bebendo, brigando e fazendo compras. Elas exibiam com orgulho sua incompetência na cozinha (por exemplo, quando Adrienne Maloof, de *The Real Housewives of Beverly Hills*, lavou um frango com sabonete), seu desinteresse pelo sexo (como quando Lisa Vanderpump brincou que o sexo era um presente que ela dava ao marido duas vezes por ano) ou sua paciência limitada com os filhos (como Camille Grammer, que usou uma barriga de aluguel para dar à luz seus filhos). Algumas, como Camille, faziam questão de tratar os empregados como amigos queridos e seus amigos queridos como empregados, enquanto outras, como Larsa Pippen, gabava-se ante as amigas de seu profundo ódio pelas babás e a necessidade compulsiva de despedi-las. Os tabloides expunham suas vidas como farsas o tempo todo, enquanto elas continuavam a desconstruir a mística feminina, reconstruindo-a para a Novíssima Era Dourada (Era Dourada III: Mais para Mim). Elas vendiam seus estilos de vida como marcas. Quando injustiçadas, tornavam-se a personificação mais perfeita da dor. Desmoronavam em público e definhavam na frente de todos. Elas sofriam com requinte.

Nos anos 1970, quando as mulheres sobre as quais Charlotte Brunsdon escreveu estavam ocupadas criando uma nova ideia de si mesmas, uma mulher de classe média devia resistir para não se tornar dona de casa por descuido. Hoje, em lugar da resistência ativa para não cair no casamento tradicional e no papel de dona de casa, é muito mais provável que o curso natural das coisas leve a jovem feminista (mesmo que não tão jovem, ou não tão feminista) a não assumir esse papel. Atualmente há duas vezes mais mulheres na faixa dos 40 anos que não tiveram filhos do que havia em meados dos anos 1970. Em muitos casos, as "verdadeiras donas de casa" parecem ter-se tornado, parafraseando Gloria Steinem, as mulheres com quem teriam se casado os homens que elas gostariam de ter como maridos, se a coisa toda não tivesse dado errado.

Para as mulheres que integram esse grupo, é a designação retrô "dona de casa" – desvinculada das implicações de serviço doméstico e de maternidade, e com as conotações de preguiça e vulgaridade amplificadas – que lhes confere um *status* perverso e permite-lhes entrar nessas olimpíadas televisivas de Quero-Ter-Tudo. Essas são as donas de casa de Thorstein Veblen, mulheres cuja função é ostentar excessos em nome do *status* de seus maridos, mesmo quando os maridos são menos ricos, ou menos famosos, ou nem vêm ao caso. Capacitações não são necessárias, mas sentir vergonha não é admitido. Eis como a coisa funciona. Um grupo de mulheres altamente competitivas e muito confusas deve enfrentar-se entre si em cinco eventos: dinheiro, juventude, beleza/corpo, marido e carreira glamourosa. Para participar, uma dona de casa deve satisfazer pelo menos três dessas categorias. Ela não precisa ter todas para vencer, mas isso ajuda. Algumas categorias prevalecem sobre as outras. Por exemplo, o dinheiro prevalece sobre a beleza, e marido prevalece sobre trabalho glamouroso. Filhos e marido também prevalecem sobre trabalho – a menos que o processo para adquiri-los leve a um programa próprio. Cada programa inclui ao menos uma provocadora agressiva cuja função é instigar os ciúmes e a paranoia e forçar o surgimento de conflitos entre as participantes. Tudo o que é de fato necessário para ser uma "verdadeira dona de casa" é sentir orgulho de seus privilégios, seu ócio, sua extravagância e sua disposição a descambar para o melodrama sempre que possível. Não dá para vencer, a menos que alguém perca.

Como produto, o programa não é muito diferente daquilo que as "verdadeiras donas de casa", descendentes de Julia Child* e, mais diretamente, de Martha Stewart** na TV a cabo, estavam vendendo. A única diferença é que ele não foi planejado para fazer você sentir-se mal por sua incompetência, ou falta de jeito, ou carência de criatividade ou escassez de tempo para fazer qualquer coisa além do mínimo necessário na esfera doméstica. Em outros canais do Bravo, como o Food Network e o Cooking Channel, este mais estiloso, uma nova geração de Nigellas*** está voltada para os prazeres sensuais e comunitários de cozinhar em casa – da mesma forma como, no universo da TV a cabo, uma nova geração de artesãos, jardineiros, decoradores e adeptos do "faça você mesmo" mostram variadas versões de como seria passar o dia dedicando-se ao ambiente doméstico. Esses programas voltam-se para um conjunto de fantasias completamente diferente: por exemplo, a fantasia de que existe uma esfera doméstica agradável e amorosa que necessita de cuidados; a fantasia de que, depois do trabalho, das horas no trânsito e das tarefas comuns, sobram tempo e energia para flanar por sua bela cozinha, mergulhando os dedos manicurados em tigelas de chocolate ou batendo mini *crème brûlées* para visitas inesperadas; a

---

\* *Chef* de cozinha, autora de vários livros e apresentadora de televisão, muito popular nos EUA, falecida em 2004. [N. T.]

\*\* Apresentadora de televisão e empresária norte-americana. [N.P.]

\*\*\* Referência a Nigella Lawson, *chef* de cozinha, apresentadora de televisão e jornalista britânica. [N. T.]

fantasia de que sequer possam existir visitas inesperadas que apareçam e exijam *crème brûlée*.

As "verdadeiras donas de casa" não se parecem nada com essas pessoas. Não são graciosas, talentosas ou serenas. Não se comportam com desenvoltura, nem exibem elegância sob pressão. Não têm dicas domésticas para compartilhar, dicas para fazer as crianças comerem legumes ou para economizar no mercado. Nunca vão fazer você se sentir mal por sua falta de perfeição doméstica. O que elas vendem é a ideia de que podem virar-se melhor, ou pelo menos com mais facilidade, do que você – mesmo que na verdade não mereçam. Essa apropriação do termo *dona de casa* pode ser um tanto irônica, mas de forma alguma é elogiosa. Tenham ou não percebido a autoparódia, o intuito delas não é servirem de modelo ou serem admiradas, mas serem invejadas e desprezadas.

É interessante como a cultura pop repaginou a vida doméstica como lúdica e lucrativa, especialmente levando em conta que ainda não há uma solução para o trabalho feminino não remunerado (também conhecido como "segundo turno"). Ao contrário, há provas conclusivas de que ele é o principal obstáculo à progressão das mulheres em suas carreiras. Uma pesquisa feita entre os alunos da Escola de Negócios de Harvard, publicada na *Harvard Business Review*, revelou que uma proporção maior de mulheres deixava de alcançar o objetivo que tinha sido estabelecido aos 20 anos, não por terem decidido largar tudo, mas por terem priorizado a carreira do marido. Os pesquisadores descobriram que "os alunos de MBAs de Harvard valorizam a realização profissional e pessoal, mas sua capacidade de alcançá-la varia muito de acordo com o gênero".[2]

Ao se formarem, mais de 70% dos alunos homens da instituição pertencentes à geração X ou aos *baby boomers*[*] disseram esperar

---

[*] A geração X compreende as pessoas nascidas entre 1965 e 1979, os *baby boomers* são as pessoas nascidas entre 1944 e 1964. [N. T.]

que sua carreira tivesse preferência ante a carreira de suas parceiras, e apenas 7% das mulheres da geração X e 3% das *baby boomers* esperavam que sua carreira viesse em primeiro lugar. As mulheres, em sua grande maioria, esperavam um casamento igualitário, no qual ambas as carreiras fossem levadas igualmente a sério. As expectativas foram frustradas. No fim, cerca de 40% das mulheres da geração X e das *baby boomers* pesquisadas disseram que a carreira de seus maridos acabou tendo prioridade, mesmo que apenas cerca da metade dessas mulheres tivesse planejado colocar sua carreira em banho-maria. As estatísticas de criação dos filhos mostram um quadro ainda mais desigual: 86% dos homens da geração X e dos *baby boomers* pesquisados disseram que suas mulheres eram responsáveis pela maior parte da criação dos filhos. Entre as mulheres formadas na Escola de Negócios de Harvard e empregadas, 65% das nascidas na geração X e 72% das *baby boomers* disseram serem as principais responsáveis pela criação dos filhos.

Toda a franquia *The Real Housewives* baseia-se na suposição de que todos carregamos uma dose considerável de desprezo por tais pessoas. Não somos apenas condicionados a não sentir qualquer empatia pela personagem da dona de casa, como somos constantemente relembrados a não senti-la. As *Real Housewives* nunca merecem nossa empatia porque não são pessoas reais ainda que, de algum modo, suas histórias de desespero continuem sendo produzidas e desqualificadas. Ou talvez o adjetivo "real" refira-se à sua natureza verdadeira e essencial, e tenha sido concebido para difamar suas próprias heroínas, como sendo ornamentais, parasíticas, venais. De qualquer modo, elas são construídas para serem odiadas. E ainda, de forma irônica, como escreveu Laura Miller em seu ensaio "The Resurgence of the Housewife Novel", publicado pela revista *Slate*, em 2016, "ter tanta sorte em termos materiais, que você não tem permissão para ficar descontente, acaba sendo apenas mais um modo de ser engolida por seu papel social".

Os *spin-offs* de *The Real Housewives* (que adoro e que resenhei durante anos!) são ringues onde as ideias sobre como as mulheres deveriam viver – o que deveriam fazer, como deveriam definir sua própria identidade, como deveriam ser julgadas – se apresentam como as mais baixas, mais extremas e mais performáticas possíveis. E as próprias "verdadeiras donas de casa" são a materialização de tudo o que é impossível de compatibilizar nas mulheres. Talvez a disposição das mulheres para transformar em encenação estilizada, para benefício próprio, tudo aquilo que nos condicionaram a esperar ou a rejeitar com relação ao ideal feminino, constitua algum tipo de avanço – para elas, de qualquer modo. Para o resto de nós, simbolicamente, não ajuda muito. As pessoas que fazem esses programas não são idiotas. Podem ser até gênios do mal, subvertendo a mística da dona de casa de uma vez por todas, introduzindo-se pelo umbigo, ao estilo de *Matrix*, e explodindo o mito de dentro para fora. Ou talvez estejam perpetuando de forma inconsciente as categorias das quais se tornaram protótipos. Como quer que seja, elas nos fazem lembrar de que estamos um tanto ferradas.

O que os espertos criadores de *The Real Housewives* fizeram foi profissionalizar o papel da esposa totalmente fora dos parâmetros do casamento: eles transformaram a condição de dona de casa em uma marca ajustável, independente de um marido. Mais do que os gurus do modo de vida doméstico que as precederam (do tipo Martha Stewart), com toda sua cansativa capacitação e seus esforços criativos detalhistas, as esposas do canal Bravo transformaram o papel de dona de casa em uma profissão cujo propósito principal é vender um estilo de vida caríssimo, difícil de manter, a uma geração que não apenas se opõe a ele ideologicamente, mas que tampouco tem acesso a tal estilo de vida. Elas reforçam a ideia já bastante aceita de que aquilo que você representa é muito mais importante do que aquilo que você faz – e representar o ócio de uma vida caseira revelou ser uma linha de trabalho surpreendentemente lucrativa.

# 11

## Garotas de Verdade

PIGMALEÃO, DE OVÍDIO, É UM ESCULTOR QUE ESCULPE UMA GAROTA em marfim, apaixona-se por ela e reza a Vênus para que a torne real. O motivo pelo qual ele tem todo esse trabalho, em vez de sair para dar uma voltinha na ágora e encontrar alguém legal, é que todas as mulheres que ele conhece são prostitutas. E é verdade: Vênus transformou-as em prostitutas, como castigo por se recusarem a venerá-la. Há uma lição aí: como em tantas outras histórias de amor, as histórias de Pigmaleão não tratam de amor, mas de submissão.

É possível descobrir muito sobre os desejos e as ansiedades de gênero de uma época analisando os tipos de imitações de mulheres que ela imagina. Na *Ilíada*, Hefesto, o deus da metalurgia e da tecnologia, criou, entre outras máquinas com aparência humana, duas mulheres autômatas feitas de ouro. Em *Metrópolis* (1927), de Fritz Lang, um cientista louco constrói um robô *doppelgänger* do mal que é uma réplica de uma bela sindicalista, para destruir a reputação dela. Na série cômica de TV *My Living Doll* [*Minha Boneca Viva*], dos anos 1960, um psiquiatra recebe a guarda de uma ginoide (isto é, uma androide feminina) *sexy*, dotada de inteligência artificial, e programa-a para ser a mulher perfeita (dica: ela é muda e totalmente submissa). Em *Esposas em Conflito*, o mesmo acontece numa escala maior. Em *Mulher Nota 1000* [*Weird Science*], dois adolescentes *nerds* impopulares criam no computador uma mulher superglamourosa pelos padrões da década de 1980, que começa aterrorizante e destrutiva, para no fim ajudá-los a se autorrealizarem. Em *Mulheres Perfeitas*, de 2004, refilmagem de

*Esposas em Conflito*, os maridos transformam as mulheres em robôs para poderem jogar *videogame* sem ser incomodados. A voz de Scarlett Johansson em *Ela* [*Her*], de 2013, é um sistema operacional dotado de inteligência artificial, existindo apenas como ideia interativa entre a mente do personagem de Joaquin Phoenix e seu computador, e torna-se tão perfeita que escapa ao controle dele. Em *Ex Machina: Instinto Artificial* [*Ex Machina*], de 2015, o jovem programador Caleb vence um concurso cujo prêmio é uma estadia de uma semana com seu chefe Nathan, o bilionário criador de um mecanismo de busca, na propriedade deste, protegida e isolada como um *bunker*. Nathan apresenta-lhe Ava, uma inteligência artificial (IA) senciente com corpo de mulher. Caleb acaba descobrindo que Ava foi montada a partir de suas pornografias favoritas e de outros comportamentos seus *on-line*, e que ele não tinha sido escolhido ao acaso; havia sido recrutado para testar, na verdade, não a senciência de Ava, mas sua capacidade de amar. Por fim, Ava se torna independente, mata seu criador, aprisiona Caleb e lança-se em um mundo onde os homens estão condicionados a responder a suas preferências algorítmicas em pornografia com algo similar ao amor. Ela é o medo, personificado, automatizado, transformado em arma.

Então, o que há de novo? Os filmes sobre mulheres artificiais são, quase todos, histórias de *Frankenstein*, quando têm um mínimo de autoconsciência. Alguns deles têm fundo moral, alertando que a perfeição é inumana, que brincar de Deus é algo perigoso. Alguns sentem compaixão pelo monstro, isto é, a garota. Em *Ex Machina: Inteligência Artificial*, a robô dotada de inteligência artificial é uma princesa presa na torre, isolada e sozinha. Ela sabe que não é real, mas tem a sensação de ser, não apenas para as pessoas que a construíram, mas também para si mesma. Ela nos parece real, sobretudo em contraste com a desumanidade de Nathan. Em *Westworld: Onde Ninguém tem Alma* [*Westworld*], de 1973, é criado um mundo alternativo onde mulheres artificiais são construídas para satisfazer fantasias surgidas da violência e da pornografia. Todas as garotas falsas são perfeitas. A pergunta que elas suscitam, porém, é: perfeitas para quê?

Mais ou menos na mesma época em que participei da conferência acadêmica de pornografia, no final dos anos 1990, um amigo me mandou um *link*, de brincadeira. Era o *site* de uma companhia recém-criada, chamada RealDoll, que fazia bonecas sexuais hiper-realistas, que custavam por volta de 5,5 mil dólares. Eram totalmente customizáveis, como um Mini Cooper. Os clientes montavam suas bonecas a partir de um menu de opções, que incluía tipo de face e de corpo, tamanho dos seios, cor e estilo do cabelo (da cabeça e pubianos), circunferência e tom do mamilo e número de orifícios funcionais. Peso e altura assemelhavam-se às proporções humanas (pequenas, exceto quanto aos seios, que tendiam a ir de grandes a enormes) e elas podiam ser aquecidas até a temperatura humana, bastando mergulhá-las em uma banheira de água quente. Dava para brincar com as opções e ver *on--line* uma prévia de sua boneca. Eu o fiz. E fiz de novo. Não conseguia parar. Pirei. Sentia-me como Joanna, em *Esposas em Conflito*, quando ela entra na sala da Associação dos Homens e dá de cara com uma cópia sua de silicone, olhando-a com olhos mortos e vazios.

Até o momento em que entrei no *site* da RealDolls, a imagem que eu tinha das bonecas sexuais era mais ou menos a que eu vira em *Apertem os Cintos... O Piloto Sumiu!* [*Airplane!*] quando tinha 9 anos de idade. Na minha cabeça, uma boneca sexual era uma brincadeira, uma bizarrice ou um presente de gozação. Eu imaginava uma espécie de boia inflável. Fiquei chocada e assombrada com o realismo das bonecas. Eram perturbadoras. Silenciosas e totalmente inertes, pareciam reais e ao mesmo tempo não pareciam. Contudo, por mais sinistras que fossem, o que mais me assustou foram os depoimentos dos clientes no *site* da companhia; depoimentos arrebatados e cheios de emoção, enviados por clientes satisfeitos, que agradeciam à empresa por apresentar uma alternativa às mulheres e resolver seus problemas. Eles amavam suas bonecas. Elas correspondiam a tudo o que os clientes queriam que as mulheres de verdade fossem, mas não eram.

A última novidade que soube era que a companhia estava empenhada em criar modelos com inteligência artificial, como as esposas de Stepford, do filme *Esposas em Conflito*. Quem sabe serão os patrocinadores oficiais do *Westworld* da vida real, quando quer que ele surja. Um novo mundo feito só para eles.

Histórias de homens que criam mulheres artificiais sempre existiram, mas agora elas começaram a migrar da ficção para a não ficção, e não são mais histórias com fundo moral, mas a realização de sonhos. Antes, as histórias eram fantásticas e o debate era hipotético. As consequências de escolher uma mulher artificial no lugar de uma mulher de verdade só podiam ser presumidas. Agora, não mais. Algum tempo depois, descobri *Guys and Dolls* [Homens e Bonecas], um documentário da BBC. Nele, eram entrevistados donos de RealDolls que consideravam suas bonecas como namoradas. Um deles era "Davecat", um gótico na casa dos 30 anos que morava com os pais e sua boneca, nos arredores de Detroit. Davecat contou que havia economizado por um ano para comprar a boneca, que batizou como Sidore, ou Shi--Chan. No começo, teve apenas interesse sexual por ela, mas com o tempo passou a vê-la como sua companheira. Segundo ele, seu pai teve dificuldade em aceitar o relacionamento, mas Davecat tentou não se abalar com isso. Para ele, a boneca não apenas substituía as mulheres de verdade; ela era melhor. Segundo ele, não apenas era mais bonita do que qualquer mulher que ele jamais poderia "pegar", como era exatamente tudo o que queria que fosse – nem mais, nem menos. "Shi-Chan é uma âncora para mim, porque sei o que esperar", afirmou ele. "Com as mulheres, não dá para ter isso."

Em 2012, Davecat reapareceu em um episódio do programa *Minha Estranha Obsessão* [*My Strange Addiction*], do canal TLC. Agora, ele já tinha seu próprio apartamento, havia comprado um par de alianças com a inscrição "O amor *Synthetik* dura para sempre" para si e para Sidore, e passara a se referir a ela como sua esposa (segundo ele, isso era bem-aceito por seus amigos e, sobretudo, amigas). Ele também havia comprado uma segunda boneca para juntar-se a eles em uma relação poliamorosa. Indagado se já havia saído com mulheres de verdade, Davecat respondeu que tivera casos com mulheres "orgânicas" no passado, mas que nunca se sentiu seguro com elas. Ele levou a boneca quando saiu para jantar com uma amiga. A amiga aceitou bem, e a garçonete mostrou-se curiosa e na dela. Davecat disse que o relacionamento com a boneca Sidore o faz feliz e, "se isso é o que me faz feliz, bom, é isso aí. E não vejo, de fato, motivo algum para mudar".

Em 2013, em um artigo na revista *The Atlantic*, Davecat soava menos bizarro e mais digno, mais empoderado, como um ativista. Chamava a si mesmo de "tecnossexual" e descrevia-se como "um ativista pelo amor sintético e pelos direitos dos humanos sintéticos". Ao longo do texto, referia-se às mulheres "orgânicas" como "*organiks*". Escolhia com cuidado as palavras, para refletir o que parecia ser uma mudança sutil em sua postura. Ele já não distinguia entre bonecas e mulheres, mas dividia as mulheres em "orgânicas" e "sintéticas". Além de não pensar em sua namorada "sintética" como uma substituta, ele ia além, e preferia a pele de silicone dela e seus movimentos levemente artificiais. Ele escreveu em um e-mail à entrevistadora:

O mais importante é lembrar que os ginoides e os androides são como humanos orgânicos, mas desprovidos das qualidades que tornam os orgânicos difíceis de lidar. Eles seriam agradáveis, não julgariam, agradariam do ponto de vista estético e mental, entre outras vantagens. No dia a dia, a maioria das pessoas precisa lidar com ao menos uma pessoa que prefeririam evitar a qualquer custo. Da forma como vejo, uma esposa deveria ser fácil de conviver, e voltar para casa deveria ser uma alegria, para contrabalançar todos os aspectos indesejáveis do dia a dia. Acho que a melhor maneira de alcançar esse objetivo é por meio de robôs humanoides. É como fazer um omelete sem quebrar os ovos.[1]

Em 2014, Davecat foi entrevistado pela *Vice*. Ele disse ao repórter que preferia o relacionamento com sua esposa boneca aos "complicados" relacionamentos humanos, porque "quando você ama um orgânico, na verdade está amando duas pessoas: há a ideia da pessoa pela qual você se apaixona e há a pessoa de verdade; em algum momento, a ideia vai desaparecer e você vai se ver diante da pessoa de verdade. Você vai ter que lidar com as discrepâncias entre essas duas pessoas. E, aliás, elas também estão fazendo a mesma coisa com você".

"Assim, com uma pessoa sintética", disse o repórter, resumindo, "a fantasia e a realidade são idênticas."

"Exatamente", respondeu Davecat.

O próprio Pigmaleão, claro, foi uma criação artificial. Sendo personagem de uma história, ele existiu inteiramente como símbolo, dentro de um sistema mais amplo de significado. Davecat, em contrapartida, é uma personagem neste capítulo, em um episódio de um programa do canal TLC e em vários documentários e artigos de revista, mas é um cara real que inventou um universo ficcional em torno de uma boneca; ele espera que o mundo valide e normalize sua ficção e, ao fazer isso, suscita uma série de questões interessantes. Por exemplo: apropriar-se da linguagem de inclusão ao falar sobre uma boneca sexual de plástico ajuda a promover a tolerância, ou a existência das bonecas rebaixa as pessoas reais que elas visam substituir? Pois quanto mais eu lia entrevistas ou via vídeos com ele, e quanto mais ele reafirmava sua visão de que as bonecas seriam mulheres de verdade por acaso feitas de silicone, mais bizarro tudo me parecia. Estaria tudo bem se me sentisse perturbada com aquilo? Ou eu seria uma organicista intolerante e horrível? Para ser sincera, fiquei aliviada quando encontrei, na seção de comentários de um *site*, alguém que manifestou os sentimentos que eu temia expressar e até sentir. "Ele está tentando convencer o mundo de que as bonecas são mulheres. Ele não se refere a elas como bonecas, e fica ofendido quando outros o fazem", escreveu a pessoa. "Ele usa uma linguagem desumanizante para as mulheres e ofende-se com insultos imaginários a seus brinquedos."

Aproximadamente dois anos depois, Davecat voltou, dessa vez em um artigo da revista *Reason* intitulado "Sex, Love and Robots" [Sexo, Amor e Robôs]. Por essa época, ele havia acrescentado uma terceira boneca à sua coleção. Quando a autora da matéria pediu sua opinião sobre um robô sexual então disponível no mercado, ele respondeu: "No fim das contas, eu preferiria ter uma ginoide a uma boneca. As bonecas são fantásticas, mas, na real, têm suas limitações e, com uma amante totalmente *synthetik*, eu teria todas as oportunidades existentes em uma relação com *organiks*, só que sem todo o drama". O artigo aborda as possíveis repercussões de um futuro com robôs sexuais substitutos, tanto otimistas quanto pessimistas. Uma tecnóloga entrevistada especulava se isso tornaria mais irreais as expectativas quanto às mulheres. Sobre isso, a autora do texto escreveu que "alguns homens já esperam com alegria esse dia, celebrando em blogs e em discussões no Reddit que as mulheres humanas terão que diminuir suas expectativas e intensificar os rituais de beleza, ou encarar o fato de que muitos homens vão considerar os robôs sexuais como 'uma opção melhor'".

Depois disso, eu já não me sentia tão mal por ficar perturbada.

Em 1970, um roboticista japonês chamado Masahiro Mori conduziu um experimento em que criou gráficos com as reações emocionais das pessoas a coisas humanoides, mas não humanas. Ele plotou ao longo do eixo vertical as emoções das pessoas quanto a elementos como robôs de brinquedo, animais empalhados, androides, marionetes Bunraku,* mãos protéticas e zumbis; tais elementos foram plotados no eixo horizontal. Ele descobriu que as pessoas adoravam coisas que pareciam vagamente humanas, mas só até certo ponto. A partir de um determinado limiar, a semelhança excessiva era assustadora. A maioria das pessoas concorda, por exemplo, que robôs de brinquedo são simpáticos, mas robôs sexuais muito realistas são repulsivos. Há diferentes teorias sobre o porquê disso. Pode ser porque, ao olhar para algo que parece quase, mas não exatamente humano, sentimos que falta algo indefinido. O que nos enche de temor é a dissonância cognitiva que surge diante de algo que parece muito estar vivo, embora sem dúvida esteja desprovido de vida. Mori chamou a esse efeito de *uncanny valley*, que pode ser traduzido como vale do inquietante, ou da estranheza. O "vale" era a queda abrupta no gráfico quando o hiper-realismo gerava repulsa. O termo "inquietante" (que não corresponde com exatidão à palavra em japonês usada por Mori) vem de Freud, que o usou para descrever a sensação de pesadelo que temos diante de coisas que nos são familiares e ao mesmo tempo profundamente estranhas: corpos que parecem humanos, mas com olhos mortos; cadáveres que andam; corpos reanimados por magia ou pela ciência. Para Freud, um monstro era apenas isso, um espelho inquietante da humanidade.

A rigor, a teoria do vale do inquietante não se aplica a imagens de mulheres na cultura pop, mas constitui uma metáfora útil. Na cultura pop, as garotas muitas vezes também são representadas de forma que quase parecem humanas, mas não de todo. Não estão vivas, só parecem vivas, e acima de tudo se parecem com a ideia que a cultura

---

\* Marionetes japonesas tradicionais, utilizadas há séculos em apresentações teatrais. [N.T.]

atual faz da mulher – a "mulher verdadeira" do século XXI. Qualquer garota já se deparou, em algum momento, com alguma imagem ou representação que gerou sensações tanto de reconhecimento quanto de alienação; um sentimento de eu/não eu, real/não real, verdadeiro/ não verdadeiro que, uma vez sentido, nunca desaparece de fato. Claro, tais imagens e representações não têm as mesmas qualidades que os objetos que Mori mapeou – ao menos a princípio, elas não são seres artificiais. Não são ciborgues ou replicantes ou corpos reanimados. Tampouco as reconhecemos como humanas, ao menos não como os humanos que conhecemos. Falta algo inefável.

# 12

## Celebridades Góticas

"Maldito criador! Por que deu forma a um monstro tão horrendo que até você se afastou de mim com repugnância?"

— Mary Shelley, *Frankenstein*

NA TEMPESTUOSA COSTA DO CONDADO DE SUFFOLK, EM UM VILAREJO que no passado foi uma importante aldeia baleeira, uma garotinha nasce no seio de uma destacada família local, durante a década mais decadente do século passado. Pouco depois, o pai dela – um homem impulsivo, irresponsável e mal-humorado, dado a ataques súbitos de raiva – enfrenta problemas legais e é condenado à prisão por três anos. Durante esse período, a garota é forçada a trabalhar – em parte, talvez, para ajudar na criação dos irmãos mais novos – e torna-se famosa no mundo todo. Quando o patriarca sai da cadeia, fica furioso ao descobrir que a família parasita de sua mulher está no controle dos negócios da filha, e que a garota fugiu para os confins do continente e está morando em um castelo sombrio (apesar de uma reforma recente) situado no alto de uma colina, acima do povoado. Lá, ela sofre uma série de aflições e doenças misteriosas, e é internada várias vezes por sua família e associados de negócios, que brigam pelo controle de suas propriedades. Os excessos de seus antepassados – vício em cocaína, alcoolismo, uso indevido de informações comerciais privilegiadas, direção sob efeito do álcool – voltam para assombrá-la e, tendo escapado do castelo, a garota se vê novamente aprisionada, dessa vez em sua casa, com tornozeleira eletrônica, depois que um colar valioso aparece de forma misteriosa em sua posse. A mãe dela entra para a lista das "dez mães mais loucas de Hollywood", em uma votação feita no Dia das Mães, e isso confirma: Lindsay Lohan é uma típica heroína gótica perseguida.

Em um período de cerca de dois meses, logo após o Natal de 2006, Lindsay Lohan internou-se em uma clínica de reabilitação; Anna Nicole Smith foi encontrada morta em sua suíte no Seminole Hard Rock Hotel e Cassino, rodeada de frascos de remédios de uso controlado, gomas de mascar de nicotina e latas vazias de SlimFast; e Britney Spears, seguida por paparazzi, entrou em um estúdio de tatuagem em Sherman Oaks e raspou a cabeça. Cada vez que mulheres como essas apareciam nas manchetes, a notícia ia para o alto das listas de mais lidas. A sede pelas fotos de Britney sem calcinha dominava, enquanto ocorriam o envio de mais soldados para o Iraque, as demissões sistemáticas e a escalada do aquecimento e do terrorismo globais, e o crédito e os ativos globais despencavam. Era como se os tabloides não apenas estivessem nos distraindo dos eventos assustadores, mas encenando nossos medos e ajustando nossa indignação a pedacinhos fáceis de engolir. (O que eram os "locais suspeitos" do Iraque, ou o escândalo dos *credit default swaps*,* afinal?). Mais virgens foram sacrificadas ao deus da guerra. Pois são, de longe, quem mais sofre: as ex-estrelas infantis e antigas Mousekeeters (as crianças apresentadoras do *Clube do Mickey*) que tiveram a ousadia de crescer.

A cobertura de escândalos de celebridades pelos tabloides não é novidade, mas naquele período havia algo no ritmo acelerado das matérias e nos temas recorrentes de excessos, vício, transgressão, decadência, loucura, alienação e confinamento (cadeia! clínica de reabi-

---

* Contrato de *swap* que remunera o portador quando ocorre o *default* da instituição especificada no contrato. [N. T.]

litação! prisão domiciliar!) que parecia novo e ao mesmo tempo familiar. Como as heroínas perseguidas dos romances do século XVIII, as jovens celebridades das histórias dos tabloides estavam condenadas a vagar por territórios selvagens, acossadas pelos camponeses armados com bastões e lentes *zoom*, ou a permanecer prisioneiras nas masmorras de vidro de sua fama. Clichês e temas góticos extrapolavam a ficção e permeavam a realidade. Nos tabloides, na internet e nos *reality shows*, monstros e vilões familiares eram criados todos os dias: estrangeiros ameaçadores, plutocratas corruptos e, acima de tudo, os desastres pessoais de celebridades que arruinaram suas vidas.

O gótico é o gênero do medo. Nosso fascínio por ele quase sempre renasce em períodos de instabilidade e de pânico. No rastro da Revolução Francesa, o Marquês de Sade descreveu a ascensão desse gênero como "o produto inevitável do choque revolucionário que ressoou por toda a Europa", e críticos literários do fim do século XVIII zombaram do trabalho dos primeiros autores góticos, como Ann Radcliffe e Matthew Lewis, referindo-se a eles como "a escola terrorista" de escrita. Como Fred Botting escreve em *Gothic*, sua introdução muito lúcida ao tema, o gótico expressa nossos sentimentos não resolvidos sobre "a natureza do poder, da lei, da sociedade, da família e da sexualidade, enquanto preocupa-se com questões da desintegração e colapso da sociedade. Ele se ocupa de tudo o que é imoral, fantástico, sensacional e imerso em suspense, mas ainda assim tende a promover valores da classe média. Está interessado na transgressão, mas no fundo seu interesse maior é a restituição; faz referência ao passado, mas está em cuidadosa sintonia com o presente; destina-se a evocar uma emoção exagerada, mas é inteiramente ambíguo; é produto da revolução e da convulsão, mas esforça-se para deter as forças destas; é aterrorizante, mas engraçado. É importante ressaltar que o gótico sempre reflete as angústias de sua era em uma roupagem adequada; assim, no século XIX, os clichês familiares que representavam ameaças externas, como castelos em ruínas, vilões aristocráticos e fantasmas impertinentes, já haviam sido digeridos e assimilados. No século XIX, os horrores góticos tinham mais a ver com loucura, doença, depravação moral e degradação do que com aristocratas perversos e monges depravados. As teorias de Darwin, a transformação nos papéis da mulher na sociedade e questões éticas surgidas em função dos avanços da ciência e da tecnologia assombravam o gótico vitoriano, e os medos reprimidos retornavam muitas vezes, sob a forma de culpa, angústia e desespero. "Duplos, alter egos, espelhos e simulacros de aspectos sombrios da identidade humana tornaram-se clichês", escreve Botting, "significando o afastamento do sujeito humano da cultura e da linguagem em que ele está localizado." Na transição da modernidade para a pós-modernidade, a própria ideia da cultura como algo estável e real é colocada em xeque, e assim o gótico pós-moderno surta ao desmontar as narrativas modernistas grandiosas e ao entregar-se a jogos. No século XX, o "gótico [estava] em todo lugar e em lugar algum", e "formas e recursos narrativos extrapola[va]m dos mundos de fantasia e ficção para esferas reais e sociais".[1]

O fascínio pelo gótico aumenta em tempos de ansiedade, pânico e turbulências. O *revival* de 1890 do gótico vitoriano foi impulsionado pelas mudanças científicas, tecnológicas e sociais. A industrialização e a urbanização geravam uma sensação de alienação. As teorias de Darwin sobre a evolução e a transformação do papel da mulher alimentavam medos racistas, misóginos, homofóbicos e colonialistas quanto a "primitivismo", decadência moral e devassidão. No século XIX, o imaginário gerador de terror migrou dos castelos em ruínas para as cidades infestadas de criminosos, e o medo de vilões e fantasmas foi superado pelo medo causado pela loucura e pela decadência. No século XX, celebramos e lamentamos a morte da autoria, da narrativa grandiosa, do eu, do "eu-faço-melhor em eloquência escatológica", como afirma Jacques Derrida, "o fim da história... o fim do sujeito, o fim do homem, o fim do Ocidente, o fim de Édipo, o fim da Terra,

*Apocalipse já*". Alguns anos depois do início do novo milênio, éramos hordas de zumbis, vasculhando as mídias sociais atrás de cérebros. O gótico é a escola está-tudo-ferrado-mesmo de interpretação artística, a moldura histérica do desastre. E essa tensão entre o horror como conto de fundo moral e o horror como espetáculo decadente é o que, acredito, alimentou a epidemia de matérias sobre jovens estrelas rebeldes que dominou os tabloides em 2006 e 2007.

As histórias de celebridades que arruínam a própria vida começam, de forma conservadora, como contos preventivos. Uma mulher jovem, desprotegida ou emancipada legalmente, sai por conta própria da condição de estrela infantil tutorada pelos pais, relativamente protegida e afastada do mundo real (pois quem, nos dias de hoje, está mais alienada do mundo do que uma estrela infantil?) e cai em um mundo corrupto e perigoso, onde sua beleza, fama, juventude, fortuna e atração sexual são vistas com um assombro pesado e ambíguo. De imediato surgem os perigos, e ela cai nas mãos de adultos sem escrúpulos. Enquanto não é salva pelo casamento ou pela proteção dos pais, a garota existe em um estado constante de incerteza e de perigo. O perigo é criado, é claro, pelo "autor"– os veículos de mídia que transformam o desastre pessoal da celebridade, repetidas vezes em contos chocantes, cheios de emoção e suspense.

Britney Spears, Lindsay Lohan, Paris Hilton, Nicole Ritchie, Anna Nicole Smith e Michael Jackson (tão fascinante por brincar de Frankenstein com seu próprio eu monstruoso e tão aterrorizante por sua recusa a manter-se dentro de binários claros de raça e gênero) também foram pegos nessa mesma história da garotinha vulnerável que é vencida por arrogância, ambição ou apetites desmedidos (a mesma liberdade libidinosa que nos atraiu a princípio) e transformada em algo grotesco, desregrado e teatral.

Nas narrativas dos desastres pessoais das celebridades feitas pelos tabloides, repetem-se todos os temas, argumentos e personagens típicos do gótico.

Por exemplo:

– Temas: excessos, decadência, loucura, vício, depravação, alienação, privação, transgressão e confinamento. (Gorda! Vadia! Bêbada! Doida! Drogada! Má esposa! Filha má! Mãe desnaturada! Cadeia! Clínica de reabilitação! Prisão domiciliar!)

– Argumentos: fortunas perdidas ou tomadas, castelos assombrados, falsificações, segredos antigos e passados ocultos, alter egos reprimidos e, é claro, a ameaça constante e iminente da ruína financeira. (Hotéis de má reputação, cirurgias plásticas malfeitas, um passado como *stripper*, intolerância secreta revelada!)

– Personagens típicas: patriarcas controladores, manipuladores mercenários, mães incapazes ou ausentes, namorados e maridos cruéis ou abusivos e outros espertalhões. (Papai processado! Mãe empresária processada! Casou com o empresário! Marido levou o dinheiro e os filhos!)

Entre o 11 de setembro de 2001 e o pânico financeiro de 2008, tais relatos mórbidos de inocência perdida sucederam-se, um após o outro, não só desviando nossa atenção dos horrores verdadeiros do mundo moderno, mas também de certa forma encenando-os. A ruína das celebridades *capturava a imaginação americana*, dando-nos um motivo de indignação que podíamos assimilar (ao contrário de, por exemplo, os "locais suspeitos" onde o Iraque manteria armas de destruição em massa, ou do escândalo financeiro dos *credit default swaps*) e um alvo definido, fácil de identificar, para nossa fúria.

A celebridade em ruínas era considerada repugnante. Era gorda. Era uma mãe ruim. Era uma vagabunda. Uma a uma, as heroínas cada vez mais erráticas transgrediam os limites do bom gosto e do decoro, maculavam sua proclamada inocência (ou sua muito divulgada virgindade) e eram expulsas da esfera protegida da feminilidade aceitável, protagonizando casos sensacionalistas e sórdidos. Elas percorriam as ruas de Hollywood, bêbadas, drogadas, aterrorizadas, desamparadas, lançadas na loucura e/ou temporariamente cegas pelos flashes dos predadores que as seguiam por todo canto ("Britney! Britney! O que aconteceu? Você está triste?"), para em seguida serem motivo de chacota e insultos pela internet. As celebridades em ruínas tornaram-se as estrelas em um grande "teatro punitivo" foucaultiano.

Se 2007 parece ter sido o ano em que as fofocas de celebridades viraram góticas, deve ser porque foi nesse ano que o culto às celebridades foi ofuscado por algo mais lucrativo: a difamação de celebridades. Mesmo no trabalho, parecia que a TV ficava o dia inteiro sintonizada no canal TMZ. Parecia que todo mundo sabia tudo sobre as jovens estrelas caídas em desgraça. Um artigo do *The New York Times* sobre a invenção do ciclo de 24 horas de notícias sobre celebridades descreveu um modelo de negócios que criava "viciados *on-line*", por meio do fluxo contínuo de fofocas novas, às vezes fornecidas por familiares. Michael Lohan, pai de Lindsay, um ex-operador de *commodities* que tinha sido preso por desacatar a autoridade judicial ao ser investigado por uso indevido de informações privilegiadas, vendia informações privilegiadas sobre a filha.[2] O artigo fazia referência às revistas de escândalos da década de 1950, das quais a mais conhecida era a *Confidential*. Essa revista era conhecida por pagar pelas informações sobre as estrelas e por exigir que cada vez mais celebridades fossem sacrificadas. Portanto, o acordo que Dexter, interpretado por Cary Grant, fechou com o editor da revista *Spy*, no filme *Núpcias de Escândalo*, não era nada inédito. Para evitar que a *Confidential* expusesse a orientação sexual de Rock Hudson, o agente dele lançou aos lobos outros dois clientes seus, Rory Calhoun e Tab Hunter.[3] No fim, os estúdios de cinema pediram ao procurador-geral do estado da Califórnia que interferisse. Após uma investigação, a revista foi levada aos tribunais em 1957, e por fim foi fechada. Outra matéria do *Times*, sobre o escândalo dos grampos telefônicos de Rupert Murdoch, citava que o conglomerado de mídia Time Warner, que em 2007 ainda era dono dos estúdios de cinema Warner Bros. e da revista *People*, também era proprietário do TMZ. Quando a *Confidential* foi levada a julgamento, em 1957, foi principalmente porque os escândalos de celebridades que ela traficava custavam caro aos estúdios. Com a integração vertical dos dias de hoje, porém, em que é provável que estúdio e tabloide pertençam ao mesmo grupo, já não é primordial proteger a imagem de uma celebridade. Hoje, quer a celebridade esteja fazendo um filme, quer esteja criando caso em uma casa noturna, o dinheiro vai parar no mesmo lugar. Em 2011, analistas de publicidade estimaram que sites, revistas e programas televisivos de fofocas 24 horas geram uma receita anual de mais de 3 bilhões de dólares. É a sinergia Frankenstein em ação.[4]

Como o gênero em si, as heroínas góticas do século XXI não só transgrediram seus limites originais, como talvez os tenham deixado vazios. As pessoas estavam mais interessadas na saga da vida delas. Elas eram a inocência corrompida e o potencial desperdiçado, como todo o mau comportamento, os erros, colapsos e ataques nervosos que isso implica. Em termos emocionais, isso era bem mais envolvente e catártico do que qualquer papel que pudessem interpretar em um filme *mainstream* de Hollywood. No fim das contas, o que geraria mais lucro para a Time Warner – uma refilmagem de *Se meu Fusca Falasse* [*Herbie: The Love Bug*] ou o desenrolar da saga da trágica derrocada de Lindsay Lohan? Quer esteja fazendo um filme, um álbum, uma cena de bebedeira na porta de uma casa noturna, ou centenas de manchetes *clickbait*, para gerar tráfego *on-line*, Britney está fazendo muita grana. As ex-estrelas infantis não se deram bem na perigosa jornada rumo ao casamento. Elas transgrediram todos os limites e tornaram-se grotescas. Algumas encontraram o caminho de volta, outras, não, e outras morreram. Mas 2007 foi o ano em que se tornaram nossos monstros do id, nossos contos moralizantes de terror e infâmia. Nós não apenas consumíamos o sofrimento delas no formato de entretenimento, como também o produzíamos. E tínhamos esse direito, porque elas eram ricas, e usavam saias curtas, e bebiam demais e estavam pedindo por isso. Nós as transformamos na personificação espectral de nossas angústias coletivas quanto à privacidade, identidade, consumo, decadência social, colapso financeiro e a linha cada vez mais tênue entre realidade e fantasia. E durante algum tempo, naquele momento, elas voltavam para nos assombrar impiedosamente, às vezes mais de trinta vezes por dia.

# 13

## A Linguaruda Ataca de Novo

"Ah, cala a boca, querida!" é o título de uma conferência de Mary Beard, professora de literatura clássica na Universidade de Cambridge. É um alegre *tour* através da tradição fundamental da cultura ocidental de calar as mulheres que expressam sua opinião em público, que Beard apresentou no Museu Britânico em 2014, depois de ser hostilizada no Twitter por ter manifestado apoio à ideia de colocar Jane Austen na nota de uma libra. Na conferência, ela mostrou como esse tipo de hostilidade não é nada novo, e existiu desde a Antiguidade. Ela explicou que a exclusão proposital, ostensiva e até mesmo performativa das mulheres do discurso público era considerada, na Grécia Antiga, "parte integral do crescimento como homem". Era assim que um homem assumia o poder. Ela encontrou o primeiro caso registrado em uma passagem da *Odisseia*, de Homero, na qual um bardo canta uma música sobre o sofrimento dos gregos que retornam de Troia. A música perturba Penélope, que diz ao bardo que pare de cantar. Seu filho ainda jovem, Telêmaco, a repreende diante dos amigos dele. "A fala será atributo dos homens", diz a ela. "Pois é meu o poder nesta casa." Então ele a manda para o quarto dela, e ela vai. Afinal de contas, Penélope é a mãe (temporariamente solteira) dele. O dever dela é criá-lo, não só como homem, mas como o rei.

O poder da fala com autoridade não é garantido a todas as pessoas. Mesmo quando não é expressamente negada, a liberdade de exercê-lo não é distribuída, reconhecida ou perdoada de forma equitativa. As mulheres sempre precisaram de coragem para se manifestar por si mesmas, e para protestar contra as coisas da forma como são, sobretudo contra a opressão feminina. As desventuras de Alice no País das Maravilhas são familiares à mulher moderna: ela é uma garota pós-iluminista em um mundo que continua sendo feudal. Ela se vê como um sujeito com direitos inalienáveis, mas é vista de várias outras formas, como uma intrusa, uma criada, uma ameaça, um objeto, um estorvo, uma garota. Alice acredita que pode corrigir isso com informação. Ela acredita que, explicando e afirmando-se, e citando os fatos de maneira razoável, será capaz de alterar a percepção sobre si. No mínimo, pensa, ela pode aprender as regras e adaptar-se. Assim, ela tenta. Ela dá por certa a boa-fé dos outros. Ela argumenta repetidas vezes. Tenta aprender as regras deles. Mas sempre se frustra, porque o País das Maravilhas não é governado pela razão ou por regras, mas por ideologia, fé, superstição e medo. Algo é real se você acreditar que é real, se afirmar continuamente sua existência, e desaparecerá se não o fizer. É um universo paralelo.

Eu era adolescente quando, pela primeira vez, entrei em uma discussão acalorada sobre um livro, ou filme ou banda, com um garoto de quem gostava, e vi seu rosto expressar decepção ou endurecer na hora, cheio de fúria. Isso me desconcertava. Eu gostava de garotos que fossem atraentes, mas também inteligentes e divertidos e originais. Achava que seria mútuo, mas em geral não era. Uma leitora de tarô certa vez me disse que eu era um ninja que se parecia com uma gueixa, e que os garotos podiam achar que tinham sido enganados. Uma vez tive uma discussão com um namorado sobre Pearl Jam, e ambos saímos arrasados – eu, por ele gostar de Pearl Jam, e ele, por eu nem ter tentado disfarçar o desprezo. Outro namorado me disse que não queria saber minha opinião a respeito de Paul Auster – se eu não gostasse dos livros que ele curtia, então eu não gostava dele. Um namorado me chamou para vê-lo jogar *squash*, assim que saímos de um museu onde havíamos discutido sobre um quadro. Eu fui, mas passei o jogo todo no bar, escrevendo furiosamente em um guardanapo um ensaio sobre a pintura. Dei o ensaio de presente para ele, assim como um gato dá um rato morto de presente para o dono. Ele teve uma reação parecida com a que eu tinha quando meu gato deixava os presentes a meus pés. Tantos impasses estéticos, tantas relações atiradas de encontro às rochas da variância crítica. Venho de uma linhagem de mulheres obstinadas, acostumadas a demolir a autoridade masculina por meio de zombaria e sátira dissimuladas, que permitiram a minha avó sobreviver a meu avô. Eu acreditava que a época em que as garotas deviam guardar para si suas opiniões havia terminado, pois a vida toda fui incentivada a me manifestar na sala de aula. Quando comecei a trabalhar como crítica de cinema, em 2004, minha antecessora, também uma mulher, disse que me preparasse para os inevitáveis e-mails desagradáveis que receberia – mas eles nunca chegaram, ao menos não com a fúria que eu esperava. Talvez fosse porque, quando tinha algo não muito simpático a dizer, eu fazia questão de ser tão engraçada quanto possível. E me esforçava para usar o melhor rato morto que pudesse achar.

Em dezembro de 2007, não muito depois de a citação de Isla Fisher sobre fazer o papel de garota ser redirecionada como *clickbait* por toda a internet, Katherine Heigl, protagonista em *Ligeiramente Grávidos* [*Knocked Up*] naquele mesmo ano, foi tema de uma matéria na *Vanity Fair*. Quem escreveu a matéria foi Leslie Bennetts, autora de *The Feminine Mistake*, livro no qual advogava contra as mulheres ficarem em casa para cuidarem dos filhos em período integral. Na matéria, Bennetts observou que, embora muitos críticos tivessem gostado de *Ligeiramente Grávidos*, "vários deles haviam identificado uma misoginia subjacente que transformava as personagens femininas em caricaturas pouco atraentes, e romantizava o comportamento masculino imaturo e irresponsável". Heigl concordou que o filme soava "um tanto sexista", e que pintava "as mulheres como megeras, mal-humoradas e nervosas", e os homens como "sujeitos simpáticos, brincalhões e alegres". Ela admitiu que a disparidade a incomodou. "Havia dias em que era difícil para mim", disse ela. "Estou interpretando uma mulher insuportável; por que ela é tão desmancha-prazeres assim? Por que as mulheres são retratadas dessa maneira? Noventa e oito por cento do tempo a experiência foi incrível, mas foi difícil para mim gostar do filme."

Não foi a primeira vez que Heigl foi recriminada por criticar seus empregadores na mídia, mas dessa vez, por algum motivo, isso fez com que fosse colocada de castigo. Ninguém se escandalizou quando George Clooney disse que *Batman & Robin* foi "um filme em que era difícil ser bom ator", mas a reação contra Heigl foi rápida e implacável. Seus comentários foram considerados desagradáveis e traiçoeiros. Em seus dois filmes seguintes, *Vestida para Casar* [*27 Dresses*] e *A Verdade Nua e Crua* [*The Ugly Truth*], também interpretou garotas solteiras, tristes, solitárias, tensas, inseguras, *workaholics* e obcecadas com relacionamentos. E mesmo que tenha se retratado quase de imediato na revista *People*, afirmando que *Ligeiramente Grávidos* "foi a melhor experiência cinematográfica de minha carreira", era tarde demais. Ela já havia se tornado um triste exemplo do que ocorre com mulheres ingratas que questionam seus papéis e ainda por cima ousam apontar que a história não condiz com a realidade.

Depois da estreia de *A Verdade Nua e Crua*, Judd Apatow, o diretor e roterista de *Ligeiramente Grávidos*, e Seth Rogen, outra das estrelas do filme, discutiram o incidente no programa de rádio de Howard Stern. "Aquele filme parece colocar as mulheres em um pedestal, de uma forma muito bonita", disse Rogen. Apatow afirmou que havia ouvido dizer que, em uma cena de *A Verdade Nua e Crua*, Heigl usava uma calcinha com um vibrador embutido, e assim ele "teria de saber se aquilo seria estimulante para as mulheres". A ideia de que Heigl tivesse pedido para que as mulheres fossem "estimuladas" ou "colocadas em um pedestal" era tão bizarra e vitoriana, e tão equivocada que me fez duvidar de minha compreensão. Mais estranho ainda foi o modo como Apatow e Rogen tomaram como pessoais os comentários de Heigl, sendo que ela teve o cuidado de dizer que a experiência tinha sido "98%" positiva. Na mentalidade feudal de Hollywood, a crítica que ela fez ao filme foi entendida como uma traição pessoal, a ser punida com o exílio.

"Nunca 'brigamos'", disse Apatow. "Seth sempre diz, não faz sentido... Ela improvisou metade da parte dela... Ela não podia ter sido mais legal."

Ele sugeriu que talvez Heigl tivesse apenas ficado exausta depois de seis horas diretas de entrevista e "escorregado", ao que Rogen respondeu: "Eu não escorreguei, e também estive dando entrevistas o dia inteiro! Eu não falei nenhuma merda!".

Apatow esperava que ela ligasse para dizer: "Desculpa, eu estava cansada", mas nada. Rogen estava cético. "Vou dizer uma coisa, não foi só sobre a gente que ela andou dizendo besteira. Ela meio que está nesse lance agora."

Era o momento em que a cobertura de catástrofes pessoais pela mídia estava no auge. Jeff Robinov, que na época era presidente de produção na Warner Bros., anunciara pouco tempo antes que seu estúdio não faria mais filmes com protagonistas femininas (imagino que eles não eram chamados de Bros.* à toa). Hillary Clinton estava perdendo a dianteira nas pesquisas para Barack Obama, depois de meses de uma implacável campanha midiática de dois pesos, duas medidas. Acontecia uma discussão acalorada quanto às mulheres serem engraçadas ou não. Por estas e por outras razões, que pareciam de certa forma encaixar-se, a reação negativa contra Heigl me incomodou de fato. Eu havia odiado *Ligeiramente Grávidos* de todo o co-

---

\* *Bros.* é a abreviatura de *Brothers* ("irmãos", em inglês). [N. T.]

ração, mas tivera receio de dizer isso, e tivera receio de dizer o motivo. Na verdade, cheguei a ver o filme de novo, para me certificar de tê-lo odiado. E daí a seis meses, lá estava a estrela do filme provando que eu tivera razão em sentir medo de falar. Não existia o contexto no qual essa opinião pudesse ser expressa.

Quase uma década mais tarde, Rogen lamentou que Heigl tivesse sido prejudicada por criticar o filme, ainda que fizesse objeção à crítica. À revista *Hollywood Reporter*, ele disse que se solidarizava com Heigl, e que achava que a carreira dela não deveria ter sido afetada por seus comentários; tantos anos depois, porém, ele ainda não conseguia ver o panorama mais amplo. "Respeito o fato de que ela talvez tenha percebido que o episódio prejudicou sua carreira, e eu gostaria que isso não tivesse acontecido, porque eu também já falei muita besteira, e gosto dela de verdade", declarou. "As únicas pessoas nisso tudo que deveriam se importar somos eu e Judd, porque era de nós que ela estava falando. As pessoas não quererem trabalhar com ela porque ela não gostou de trabalhar com a gente... Acho isso uma loucura."

Em seu livro *A Ordem do Discurso* [*L'Ordre du Discours*], Michel Foucault vinculou a origem da tradição ocidental da crítica à ideia grega de *parrésia*, que pode ser traduzida como a "fala livre", "fala franca" ou "verdade" que está fundamentada na experiência pessoal e é expressa com convicção. A palavra *parrésia* deriva de uma palavra que significa "dizer tudo", e portanto implica risco, pois falar o que achamos sempre envolve um risco. O *parresiasta*, ou "aquele que fala a verdade", sempre é, de acordo com Foucault, "menos poderoso do que seu interlocutor". A palavra também está "relacionada com a coragem face ao perigo" e implica que "demanda a coragem de falar a verdade a despeito de algum perigo". A *parrésia* é fundamentalmente avessa ao autoritarismo, e por isso sempre é uma postura que traz risco. É heroica, por ser perigosa. Ela pode custar-lhe a cabeça. "Em sua forma extrema, dizer a verdade tem lugar no 'jogo' de vida ou morte", escreve Foucault. As pessoas dizem a verdade em nome da justiça.

Foucault escreve: "Na *parrésia*, falar a verdade é considerado um dever". Quem é responsável por dizer a verdade em nome da justiça? Se o mundo civilizado está construído com base na injustiça, quem é responsável por denunciá-la? Quem tem o dever de fazê-lo? Qual o risco para essa pessoa? A filosofia grega, apontou Foucault, "problematizava" o dizer a verdade como uma atividade. Ela perguntava:

> Quem é capaz de dizer a verdade? Que condições morais, éticas e espirituais autorizam alguém a apresentar-se como portador da verdade e ser considerado como tal? Sobre quais tópicos é importante dizer a verdade? (Sobre o mundo? Sobre a natureza? Sobre a cidade? Sobre o comportamento? Sobre o homem?) Quais são as consequências de dizer a verdade? Quais são os efeitos positivos esperados para a cidade, para os dirigentes da cidade, para o indivíduo etc.? E, por fim: que relação existe entre a atividade de dizer a verdade e o exercício do poder? O dizer a verdade deve estar em consonância com o exercício do poder, ou tais atividades devem ser completamente independentes e mantidas em separado? São separáveis ou uma depende da outra?[1]

Em outras palavras, quem é que diz em quem se deve acreditar? Quando e por que, em uma sociedade civilizada, o dizer a verdade torna-se um alvo de regulação social que terminará por tornar-se cultural? A reação negativa contra Heigl não parece nada em comparação com a reação contra mulheres que se manifestam *on-line* hoje em dia. "Quando você é mulher, não importa muito a linha de argumentação que segue", disse Beard à *The New Yorker*. "Se você se aventura em um terreno tradicional masculino, os ataques virão de qualquer modo. Eles não são desencadeados pelo que você diz, mas pelo fato de dizê-lo." A jornalista britânica Laurie Penny comparou a opinião de uma mulher à "saia curta da internet", pelo mesmo motivo. Quando uma mulher expressa suas opiniões, sobretudo suas opiniões críticas, é como se "de algum modo, estivesse pedindo a uma massa amorfa quase exclusivamente masculina para lhe dizer quanto gostariam de estuprá-la, matá-la e urinar nela". Telêmaco teria amado o Twitter.

Como Telêmaco, os *trolls* sexistas da internet "tornam-se homens" ao excluírem de forma ativa as mulheres da fala pública. Quando as mulheres se manifestam contra constructos sociais que são facilmente confundidos com a realidade, suas palavras são interpretadas como revolta. Sempre que escrevia uma resenha crítica de um filme *mainstream* e alguém se dava ao trabalho de mandar um e-mail dizendo que eu tinha que "relaxar" e lembrando que era "só um filme", essa pessoa estava não só invalidando minha interpretação, mas também questionando minha sanidade. Os resenhistas homens também eram alvo de ataques, mas "relaxa" era um conselho relacionado ao gênero, que transmitia uma familiaridade íntima. Às vezes eu recebia um e-mail desses e queria muito poder seguir o conselho; desejava poder escrever "é só um filme", arquivá-lo e ir para a praia. Mas não dava. Precisei descobrir como ter opinião sem ter opinião demais, ter autoridade sem ser autoritária, ser inteligente sem ser elitista, ser justa sem ser fraca. Se meus namorados da juventude achavam-me autoritária demais quando eu devia estar torcendo nas laterais do campo, vendo-os chutar e atirar bolas em direção ao gol adversário, os colegas homens de minha vida adulta lembravam-me o tempo todo de minha falta de autoridade, enquanto exibiam de forma inconsciente a autoridade deles. Eu estava sempre falhando em corresponder aos padrões de legitimidade de alguém, como namorada, como produtora de opiniões. Era uma derrota perpétua. Sempre era grande demais ou pequena demais, como Alice, e o tempo todo me diziam, de um modo ou de outro, "engula-me".

Por coincidência, na época em que *Ligeiramente Grávidos* estreou, eu mesma estava tentando engravidar. Passava muito tempo preocupada, pensando como conseguiria trabalhar depois de dar à luz, mesmo ainda não estando grávida. Ao mesmo tempo, também pensava e tentava não pensar em como teria dinheiro para criar uma criança. Eu ganhava bem, mas a vida em Los Angeles ficava mais cara a cada dia. Trabalhava muitas horas por dia; Craig começara a trabalhar como produtor de televisão fazia pouco tempo, com jornada longa e irregular. Nos dias em que trabalhava, saía ao clarear do dia e voltava tarde da noite. Eu escrevia e editava, e fazia o trabalho administrativo em casa, e às vezes saía para reuniões ou exibições de filmes durante o dia. Duas ou três noites por semana eu atravessava a cidade na hora do *rush* para ir assistir aos filmes e voltava para casa às dez da noite. Minha diarista, que vinha uma vez por semana, queria virar babá em período integral, e costumava brincar comigo dizendo que eu precisava ter um bebê para ela cuidar. Eu ria, então fazia as contas e entrava em pânico. Não daria de jeito nenhum para pagá-la para trabalhar em período integral.

Enquanto isso, a "guerra das mães" corria solta, sobretudo nas páginas do *The New York Times*, de revistas como *The Atlantic* e outras, e em livros. Os bardos financiados por anúncios cantavam a batalha épica entre mamães que se mantinham na esfera privada (anjos em jardins protegidos por muralhas) e mamães que se lançavam na esfera pública "pagando para que outras pessoas criassem seus filhos", como era tendenciosa e frequentemente dito. Nessa narrativa, a escolha tinha um sentido moral, entre o egoísmo e a abnegação. Indo um pouco mais fundo, a escolha dizia respeito, na verdade, ao tipo de mulher que você queria ser: você era uma "verdadeira mulher", nascida para cuidar dos outros e doar-se a eles (o tipo de pessoa que, como disse Virginia Woolf, "se houvesse frango na refeição, ficaria com o pé"), ou uma mulher que permaneceria, antes de qualquer coisa, como uma pessoa? A guerra das mães era apresentada como um debate sobre modos de vida, mas não era isso, em absoluto. Era totalmente ideológica, e o mais longe possível da realidade. O que se discutia não era o melhor para mulheres e crianças, mas o que eram as mulheres, e a quem pertenciam. A discussão ainda prossegue nos dias de hoje. Uma "mãe" era compreendida como sendo dependente financeira de um marido de razoável poder aquisitivo. A palavra não incluía as mulheres com filhos que fossem solteiras ou pobres. Dinheiro e maridos nunca eram citados como fatores que pesavam na decisão, que sempre era colocada como uma escolha entre maternidade abnegada e carreirismo egoísta. A discussão também supunha que a responsabilidade natural pela criação dos filhos era das mães, e que não se poderia esperar que os negócios tivessem de acomodar as agendas dos pais. Por fim, como as mulheres (mães) que trabalham fora em geral ganham menos que os homens (pais), "fazia sentido" que as mães saíssem da força de trabalho para ficar em casa. Raramente o debate assumia uma visão macro do sistema. Em vez disso, ele colocava as mães que se sacrificavam, que "largavam tudo" para acordar às cinco da manhã, preparar o lanche das crianças, postar foto no Tumblr, levar os filhos para a escola e ainda conseguiam chegar ao pilates às nove, contra as mulheres arrogantes e prepotentes, que usavam salto alto e sentiam-se culpadas por perderem uma apresentação escolar porque precisavam viajar para Singapura. Eram essas as mães sobre as quais as pessoas faziam filmes e escreviam livros.

Quando era adolescente, eu me preocupava com o que aconteceria quando crescesse e tivesse filhos. Imaginava que seria como um episódio de *Além da Imaginação* [*Twilight Zone*], no qual eu estudava e estudava, e me preparava, e então, quando estava entrando na vida adulta (minha mãe tinha 23 anos quando eu nasci, e a mãe dela tinha 23 quando ela nasceu) eu teria uma filha, e precisaria parar com tudo e desviar toda a energia para garantir que ela estudaria e se prepararia para o dia em que fosse mãe, e assim por diante. Isso me lembrava de um pesadelo recorrente no qual um policial parava meu carro, tirava os óculos espelhados e revelava outro par idêntico por baixo, e depois outro e outro. Não é preciso dizer que eu vivia com medo do dia em que teria de me entregar a meu estranho duplo. Eu não entendia bem como isso iria funcionar sem que eu fizesse uma escolha consciente de casar para ser sustentada pelo resto da vida. Os objetivos que tinha para mim mesma mudavam com o tempo, mas sempre soube que não era esse o destino que eu queria. Havia algo de mercenário em querer me tornar uma "mãe" que ninguém nunca nem mencionava, e um lado econômico que era inconcebível. Meu medo era que um casamento estratégico de classe média tornasse impossível uma vida criativa. Se não precisasse escrever para sobreviver, faltaria urgência à minha escrita. Se ela não fosse urgente, não seria relevante. Se não fosse relevante, não seria necessária. Se não fosse necessária, não valeria dinheiro suficiente para cobrir os gastos com uma criança. Sempre quis me casar com um artista. Sempre quis uma filha. Sempre quis escrever. Sempre me aterrorizou a possibilidade de desaparecer.

Sob semelhante bombardeio de mensagens ambíguas, tão confusas e que geravam tanta ansiedade sobre maternidade e trabalho, fiquei feliz quando me encomendaram a resenha de *Ligeiramente Grávidos*. Seria uma comédia leve, otimista, sobre amor e bebês e sobre como tudo ficaria bem e ninguém terminaria morando no carro. Eu estava mais do que receptiva a essa história boba sobre a inversão de papéis e valores familiares não tradicionais, pois em minha relação também era eu quem tinha um emprego seguro, mais bem remunerado, estressante e de exposição pública. Estava pronta para me identificar, para ter minha perspectiva validada e minhas ansiedades aplacadas. Além do mais, eu tinha adorado *O Virgem de 40 Anos* [*The 40 Year-Old Virgin*], sobretudo pela relação entre os personagens de Catherine Keener e Steve Carrell, que era a relação mais carinhosa, incomum e real que eu vira em muito tempo. Eu sabia que *Ligeiramente Grávidos* faria sucesso, é claro, e que as pessoas iriam gostar dele de qualquer jeito, mas tinha certeza de que eu também gostaria. Levei uma amiga. Compramos pipoca. Acomodamo-nos em nossos lugares, empolgadas. O horror que senti ao perceber quanto eu havia odiado o filme foi uma surpresa total.

*Ligeiramente Grávidos* era sobre dois desconhecidos que voltam juntos para casa depois de uma noitada de bebedeira em um bar, fazem sexo, ela acidentalmente engravida e decidem que vão tentar ficar juntos por causa do bebê. A graça da premissa está em que Ben e Alison formam um casal diferente, com papéis invertidos: Alison é uma bela e bem-sucedida apresentadora de reportagens de entretenimento, e Ben é um eterno adolescente acima do peso e desempregado, com habilidades sociais limitadas, que está trabalhando em uma ideia idiota para um *website*, junto com os amigos com quem mora. No entanto, a premissa não é o problema. O problema é que o filme não dá o braço a torcer, e prefere não explorar a premissa de forma honesta. E em sua determinação de evitar a realidade, acaba virando um amontoado de mentiras, com todas as complicações decorrentes disso. Alison tem todos os atributos que indicam poder, iniciativa, autonomia, *status*, popularidade e felicidade, mas é representada como uma pobre coitada, solitária e sem amigos. Ben não tem nenhuma das vantagens de Alison, mas é feliz. Ele não precisa ser atraente, trabalhador, inteligente, preparado ou dedicado. Não importa o tempo que já desperdiçou, ou quantos neurônios já matou. Quando o bebê chega, ele só precisa decidir-se a pôr a cabeça no lugar, e as portas se abrem. O sistema estava pronto e esperando. Tudo o que ele precisa fazer é entrar pela porta. É bem fácil.

O que me incomodava não era que o filme não se ativesse a algum padrão estrito de realismo. Incomodava-me o fato de que seus muitos momentos de identificação equivocada, do tipo *Alice Através do Espelho*, agiam em uníssono para criar uma realidade alternativa. Havia cenas de consultas obstétricas bizarras, que pareciam ter sido imaginadas por alguém que fica em pânico ao pensar em um obstetra; uma cena em que Alison, Debbie e Ben, ao fazerem compras, escolhem um berço que custa quase mil dólares, e ninguém acha estranho; uma cena, logo a seguir, em que se encontram com amigos de Alison, falsos e traiçoeiros, os únicos que aparecem no filme; cenas no trabalho, onde a chefe mulher tenta sabotá-la, por ciúmes, mas ainda assim Alison consegue uma promoção porque os espectadores adoram que ela esteja grávida. No País das Maravilhas invertido de *Ligeiramente Grávidos*, a mulher não tem amigos, mas ficar grávida impulsiona sua carreira. Parecia mais uma evidência de que, como a administração George Bush deixou claro, a "comunidade baseada na realidade" perdeu. Agora nos baseamos inteiramente na fé. Em meados da década de 2000, você precisava voltar-se para o gênero fantástico se quisesse ver sua realidade social ou política refletida da forma reconhecível. Você tinha que ler *Jogos Vorazes*. O realismo perdera seu lugar para a ideologia. Quanto mais fantástica a história, mais "naturalista" era o visual.

Embora repleto de momentos que o tornavam sexista, não era esse o problema de *Ligeiramente Grávidos*. O problema era que o filme mostrava a perspectiva de um garoto adolescente do que significava ser uma mulher adulta em um mundo que ainda não aceitara a ideia de que mulheres fossem pessoas autônomas. O problema era que o filme se regozijava com as vantagens que seu herói, sem qualquer mérito, desfrutava nesse mundo enquanto se negava a mostrar como era a situação do outro lado. O filme recusava até mesmo a simples menção da palavra aborto (em seu lugar, alguém diz "uma palavra que sequer existe"). *Ligeiramente Grávidos* não estava interessado na vida de Alison, em sua experiência ou suas opções; nele, os estágios da vida de uma mulher eram como os de um conto de fadas: criança, donzela (gata gostosa), mãe e coroa. Alison era uma incubadora, não só para seu filho, mas para a maturidade de Ben, da mesma maneira que Debbie, muito depois de ter dado à luz suas filhas. Alison e Debbie envelheceram e perderam o bom humor enquanto esperavam seus homens crescerem, embora soubessem que, como foi dito no filme, eles nunca envelheceriam. As mulheres preparavam-se para o horrendo declínio, enquanto os homens mantinham para sempre seu entusiasmo infantil. O envelhecimento delas não tinha significado cultural; ele não contava para nada. O problema de *Ligeiramente Grávidos* era que o filme não passava de uma fanfarronice presunçosa e triunfalista, mal disfarçada sob camadas de sentimentalismo. O problema era a má-fé de sua premissa. O problema não estava só no filme, é claro. Essa forma de encarar as relações de gênero era a única que existia por volta de 2007. Era o imperialismo mais sufocante da "broderagem" masculina; o patriarcado rebatizado de "fratriarcado". Vendo aquilo, senti-me como acho que Khrushchev se sentiu quando Nixon tentou minar sua autoestima com uma turnê à moderna cozinha americana. Khrushchev ficou com cara de quem queria dizer: também temos cozinhas na Rússia, sabe... Mas ninguém deu atenção.

O pior momento do filme, para mim, foi quando Debbie, que tem 40 anos, e Alison, que está grávida, vão a uma casa noturna enquanto Pete e Ben estão em Las Vegas. O segurança do local, interpretado por Craig Robinson, permite que um bando de garotas mais jovens entre, e manda Debbie e Alison para o fim da fila. Debbie tem um acesso de raiva.

"Não vou para o fim dessa merda de fila!", ela grita para ele. "Quem diabos é você? Tenho tanto direito de estar aqui quanto qualquer uma dessas menininhas vadias! O que foi, não sou vadia o suficiente para você? Quer que eu levante mais esta porra de saia? Qual é o seu problema? Eu não vou a lugar algum! Você é só um esquisitão anabolizado com uma merda de uma prancheta. E essa sua merda de cordinha idiota! Você pode ter poder agora, mas você não é Deus. Você é um porteiro! Tá legal? Então... foda-se, sua bicha de merda com suas luvinhas de bicha de merda!"

O segurança ouve o ataque homofóbico dela e então faz algo inesperado. Ele sente empatia. Ele percebe que o ataque violento e homofóbico é na verdade um grito impotente de dor. Ele pega Debbie, puxa-a de lado e sussurra: "Eu sei. Você tem razão. Sinto muito. Eu odeio este emprego. Não quero julgar e decidir quem entra. Essa merda ataca meu estômago. O estresse me dá diarreia. Não é porque você não é gostosa. Eu te levaria para a cama numa boa. Eu te comeria todinha. Não posso deixar você entrar porque você é velha demais... para este lugar, não, entende, mas para a Terra".

O que *Ligeiramente Grávidos* me dizia era que, na verdade, não fazia diferença se o herói era um sujeito desleixado que quer ficar rico criando um banco de dados de mulheres peladas em filmes *mainstream*, e a mulher que concorda em casar-se com ele é bonita e bem-sucedida. Não importava que, como disse Ben a Alison enquanto comiam um sushi caríssimo na Geisha House, nos últimos anos ele tivesse vivido do dinheiro de um acordo com a seguradora e que agora só lhe restassem onze dólares no banco. Na verdade, não importava muito que a cena acabasse antes da chegada da conta. Não importava que ele não fosse inteligente, atraente, *sexy* ou engraçado, ou capaz de empatia. Nada importava, da mesma forma que não importavam a carreira, o salário, as conquistas, a aparência ou outras qualidades de Alison. Sem um marido e um filho, ela era apenas Emily Dickinson em um quintal, sem a poesia. Ele ainda seria o herói. Ele ainda tomaria a decisão. O que *Ligeiramente Grávidos* me dizia, enquanto eu tentava engravidar no último momento possível, aos 39 anos, e minha preocupação era como continuaria trabalhando depois de ter o bebê (se é que algum dia o teria) era "Foda-se".

\*

No outono de 2007, poucos meses depois de assistir a *Ligeiramente Grávidos*, fui à exibição do filme *A Garota Ideal* [*Lars and the Real Girl*], a mais estranha história de Pigmaleão já contada. O cartaz do filme exibia Ryan Gosling com uma camisa horrível e um bigode ainda pior, segurando um buquê de flores e dando um sorriso tímido ao lado de uma boneca sexual de silicone. No início do filme, Lars morava sozinho em uma garagem adaptada, nos fundos da casa do irmão. Um solitário a quem o contato humano causa pavor, ele compra pela internet uma boneca sexual em tamanho natural para fazer-lhe companhia, e inventa para ela uma personalidade casta e totalmente dependente – uma imbatível combinação de madona e prostituta. Quando a boneca chega, Lars apresenta-a ao irmão, Gus, e à cunhada, Karin, como "Bianca", uma missionária brasileira portadora de deficiência, órfã, celibatária e apaixonada por crianças. Bianca tem a aparência de uma réplica de borracha de uma profissional do sexo, mas sua mística é toda de "verdadeira mulher". Claro, acreditar nisso exige retorcer nossa subjetividade como um pretzel, mas se Lars – o "homem comum" querido, temporariamente maluco e universal – insiste que ela é sua namorada virginal e tímida, abnegada e devotada a ele e a "crianças", então que seja. Gus e Karin ficam horrorizados, assim como a cidade inteira. A pedido da terapeuta de Lars, porém, todos concordam em entrar na onda de que Bianca é real até que Lars esteja bem e abandone a ilusão. No entanto, para que esse tratamento tenha êxito (assim como o filme), é necessário aceitar como verdadeiro que, por trás de sua psicose temporária, Lars é um cara bom e decente que atravessa um mau momento psicológico, e que merece o apoio da cidade e o investimento emocional da plateia até estar pronto para superar tudo e encontrar uma garota real para amar – Margo, a colega de trabalho bonitinha, cujo interesse por Lars nunca esmorece, nem quando ele foge toda vez que ela tenta falar com ele. Nem quando ele a ignora quando ela lhe faz uma pergunta. Nem quando ele deixa de defendê-la quando seu colega de cubículo é rude com ela. Nem quando ele leva a boneca consigo para a igreja e fica evidente que não está em seu juízo perfeito. Nem quando ele leva a boneca à festa de Natal de uma colega de trabalho, conversa e dança com ela, e diz a todos que ela não gosta que ele beba. Toda vez que Margo aparece na tela, é para lançar um olhar amoroso a Lars. Nada que Lars faça consegue afetar o afeto e a dedicação de Margo a ele, pois ela também é uma "garota de verdade". Margo é quase tão passiva e inerte quanto Bianca. É totalmente desprovida de necessidades, como a necessidade de um namorado que não seja louco. Nenhuma habilidade social ou de conversação? Nenhuma conexão com a realidade? Sem problema! Não importa quantas vezes ele a rejeite em favor de sua boneca sexual, ela está ali à espera dele. Está ali até para a boneca sexual, que considera uma amiga.

Em algum ponto entre a chegada da boneca e o pedido da psiquiatra para que pactuem com a ilusão de Lars, os moradores da cidade vencem o desconforto de fingir que a boneca sexual é uma pessoa e começam a tratá-la como tal, mesmo na ausência de Lars. Eles a levam para as compras e à cabeleireira. Elegem-na para a junta escolar. Acolhem-na como um membro querido da comunidade.

Enquanto assistia ao filme, algo me incomodava. Lars e Bianca me lembravam alguém. Pareciam muito familiares. Ele era desajeitado, ela era *sexy*. Ele era ativo, ela era passiva. Ele era desajustado, ela era tranquila. Ele era de pouca confiança e imaturo, ela era paciente e compreensiva. Ele era engraçado e encantador, ela era convencional e sem graça. Ele era o sujeito, ela era o objeto. Ele era humano, ela era um pedaço de plástico sobre o qual era projetada uma fantasia. Eram o Garoto-Homem e a Garota dos Sonhos, e a plateia era a comunidade que já não percebia que havia algo errado com a garota.

Teria sido um choque de qualquer modo, mas era em especial estranho porque eu estava totalmente à espera de uma metáfora sobre uma criança-homem psicótica com uma boneca Barbie da Manchúria, cuja psiquiatra insiste que, pelo bem dele, todas as outras pessoas desconsiderem seus próprios sentidos e entrem no jogo. O filme pega a história de um sujeito que compra uma boneca sexual, cria para ela uma biografia de Madre Teresa e insiste que o mundo a aceite como real, e então tenta enfiar a história por baixo de uma mensagem alto astral, sem pé nem cabeça, de inclusão e de aceitação: bonecas sexuais também são mulheres. O filme diz, é claro, que ele comprou a boneca e forçou a família e a comunidade a negar sua própria realidade e aceitar aquela estranha fantasia, mas, puxa, ele ama e respeita a mulher falsa dele. Ele faz a boneca dormir no quarto de hóspedes do irmão!

Para que *A Garota Ideal* funcione como o tipo de entretenimento mordaz e saudável que tenta ser, precisa convencer o espectador de sua sinceridade absoluta. Deve permanecer alheio ao seu próprio simbolismo e recusar-se com firmeza a encarar de maneira significativa sua própria premissa. Deve ignorar o fato gritante de que Bianca é a objetificação literal da "imbatível combinação madona-prostituta" dos piores pesadelos de Robin Morgan. O filme está tão empenhado em forçar nossa identificação com Lars que tenta nos convencer de que sua metáfora perfeita para a aniquilação simbólica da mulher na cultura pop (na qual a mulher é sistematicamente substituída por fantasias, robôs ou bonecas sexuais) é um conto bonitinho de redenção. É por isso que não vemos Lars encomendando Bianca no site, montando sua mulher ideal a partir das várias opções de faces, corpos, alturas, tamanhos de seio, cor de cabelo, pelos pubianos e número de orifícios funcionais. Encarar a realidade das ações de Lars – e até mesmo admiti-la – tornaria impossível identificar-se com ele ou torcer por ele. Em vez disso, o filme decide espelhar o delírio do personagem central e forçar a plateia a compactuar com ele. Como escreveu a crítica de cinema Dana Stevens na revista *Slate*: "*A Garota Ideal* sofre de uma ilusão ainda maior que a de Lars. O filme está convencido de que sua premissa homem-ama-manequim é edificante, quando na verdade chega a ser meio repugnante". Ao defrontar-se com seu próprio horror ontológico, o filme prefere desviar os olhos, cheio de melindres.

Não me pediram para resenhar o filme. Em vez disso, escrevi um longo ensaio sobre como a boneca sexual representava o que havia acontecido a personagens femininas no cinema ao longo da última década. Escrevi: "A noção de que uma mulher poderia fazer algum papel que não fosse 'a garota' em uma comédia é tão distante para o *mainstream* que é considerada experimental, e um grande risco financeiro. Parece que não se passa uma semana sem que haja alguma polêmica envolvendo a alegada misoginia dos executivos dos estúdios, ou alguma queixa sobre o estado das carreiras femininas em Hollywood, ou alguma manifestação de frustração nos blogs feministas". Recebi mais de uma centena de e-mails de todo tipo de pessoa: de adolescentes dizendo que nunca tinham entendido por que tanta coisa que viam lhes dava sensação ruim; de homens que estavam irritados com a suposição de que era aquilo o que eles queriam; de roteiristas, diretores e produtores frustrados, em sua maioria mulheres. Sentia-me como uma consultora sentimental. Nove dias depois da publicação do ensaio, Kira foi concebida. É verdade. Eu cheguei.

Às vezes, vale mesmo a pena falar sobre seus sentimentos.

"Os melhores diretores de comédias românticas nos anos 1930 e 1940", escreveu David Denby na revista *The New Yorker*, naquele verão, "sabiam que a história não só ficaria mais engraçada, mas que seria muito mais romântica, se a guerra fosse travada entre iguais. O homem e a mulher podem não desfrutar de paridade em posição social ou dinheiro, mas são iguais em espírito, vontade e corpo".[2] Era lugar-comum para a heroína fazer papel de palhaça diante da seriedade do herói, porque ele, afinal de contas, era o herói. Ele tinha que salvaguardar o patriarcado. Assim, cabia às damas frívolas e irracionais bancarem as tolas. Ao encontrarem-se, os casais travavam uma disputa para preservar sua identidade e individualidade. Você torcia para ficarem juntos, pois estava claro, pela dinâmica entre eles, que uma vez ultrapassado o obstáculo que tentavam superar – falta de dinheiro, um intruso sob a forma de Ralph Bellamy, o que quer que fosse – a vida deles passaria a ser uma sucessão infinita e gloriosa de diálogos espirituosos, diversão e sexo incrível. Você compreendia que um não extinguiria o outro, mas o refletiria, e reconheceríamos isso como amor.

As mulheres em *Ligeiramente Grávidos* eram baseadas não em pessoas, mas em um conceito de mulher que não mudou muito desde a Era Vitoriana. Depois de uma década de comédias românticas sobre garotas com baixa autoestima, o roteiro havia virado. Na nova comédia dos sexos, como observou Denby, o propósito principal da protagonista feminina era fazer o herói crescer. Uma vez mais a mulher assumia o encargo de sustentar o patriarcado enquanto os homens desfrutavam as partes divertidas da falta total de vínculos – tais como ignorar as convenções, zombar da autoridade e fugir à responsabilidade, à moda de Lucy Ricardo.* No entanto, isso não explica completamente a aparente proibição total a personagens femininas que fossem divertidas, mesmo quando interpretadas por mulheres divertidas. Parecia que havia sido passada uma lei que proibia as personagens femininas de contarem

---

\* Personagem interpretada por Lucille Ball na série *I Love Lucy* (1951-1957). [N. T.]

piadas, de se divertirem e de deixarem que os outros se divertissem. Eram a própria personificação da reação negativa. Na "nova comédia dos sexos",[3] havia garotas tristes na esfera pública, como Alison, ou demônios dentro de casa, como Debbie. As mulheres estavam presas em suas minúsculas esferas psíquicas. Eram mesquinhas, ciumentas, superficiais e odiavam a si mesmas. Desperdiçavam o breve instante que sua juventude durava lamentando a passagem dessa mesma juventude. Enquanto isso, o mundo dos garotos era amplo como sempre: apesar de sua aparência medíocre e da falta de dinheiro, suas vidas pareciam cheias de possibilidades. A mensagem era clara: as mulheres podiam ser mais inteligentes, mais responsáveis e mais controladas do que os homens, mas os homens eram mais felizes – porque este ainda era um mundo de homens. Você não conta piadas se o alvo da piada é você. Este era o novo sexismo; o "sexismo esclarecido", como Susan J. Douglas o chamava. Era o sexismo das pessoas criadas com o projeto infantil *Free to Be... You and Me* [Livre para ser... você e eu],[*] das pessoas criadas para acreditar que o sexismo era algo do passado, então elas não precisam mais se preocupar em perpetuá-lo.

Meu período como crítica de TV e cinema coincidiu com a segunda administração Bush, quando o poder alinhou-se de tal modo com o populismo, que as críticas ao poder e à hegemonia eram ignoradas como sendo "elitistas". Se nos anos 1980 a intelectualidade, e até mesmo a inteligência, haviam sido ridicularizadas e qualificadas como arrogantes e afetadas, nos anos 2000 começaram a ser consideradas malignas e até apelativas. A imagem do crítico como um valentão com cara de desgosto, pedante e arrogante, muitas vezes representado com um monóculo, era invocada cada vez que um filme horrível era des-

---

*  Projeto dos anos 1970, composto por um LP e um livro ilustrado, que promovia a igualdade de gênero e a ideia de que qualquer um, menino ou menina, podia alcançar o objetivo que quisesse. [N. T.]

truído de forma unânime pela crítica, mas faturava zilhões de dólares. Os zilhões de dólares eram usados como prova de que "gente normal" adorava e idolatrava filmes bobos, e quanto mais idiota melhor. Envolver-se com a cultura pop, criticando-a, significava ser exposto como mais um elitista fora da realidade, um inimigo natural da cultura pop e, por extensão, do povo. As críticas passaram a ser feitas sobretudo pelos fãs, assim como a política se tornou mais rotulada e baseada na fé. Não havia como discutir com a popularidade. Ao fazer isso, você se tornava um "elitista", e o "elitista" era o "comunista" de 2007 – uma insinuação e você já era. O jornal até mudou nossos créditos, durante algum tempo, de "*film critic*" para "*movie critic*".*

"Você não quer saber por quê?", perguntou meu novo editor.

Eu sabia por quê.

"Por quê?", perguntei.

"Porque soa menos elitista."

No fim, não foi o meu elitismo que pesou. Foi a falta de autoridade em minha voz autoral. Houve uma reunião na qual acho que concordei em expressar mais autoridade e declarar com mais clareza se gostava ou não das coisas. Pensei, bom, se vou escrever sobre bens de consumo como bens de consumo, seria melhor trabalhar em publicidade. Concordei em me esforçar mais. Eu estava grávida, e chorei durante a reunião. O jornal estava despedindo gente a torto e a direito. Exatamente um mês depois de voltar da licença-maternidade, fui demitida por telefone. Culpei-me por ter chorado na reunião, por não ter conseguido expressar autoridade suficiente com meus adjetivos. Então me lembrei de que tinha sido contratada por meu estilo antiautoritário desbocado. Tenho problemas com autoridade. Craig disse que perder

---

*   Em inglês, tanto *film critic* quanto *movie critic* significam "crítico de cinema", mas nos EUA o termo *film* é aplicado sobretudo a filmes de arte, enquanto *movie* é aplicado a filmes mais comerciais. [N. T.]

o emprego foi a melhor coisa que já tinha me acontecido, e no fim ele estava certo, mas por um bom tempo não esteve. Quando penso nos meses seguintes, só me lembro das lágrimas caindo sobre o bebê.

O fato é que, quatro ou cinco meses depois, consegui trabalho em uma agência de publicidade, onde trabalhei por cerca de onze meses. Nesse período, adquiri um vocabulário totalmente novo, composto por muitos termos da área que tinham um certo humor sombrio; coisas como "estímulo emocionalmente competente", "pontos de contato" e "razões para acreditar"; este último, com frequência abreviado como RPAs, era meu favorito. Ele se refere a uma prova ou fato convincente da vida real que corrobora a "promessa da marca" – coisas como "porque é 30% mais rápido e mais cremoso" ou "porque lepidopterologistas e mães confiam nele". Percebi que alguns desses termos seriam úteis para descrever certas experiências como espectadora que antes eu não sabia como abordar.

Na agência, trabalhei por pouco tempo com uma equipe que, fora eu, era totalmente masculina, em uma campanha de iogurte *light* voltada para mulheres. A pesquisa nos fornecera informações que ligavam o consumo de iogurte *light* a medidas reduzidas de cintura, bem como o "*insight*" (outro bom termo; sempre tinha alguém perguntando "qual é o *insight*?". Eu sempre tinha um *insight*, era minha especialidade, exceto que meus *insights* eram sempre errados, e nunca ajudavam) de que uma "cintura menor" era algo que as mulheres desejavam. Eu era aquela pessoa que sugeria que basear a campanha no desejo coletivo das mulheres para a redução da cintura era idiota, mas talvez eu estivesse errada. De qualquer modo, não fazia diferença, porque ninguém me escutava. Para mim não tinha muita importância. Eu estava só ganhando tempo, sobrevivendo à crise, garantindo os mirtilos e a ginástica da bebê. A publicidade carrega uma tremenda autoridade, porém. Ela transmite a voz do mestre. É a última palavra.

# 14

## A Jornada Redentora

AS HISTÓRIAS DE AMOR DOS ANOS 1970 ERAM HISTÓRIAS DE DIVÓRcio. Ou talvez as histórias de divórcio dos anos 1970 fossem histórias de amor. De qualquer modo, elas falavam de aprender a amar a si mesmo. Tal amor devia ser recolhido em meio aos destroços de um casamento arruinado, como um pardal salvo de uma avalanche e cuidado até ficar bom. O tema ficou em minha mente como uma história arquetípica, que muitas vezes eu voltava a ver. A esposa abandonada é lançada em um mundo cruel e desconhecido, para o qual está despreparada. Depois de sair com homens errados e ter outras experiências humilhantes, ela reconquista aos poucos sua confiança e encontra seu caminho. Adquire novos interesses. Conhece pessoas. Aprende a ficar em pé sozinha. Encontra a si mesma. O ex escolhe esse momento para voltar, mas ela já o superou. O estilo dela tornou-se fluido e boêmio, e, gentil, ela o rejeita em favor da liberdade e do batique. É incrivelmente romântico.

Tenho a sensação de ter visto essa história contada em um milhão de filmes, mas é bem possível que eu esteja pensando exclusivamente em *Uma Mulher Descasada* (1978), de Paul Mazursky. Isso porque esse é um filme muito longo. O que mais me impressionou foi que, quando o marido de Erica (Jill Clayburgh) lhe conta, certo dia depois do almoço, que vai deixá-la para ficar com uma vendedora da Bloomingdale's que conheceu enquanto estava comprando uma camisa, Erica não chora nem grita. Em vez disso, pergunta se a garota é boa de cama, então caminha meia quadra e vomita em uma caixa de correio. A parte do vômito me pareceu bem autêntica e visceral, sem falar que foi um ótimo efeito especial. Depois de passar pela fase ruim obrigatória, Erica tem um renascimento pessoal que inclui um emprego em uma galeria de arte e um relacionamento com um pintor bonitão. O pintor lhe sugere que peça demissão e passe o verão com ele em Vermont. Ela não aceita, e ele a presenteia com um quadro, que ela carrega sozinha pela rua. Dizer não ao pintor bonitão foi um ponto relevante: um final feliz sem um príncipe. Foi ainda mais impressionante e estranho do que ver a heroína jogando fora o almoço.

Durante alguns anos, antes e depois do nascimento de Kira, resisti a comprar o livro *Comer, Rezar, Amar* [*Eat, Pray, Love*], de Elizabeth Gilbert. Nem sempre foi fácil. Às vezes tinha uma longa espera em algum aeroporto e eu me via diante de uma livraria que expunha uma parede de cópias do livro; antes de me dar conta, estava folheando ansiosa um exemplar, meio que passando os olhos, mas tentando não olhar. Eu não queria comprá-lo. Não queria exatamente lê-lo. O que eu queria era que aquele livro me reconfortasse, que mentisse para mim, que me revelasse seus poderes secretos. Queria que sua elevação espiritual funcionasse comigo, ou que seu sucesso "pegasse" em mim. Queria acreditar nele, de verdade. Quando era criança, nos anos 1970, adorava assistir ao *The Phil Donahue Show*, e mais tarde, já no ensino médio, minha amiga Susan me fez começar a assistir ao *The Oprah Winfrey Show*. Oprah era mágica. Enquanto Phil explorava sentimentos, Oprah tinha o dom de transformar adversidades em contos de fadas de transformação. Quanto ao papel do gênero de conto de fadas na socialização de crianças no século XIX, Jack Zipes escreveu que, à medida que "noções de elitismo e da meritocracia cristã foram introduzidas nas histórias" por autores como o popularíssimo Hans Christian Andersen, a ênfase passou para "indivíduos com dons extraordinários, cuja boa fortuna se devia à benevolência de Deus ou a milagres do destino, representados por metáforas por meio da intervenção de uma fada ou de pessoas e objetos mágicos poderosos. Outro atrativo para crianças e adultos era o incentivo a aproveitar as oportunidades e vencer por mérito próprio, frequente na obra de Horatio Alger".[1][*]

Oprah parecia a versão "programa de entrevistas" de um conto de Hans Christian Andersen.

*Comer, Rezar, Amar* deveria ter sido exatamente a história que eu buscava – a história que eu teria gostado de ler e escrever. Era tudo com que eu me identificava, mas não era. Liz, a heroína, deixa o marido, tem um caso malsucedido com um ator, mergulha na depressão e embarca na busca (paga com o adiantamento da editora) por sua identidade e iluminação, em uma viagem que a leva a vários destinos turísticos internacionais e rende-lhe um namorado novo e um livro *best-seller* que transforma sua vida. Como escreveu Steve Almond em uma matéria sobre Gilbert para a *The New York Times Magazine*, o livro *Comer, Rezar, Amar* é o relato de "um esforço para equilibrar a busca pelo prazer com uma vida espiritual".[2] Como a filosofia, a obra examinou os problemas do corpo e do mundo material, e da alma e do mundo espiritual. Como a religião, ele trouxe a salvação. Como um romance, ofereceu uma fantasia de fuga hedonista para terras exóticas. Como um livro de autoajuda, fez o sonho parecer acessível e ter algo a ver com você, leitor. Não foi à toa que vendeu 9 milhões de cópias.

Gostaria de poder me declarar imune à promessa da narrativa redentora, mas na verdade eu tentava resistir aos encantos do mercado massificado. Queria muito que a narrativa redentora me salvasse. Ela abriu caminho até o espaço onde eu não tinha fé e chamou por mim. Em cerca de seis meses, eu dera à luz um bebê, perdera o emprego e mudara de cidade para trabalhar em uma nova área, eu não havia gostado muito de nenhuma dessas coisas. Eu tinha sorte, dentro do

---

[*] Escritor americano (1832-1899) influente nas últimas décadas do século XIX. Escreveu romances juvenis sobre garotos pobres que enriqueciam à custa de muito trabalho árduo. [N. T.]

que cabia. Meu desastre pessoal era parte de um desastre muito maior, global. Havia narrativas redentoras brotando por todo canto, histórias de catástrofes que levavam à melhor coisa que já tinha acontecido, aquilo que o tempo todo estava destinado a acontecer. Lembro-me de estar na fila do Starbucks, olhando para uma muralha de livros – todos iguais – sobre algo terrível que tinha acontecido com alguém, e que tinha virado uma "escolha de Oprah". A meu redor, pessoas como eu estavam transformando suas catástrofes em lições de crescimento, escrevendo sobre a inesperada redenção encontrada na arte de fazer geleias, ou na jardinagem. Eu não conseguia extrair sabedoria da catástrofe, pois ainda estava aterrorizada demais. Precisava de alguém que me dissesse que tudo ia ficar bem. Ou melhor, eu precisava ser capaz de dizer isso a mim mesma. Não conhecia esse tipo de coisa bem o bastante para colocar em prática.

Isso só me fazia sentir pior. Eu poderia ter escolhido me dedicar um ano inteiro só ao bebê e à produção criativa, talvez um período sabático por conta própria e sem patrocínio na Eslovênia ou na Eslováquia; poderia ter começado um blog sobre criação de filhos ou um canal no YouTube contando como a comida crua mudou minha vida. Parecia que todo mundo estava criando seus próprios impérios, sem qualquer esforço. Que tipo de fracassada era eu, que não conseguia nem mesmo fazer limonada com os limões que a vida me dera? Tinha aceitado um emprego que não queria, por metade da grana que costumava ganhar. Impressionavam-me as prósperas páginas de Facebook de tantos jornalistas e roteiristas desempregados. Onde encontravam os recursos emocionais? As fontes de renda? Os inexoráveis arcos de história que se transformariam em propostas de livros vendáveis? Eu não era capaz de escrever postagens espirituosas no Facebook. Não era elegante sob pressão. Eu era um desastre. Minha fúria não purificava, era um tédio, contaminava e paralisava. Eu não tinha onde colocá-la.

Meu casamento estava desabando. Eu não conseguia escrever. Achava que ia morrer.

Qual era meu problema, porém? Eu não conseguia identificá-lo com precisão.

Em sua resenha de *Comer, Rezar, Amar*, publicada no *The New York Times*, Jennifer Egan escreveu: "A crise [de Gilbert] permanece como algo indefinido, um mero ponto de partida para as ações que ela toma visando amenizá-la [...]. [Ela] reconhece que 'o final desta história parece tanto com o de um conto de fadas que chega a ser ridículo', mas nos recorda: 'Não fui salva por um príncipe; fui eu mesma quem administrou meu próprio resgate'. Resgate do quê? O leitor nunca teve certeza. Carente de um lastro de seriedade ou de coragem, o livro resvala para o reino do pensamento mágico. Nada do que Gilbert toca parece dar errado; nem um desejo sequer deixa de ser cumprido".

É verdade. No começo do livro, Gilbert descreve-se como uma esposa suburbana desesperada, em pleno colapso nervoso. Mas ela já era uma jornalista premiada. Era rica. Tinha histórias adaptadas para o cinema. Ela disse ter comprado eletrodomésticos no crédito, para uma casa grande com quartos suficientes para acomodar as crianças, embora não quisesse ter filhos. Algo no modo como ela se apresenta como "Liz", uma garota normal que o amor e a dúvida fizeram perder o rumo, uma garota que precisava do consolo desesperado de massas, sorvete, paisagens cênicas, amigos divertidos e elevação espiritual exótica, não soa totalmente honesto, nem foi explorado a contento. Talvez ela sentisse que não tinha escolha a não ser se casar e comprar uma casa, e comprar eletrodomésticos, e discutir sobre filhos. Ou talvez tivesse que fingir que quase tinha desejado isso no passado, pois essa mensagem nos bombardeava sem parar, o tempo todo. Gilbert e eu temos quase a mesma idade, e posso atestar o vasto abismo que existe entre os anseios por aventura de garotinha dos anos 1980 e a angústia da virada do século quanto a casas e a tudo aquilo que se supõe que você deseje.

Digamos que *Comer, Rezar, Amar* fosse uma "jornada de transformação" – de que tipo seria? Seria de fato possível planejar de antemão e fazer por contrato uma "jornada de transformação"? E se você estiver meio insatisfeita no começo e terminar numa depressão profunda? Ou se, em vez de descobrir o que é de fato importante, você terminar presa no que está errado? Zipes escreve que os contos de fadas "reforçavam a ordem simbólica patriarcal estabelecida com base em noções rígidas de sexualidade e de gênero. Os estereótipos, e não arquétipos, representados nas versões impressas e encenadas dos contos de fadas tendiam a seguir noções esquemáticas de como os jovens de ambos os sexos deveriam se comportar".[3] Acredito que os sentimentos por trás da ideia eram sinceros, a partir do momento em que já havia sido vendida e podia ser direcionada para um certo rumo. A narrativa redentora era o novo texto da heroína para o fim do século XX e início do século XXI. Era a fase Eileen Fisher[*] dos contos de fadas, a fase da fada madrinha. Era de bom gosto, leve e relaxante, e tinha um dos pés banhado pela espuma convidativa das ondas tranquilas.

Meu aniversário de 40 anos teve muito pouca paz e sabedoria. Eu não tinha uma história de coragem, esperança e *chai*. Era uma história de consumo excessivo de Cheetos devido ao estresse e de buscas no Google por coisas como "vodu" e "como lançar um feitiço nas bolas de alguém". Não era uma narrativa redentora nem uma fantasia de vingança. Não viajei pelo mundo nem me tornei durona. Minha vida era um melodrama de Douglas Sirk[**] sobre a tragédia de preferir o romantismo ao pragmatismo, ou alguma outra coisa indesculpável. Você

---

[*] Estilista contemporânea cuja marca oferece roupas simples, elegantes e confortáveis. [N. T.]

[**] Douglas Sirk (1897-1987) foi um diretor alemão radicado nos Estados Unidos, conhecido pelos melodramas que dirigiu na década de 1950. [N. T.]

segue seu coração por sua própria conta e risco. Eu era uma sonhadora, portanto era uma idiota tentando vaguear por regiões distantes em estado de desgraça. Ao contrário de Liz Gilbert (ou "Liz Gilbert"), eu fracassara em usar a adversidade para encontrar força interior, coragem e um belo salário, e portanto o universo retribuiu com indiferença. Eu fracassara em crer na teoria unificada da redenção feminina. Era imperdoável.

*Comer, Rezar, Amar* pareceu-me tão autêntico quanto a "jornada" da heroína em *The Bachelor*. Ou ela triunfava contra todas as probabilidades ou desaparecia de forma discreta. Precisava ser um determinado tipo de narrativa redentora, para um determinado tipo de mulher, em um determinado estágio da vida no qual ela talvez se entregasse a melancólicas idas à praia ao pôr do sol, vestindo caftãs e segurando uma caneca de chá herbal. Não estou rindo dessa mulher. Sequer creio que ela exista. Ela foi inventada pela empresa de chás Celestial Seasonings e pela revista *Real Simple*. O maior desejo da vida dela é o "equilíbrio". Ela quer demais o equilíbrio. Essa mulher deseja que também pudesse escapar de sua vida suburbana e de seu marido irritante. Imagine só, viajar para Itália, Índia e Bali, comer tudo o que quiser, flertar com italianos bonitões, apaixonar-se por um brasileiro e então dizer que foi uma viagem mística, por ter ficado algum tempo em um *ashram*! O mantra de Gilbert no livro é: "Fale a verdade, fale a verdade, fale a verdade", mas não é o que ela faz, de fato. Sua história contorna a verdade. Ninguém espera a verdade, aqui. O que está sendo vendido é uma ficção que reconforta os leitores. O filme baseado no livro apenas consegue amplificar isso, tanto por ser incapaz de exteriorizar a vida interior de Liz quanto porque quem faz a viagem é Julia Roberts. Julia Roberts é o veículo. O reconforto de que tudo vai ficar bem é o produto.

As mulheres em *The Bachelor* competem entre si por um príncipe, um estranho a quem foram apresentadas como um catálogo de opções. Nesse programa, o homem solteiro passa então a expressar as preferências dele, e vai reduzindo o plantel de opções enquanto busca a garota que personifica seu ideal. As garotas, enquanto isso, ficam aprisionadas em um palácio de pesadelo, onde há mais acesso à bebida do que à comida. Tudo que lhes resta é beber, esperar e torcer para corresponder às expectativas do príncipe. (Parece que ele gosta delas de fato. Ele de fato gostou delas cinco minutos atrás, mas neste momento está ficando com outras vinte garotas).

*The Bachelor* é um jogo de desgaste. O principal é aguentar, não importa quanto isso custe à sua dignidade. Existem duas estratégias comprovadas de sobrevivência. A mais segura, claro, é manter-se o mais perto possível do ideal dominante. A conformidade funciona. A garota ideal é bonita, *sexy*, submissa (os agradecimentos sussurrados quando sobrevivem a mais uma cerimônia da rosa!), recatada (com ajustes para o século XXI) e do lar (em um futuro teórico). Quanto mais jovem, magra, bonita, submissa, agradável e insegura, mais alto seu valor. Seu recato de dama deve existir em proporção inversa à sua ousadia sexual – embora virgens com a aparência de estrelas pornôs também sejam muito valorizadas. Sempre é uma estratégia arriscada tentar destacar-se da multidão, sobretudo quando a competição é tão feroz como neste caso. Mulheres que expressam suas necessidades ou que deixam transparecer sua personalidade ou suas emoções são imediatamente rotuladas como esquisitas ou malucas; e aquelas que deixam sua personalidade transparecer quando o príncipe não está por perto para ver são rotuladas como encrenqueiras. Só é aceitável ser radiante, receptiva e doce e fazer afirmações que começam com "eu". As malucas e esquisitas muitas vezes são mantidas no programa para servirem de diversão, como exemplos do que não ser, mas elas nunca ganham. Elas sabem que a estratégia de confronto é fatal, e que o príncipe não gosta que o façam sentir-se culpado por beijar todas as garotas. Não é assim que a coisa é colocada para elas, é claro.

As garotas e seu homem solteiro falam constantemente sobre sua "jornada".

Não é por acaso que *jornada* é uma das palavras mais usadas em excesso nos *reality shows*. Em *The Bachelor*, que está em exibição desde 2001, e nos programas a que deu origem, *The Bachelorette* e *Bachelor in Paradise*, o anfitrião Chris Harrison dá a largada a cada temporada do mesmo jeito. "Que a jornada comece", diz ele. Então a limusine encosta. Embora haja um esforço, no programa, para evitar a repetição excessiva de palavras, é feita uma exceção para *jornada*, que as participantes – às quais não é permitido admitir que participam de uma experiência televisiva construída – são incentivadas a usar como sinônimo para a bolha em que estão vivendo. Elas não podem usar palavras como *processo*, *situação* ou *experimento humano*. É apenas, sempre, uma "jornada".

A jornada tem sido um tema central na narrativa de histórias desde as primeiras obras da literatura ocidental. Os épicos de Homero narram jornadas como mitos de fundação, que reforçam ou questionam valores culturais e a forma como o heroísmo é construído à sua volta. Os *reality shows* tomam emprestado um estilo documentário para contar histórias muito determinísticas, que reforçam valores culturais e transformam em heróis os participantes. *The Bachelor* naturaliza sua competição, em que um concurso de beleza faz as vezes de ritual de corte, qualificando-a como uma jornada em aberto, ou uma busca pelo amor. A "vida" e a "experiência" podem ser aleatórias e caóticas, mas uma jornada em teoria tem um propósito. Ela sugere um destino. A palavra promove quem a emprega, de andarilho sem rumo a herói épico; ela confere um destino mítico a quem quer que a use, transformando confusões irresponsáveis e conflitos pessoais mal administrados em cenas dos mitos de fundação de uma admirável nova cultura.

Em *The Bachelor*, não há praticamente nada em aberto em suas jornadas já predefinidas. Há viagens e uma trajetória emocional, mas a "jornada" é controlada e moldada pelos produtores e editores do programa, do mesmo modo que a escolha das mulheres que compõem o grupo é feita pelos tipos que cada uma representa. Há a chorona, a vadia, a pé no chão (ela é tão legal e engraçada! Por que a aparência tem que ser tão importante?), a doida varrida, a trágica, a traiçoeira, e assim por diante. Mais do que mostrar a realidade, o programa mostra um processo de busca pela parceira do qual a realidade foi removida; uma espécie de descontextualização sistemática do amor, transformado em uma luxuosa experiência de compras. O público é treinado para esperar que a "jornada" siga por um caminho bem definido, e com uma cronologia precisa, e fica irritado quando ela não se desenvolve da forma exata como deveria. Assim, na vida real, pessoas que não estão em um *reality show* têm permissão para usar a "jornada" para reinterpretar atos idiotas, decisões egoístas e outros equívocos pessoais como provações externas que devem ser superadas no caminho rumo ao triunfo.

*The Bachelor* apresenta-se como um programa sobre gente bonita e jovem encontrando o amor, mas na verdade é mais um evento esportivo do que um serviço de encontro de casais. O esporte é a feminilidade. Parte experimento humano, parte estudo longitudinal dos efeitos da enculturação na autoimagem do grupo de garotas gostosas, *The Bachelor* manipula o casamento. É um jogo (no qual o prêmio, supõe-se, é todo o serviço doméstico) cuja vencedora é aquela que melhor consegue encaixar-se na ideia atual de "verdadeira feminilidade". O ideal construído ergue-se maior do que nunca. Se não acredita em mim, assista a todas as temporadas. Assista à cobertura do tapete vermelho de cada um dos *shows* de premiação exibidos nos últimos quinze anos. Às vezes, parece que a mídia existe quase que exclusivamente para estabelecer padrões impossíveis, e em seguida humilhar as pessoas que não dão tudo de si para atingi-los. É, afinal, a maior máquina de criação de mitos que o mundo já conheceu. E o objetivo do mito, como Roland Barthes apontou, é transformar a cultura em natureza. Você não pode discutir com a natureza. Todo mundo obedece.

Em uma das temporadas que acompanhei, o cobiçado solteiro em *The Bachelor* é um fazendeiro do Iowa, transportado de sua cidadezinha derrotada pelo Walmart para um mundo de fantasia, com mansões, helicópteros, piqueniques no Grand Canyon, cílios de *mink* e desfiles de biquíni no centro de Los Angeles. Brevemente transformado em príncipe salvador, isto é, aquele cara que leva você para longe de tudo, no fim das contas ele é exatamente isso. A cidade onde vive tem uma população de cerca de quatrocentos habitantes. Já não tem mais nem restaurante nem armazém. Por que essas mulheres sofrem tanto para conquistá-lo é um mistério. Uma das finalistas, de Chicago, é enfermeira especializada em fertilidade. Ela quer desistir de tudo por amor. De tudo: profissão, renda, independência, Chicago, propósito, vida. Não que eu *não* seja romântica, na verdade sou romântica até *demais*. Eu acredito na supremacia dos sentimentos. Durante toda a vida persegui sem descanso o "insaciável anseio por objetivos inatingíveis", como disse Isaiah Berlin. Mas isso aqui é besteira. As mulheres em *The Bachelor* não têm interesse no casamento, exceto como um atestado de que são completas; a prova de que se tornaram o que ainda é esperado que uma garota se torne. O que buscam é uma chance de embarcar na aventura ímpar sobre a qual leram e viram, um filme atrás do outro, durante toda a vida: a chance de serem a heroína em um enredo de casamento em uma escala grandiosa de superstar, uma validação transcendental que está a seu alcance, de forma tão sedutora. Claro, a "jornada" de *The Bachelor* não tem nada a ver com uma jornada de verdade. É um manual de instruções para as garotas que estão em casa saberem o que é importante, o que deve ser demonstrado e o que deve ser ocultado. O fazendeiro é o mais perto que podem chegar de um conto de fadas, o qual será concluído com a sugestão de que um casamento é iminente. Não é. O casamento é imanente. Tendo em vista os resultados do programa até agora, o solteiro e a noiva escolhida não vão se casar. Talvez namorem por algum tempo, antes de se separarem. Pode ser que acabem encontrando seu par no Tinder, ou continuem solteiros. O casamento não é o objetivo real das participantes. O objetivo real de uma participante é aparecer e mostrar que tem a estratégia vencedora, ser vista vencendo, encontrar o meio-termo entre o que deve ser mostrado e o que deve ser ocultado – compreender de que modo uma garota pode ser vencedora.

Uma vez, quando Kira tinha 2 anos e eu estava muito mal – depressão, mas também devido ao Texas –, eu a levei comigo para Nova York, em uma viagem de trabalho. Certa noite, caminhávamos ao escurecer de volta para a casa de minha amiga, no Brooklyn, e a noite estava linda; então, de repente em minha memória, estávamos correndo, e a seguir, voando. Eu carregava Kira como um filhote de coala, com os braços e pernas enrolados em volta de mim, e um campo de força impenetrável se formou ao nosso redor, um campo de força resplandecente de amor e poder. Senti-me invencível, então, como se nada pudesse me ferir, nunca mais. Era a primeira vez que eu não sentia medo desde que minha filha tinha 4 meses de idade. Talvez tivesse sido a mudança de cenário, ou eu estivesse me sentindo reconectada ao mundo, ou a depressão estivesse indo embora. Talvez fosse uma breve pausa psicótica depois de meses de tristeza e desesperança. O que quer que tenha sido, foi arrebatador.

Há uma série da qual gosto, chamada *UnREAL*, um drama sobre um *reality show* fictício, *Everlasting*, baseado em *The Bachelor*. As personagens principais são duas produtoras: Rachel, que tem um histórico emocional complicado, e sua chefe e mentora, Quinn, *borderline* e sociopata. O trabalho de Rachel é produzir as *storylines* dramáticas do programa, para isso manipulando as garotas participantes. As produtoras escolhem as garotas por tipo (casável, vilã, vadia) e narram suas histórias de acordo com ele. Analisam seu histórico psicológico, exploram suas inseguranças e alimentam-nas com todo tipo de fantasias e mentiras. Rachel tem um dom para a manipulação psicológica, pois foi a vida toda manipulada pela mãe controladora, que era psiquiatra. A realidade é produzida por meio da narrativa e do contexto; o que fica e o que sai.

*UnREAL* aborda autoria e autoridade, fala e realidade, romance de conto de fadas e controle social. Rachel é boa no que faz, mas falta-lhe autoridade, porque as pessoas acham que é maluca. Quinn tem autoridade, mas é odiada e temida por todos, e faz todo o trabalho sem levar crédito algum. O criador do programa é Chet, seu namorado casado, inútil e viciado em drogas, que roubou dela a ideia e nunca lhe deu o controle de decisões na parceria. Além do mais, os executivos da emissora sentem-se à vontade negociando com Chet, não com Quinn. Eles evitam ao máximo negociar com ela. Na segunda temporada, Quinn assume o programa e promove Rachel para seu antigo cargo. Então Chet retorna, tendo concluído um curso de paleosobrevivência para homens, e tenta reassumir o cargo. Em um jogo de poder, Rachel passa por cima de Quinn e tenta assumir o controle do programa, dizendo ao presidente da emissora que Quinn e Chet estão fazendo versões diferentes da história: Quinn está produzindo o conto de fadas meloso de sempre, e Chet está fazendo uma "versão masculina" meio pornô. O presidente da emissora a escuta, mas não lhe entrega o controle do programa. Em vez disso, chama um documentarista premiado e com formação acadêmica, Coleman, que tem um contrato de exclusividade com a emissora. Coleman não faz ideia de como o programa é feito, de modo que Rachel lhe mostra. Ela e Quinn convencem uma participante claustrofóbica, com um histórico de abusos e maus-tratos, a ferir outra garota, e então a trancam no porão como punição, sabendo que ela havia ficado trancada quando era criança. Dizem a ela que a única chance de permanecer no programa é contar ao "pretendente" Darius tudo sobre sua infância trágica em lares temporários. Ela o faz, e as duas então trazem uma atriz para interpretar a mãe dela e dizer que ela está mentindo. Darius tira-a do programa por não ter sido honesta, e ela surta. Coleman tem medo de que ela processe o programa, mas Rachel tranquiliza-o. Eles têm a emissora e os advogados. Quem acreditaria na garota?

Além do mais, será que ele não entende? É assim que você cria a história.

# 15

## Uma Proposta Modesta para mais Traição na Pré-Escola

Poucos anos atrás, eu estava levando Kira para a escolinha – um lugar mágico, com ênfase em brincadeiras, onde os sapatos são opcionais e não se usa açúcar, onde as galinhas correm livres e se empanturram com os salgadinhos saudáveis que as crianças deixam cair, e onde as principais áreas de foco acadêmico parecem girar ao redor do revezamento, da resolução de problemas e de Rosa Parks* – quando de repente tive um momento de incerteza tão paralisante que quase encostei o carro. O rádio estava sintonizado em um programa da NPR (National Public Radio) em que era debatida a decisão da então nova CEO do Yahoo!, Marissa Mayer, de proibir que os empregados trabalhassem de casa. Estivera pensando em Mayer desde cedo naquela manhã, depois que caí sem querer em uma toca de coelho da internet e passei meia hora percorrendo freneticamente sua coleção de arte contemporânea, suas horas marcadas no salão de beleza aos sábados pela manhã, sua paixão pela marca Oscar de la Renta, sua cobertura de 5 milhões de dólares no alto do Four Seasons em São Francisco, sua casa em estilo Craftsman em Palo Alto, seu pacote de benefícios anual de 117 milhões de dólares e seu patrimônio líquido estimado em 300 milhões de dólares, antes de conseguir me libertar. Estava pensando na forma pretensiosa como ela descartou a necessidade da licença-maternidade, como se ignorasse que a instalação de um berçário ao lado

---
* Rosa Parks (1913-2005) foi uma ativista americana pelos direitos civis. [N. T.]

de seu escritório dispensasse esse direito. Essa arrogância sugeria uma falta de autoconsciência e um distanciamento da realidade tão flagrantes que fariam Maria Antonieta revirar os olhos. O comentário de que os insatisfeitos buscassem outro lugar juntava o insulto à ofensa. No único país industrializado sem licença-família, que outro lugar havia para onde ir?

Eu estava num humor sombrio e autorrecriminatório quando peguei o carro e tive uma visão apocalíptica do futuro. Vi minha filha, antes um luminoso raio de sol de puro potencial, formada em artes liberais e presa por um vínculo servil a um trabalho de nível médio em uma empresa onde os funcionários deviam passar a vida no trabalho, teletransportando-se para casa a cada tanto para um breve contato com a família, apesar da facilidade de acesso a *softwares* de telepresença virtual 3D holográfica que permitem a pessoas de toda a galáxia interagirem entre si em tempo real, com som ambiente e sensações de odores e visão, diretamente do conforto de seus implantes cerebrais. Vi com uma clareza ofuscante que a culpa por essa situação deplorável era minha, toda minha, porque acidentalmente eu tinha criado uma serva de estufa.

Ops.

É difícil orientar-se no meio de um cataclismo. Pelo menos é o que digo a mim mesma quando fico confusa. Você deve resistir ou render-se? Derrotá-los ou juntar-se a eles? Como saber que lado é para cima? Durante o último ano de Kira na pré-escola, minha grande preocupação era para qual escola ela iria. Nesse processo, visitei ao menos meia dúzia de escolas de todo tipo possível. Fui a escolas públicas, particulares, progressivas, acadêmicas, bilíngues, autônomas e especializadas. Fiz o inventário de meus valores, conferi meu privilégio e confrontei minha baixa autoestima e meu escasso senso de merecimento. Depois de inspecionar um determinado bastião do privilégio (já nem sei por que fui lá; eu estava obcecada), com um edifício-garagem tão reluzente e imaculado que por um instante pensei estar em uma loja Barneys, tive sonhos febris durante a noite toda, de ter entregado minha filha para que virasse uma engrenagem anônima em uma rede energética de *Matrix*, por culpa de meu egoísmo e minha teimosia. Como podia ter sido tão idiota e não ter me juntado ao mundo corporativo, nem que fosse por meio de um casamento? Como podia ter sido tão perdulária a ponto de jogar minha oportunidade (uma boa faculdade! O anel de formatura!) pela janela com tanta displicência? Quem eu achava que era para me sair bem com o que quer que fosse? O que eu achava que estava fazendo?

Tinha sonhos febris também com aquele edifício-garagem e como nunca teríamos o direito de estacionar lá. Sentia-me excluída, e ao mesmo tempo aliviada por não me encaixar ali.

Uma amiga me contou que perguntou a uma mãe, na escola de sua filha, sobre o trabalho dela. A mãe olhou-a com tristeza e disse: "Eu tenho sorte. Não preciso trabalhar". Então imaginamos um produto ótimo, um saco de pancadas com um *chip* dentro, que diria isso cada vez que você o socasse.


Dada a importância da palavra *escolha* na narrativa de vida da mulher contemporânea, espanta-me perceber quão poucas vezes eu a ouvi sendo usada pelas pessoas que conheço para descrever o que acontece depois que elas têm filhos. A maioria de minhas amigas são jornalistas, escritoras e outras pessoas criativas com carreiras não convencionais, mas a narrativa da "escolha" – a ideia de que as mulheres chegam a uma bifurcação na estrada e escolhem à vontade entre dois caminhos distintos, ambos válidos e disponíveis, cada um com suas próprias implicações morais – sempre me incomodou. Não apenas porque a ideia da escolha pressupõe um privilégio que a maioria das pessoas não tem; ela também pressupõe que existe uma escolha a ser feita, que a maternidade é um trabalho que pode ser escolhido como opção a muitos outros, como bombeira ou bailarina. Mas não foi até eu fazer minha peregrinação pelas escolas que me dei conta do quão perniciosa e ilusória é a noção de escolha. O estresse de escolher a escola de um filho – mesmo quando você não tem muita escolha – decorre da angústia com o destino da criança. Que elementos darão a ela a melhor oportunidade na vida? E quando a criança é uma menina, a questão torna-se mais preocupante. Não vivemos em uma sociedade equitativa, apenas fingimos viver, e somos punidos quando sugerimos o contrário. Forçamos as mulheres a uma falsa escolha, que na verdade não é uma escolha. Então fazemos com que se sintam mal, não importa a "escolha" feita.

Eu tinha meus vinte e tantos anos quando comecei a ouvir como as mulheres eram deixadas para trás pelos homens no ambiente de trabalho porque "escolhiam" afastar-se por um tempo para ter filhos, e então tinham dificuldade para voltar ao mercado de trabalho. E tinha trinta e poucos quando a "guerra das mães" realmente decolou. Lembro-me de ficar muito desconfiada com essa narrativa. Depois que a Escola de Negócios de Harvard publicou uma pesquisa que mostrava o impacto da maternidade na carreira das profissionais formadas, Lisa Miller, da revista *New York*, escreveu:

> Talvez seja um desejo exclusivamente americano defender o mito da meritocracia, o ideal da igualdade de condições. Se podemos atribuir a trajetória interrompida de uma mulher ao fato de que ela tirou licença-maternidade demais, ou que sua devoção aos filhos beirava a obsessão e desviou seu foco do trabalho, ou que ela concebeu e gestou filhos demais, ou que ela não pode ou não quer dedicar o tempo necessário para ter êxito, ou que ela não encontrou o mentor certo, ou que ela não conseguiu entender as regras do jogo, ou ela não se esforçou o bastante – então ao menos

> resguardamos a possibilidade de que algumas mulheres,
> caso joguem bem as cartas, são capazes de ter êxito.

Era isso: a sensação de que era culpa sua, de que você não podia culpar ninguém exceto você mesma.

Uma vez, eu estava tomando um drinque, em São Francisco, com uma amiga que havia engravidado na adolescência, teve a bebê e até a levava para a faculdade. No bar, cruzamos com um conhecido dela. Ele lhe perguntou sobre a filha e depois me perguntou se eu tinha filhos. Respondi que não. Ele sorriu para mim, penalizado, e disse: "Você não quis ter?". *Eu não quis?* Eu mal tinha chegado aos 30 anos.

A cultura empurra as mulheres para "virarem mamães", mas é só depois de ter um filho que você descobre o que a cultura entende por tornar-se mãe. É um choque, depois de toda uma vida de comerciais da Hallmark e a constante idealização da maternidade, perceber como as mães são desvalorizadas socialmente. Tornar-se mãe é ruim para sua carreira. Também é ruim para sua imagem. O papel funcional de "mãe" como mostrado na mídia consome todo o seu tempo e energia. Ele anula sua personalidade. Nada mais de alegria, sexo, moda, música, tecnologia ou existência autônoma para você! Tudo que você faz, tem, pensa e usa será desvalorizado por estar associado a você, tornando-se uma versão degradada de si mesmo. Seu *jeans* vai se tornar "o *jeans* da mãe". Seu jantar fora com uma amiga vai ser "a noite livre da mãe". Sua tecnologia será considerada simples o bastante para que você consiga usá-la. Se alguém quiser transar com você, será como "mãe" – isto é, desafiando todas as regras conhecidas que governam o comportamento humano, algo pervertido, e com um certo senso de humor (mas será melhor do que o que as pessoas pensam de você, caso não tenha filhos, é claro). Uma amiga minha, que é mãe de dois filhos e tem um emprego importante na mídia, contou-me que o chefe dela, mais novo e solteiro, usava o tempo todo a expressão "mamãe descolada" sempre que queria descrever algo que ele achava que seria legal, mas não era. Por exemplo, minha amiga perguntava a opinião dele sobre um vídeo, e ele dizia: "Não sei, é tão mamãe descolada".

Ela esperou que ele percebesse que estava dizendo aquilo para ela, e que não devia ser algo depreciativo. Ele nunca percebeu.

Até hoje, a "mãe" é uma pessoa para quem a necessidade de renda – esqueça a necessidade de um trabalho significativo e produtivo – é estranhamente ignorada, como se os bebês enchessem as fraldas com notas de cem dólares. Ecoando Charlotte Perkins Gilman um século depois, Alison Gopnik escreveu no *Wall Street Journal* sobre o problema de pensar na maternidade como um trabalho e não como parte de ser humano. Um trabalho é um projeto realizado com um objetivo específico em mente ou um trabalho remunerado – é o local aonde você vai para trocar seu tempo por pagamentos. É estranho que até mesmo usemos a palavra modesta *trabalho* para nos referir à nobre tarefa da criação dos filhos; se vamos continuar com as metáforas trabalhistas, *carreira* não seria um termo mais apropriado? "Trabalho" implica que temos um resultado específico em mente, que esperamos que nosso trabalho resulte em um produto. Mas uma criança não é um livro que você está escrevendo, ou um bolo que está assando, ou uma apresentação de PowerPoint que está preparando. "Trabalhar para atingir um resultado específico é um bom modelo para muitos empreendimentos humanos cruciais. É o modelo certo para carpinteiros ou escritores ou executivos. Você pode julgar se é um bom carpinteiro ou escritor ou CEO pela qualidade de suas cadeiras, seus livros ou suas conclusões. Ao criar um filho, um pai ou mãe é uma espécie de carpinteiro; o objetivo, porém, não é produzir um tipo particular de produto, como uma cadeira, mas um tipo particular de pessoa." Gopnik nos lembra que durante alguns anos a combinação de maternidade e emprego é difícil, mas que a coisa fica mais fácil à medida que as crianças crescem, e que ter filho e ter emprego não deveriam ser mutuamente excludentes para ninguém.

> Convém não esquecer que a palavra "pais" não evoca necessariamente uma ação verbal ou a execução de uma tarefa. Devemos falar, isso sim, em "*ser* pais" – isto é, ter uma criança sob seus cuidados. Ser pais é integrar um relacionamento humano profundo e único, cultivar uma determinada espécie de amor e não, meramente, fazer isto ou aquilo. Afinal, ser esposa não é "agir como esposa", ser amigo não é "agir como amigo", nem mesmo no Facebook, e não "agimos como filhos" para nossas mães e pais. Entretanto, esses relacionamentos são essenciais para aquilo que somos. Toda criatura humana que vive uma vida plenamente satisfatória está inserida nessas conexões sociais.[1]

Eis aqui algo que eu não tinha conhecimento até bem pouco tempo. Durante a Segunda Guerra Mundial, os Estados Unidos mantiveram um programa de creches com subsídios federais e administrado pelo governo.[2] Uma emenda à Lei Lanham, em 1942, autorizava o financiamento de um grande sistema de creches de alta qualidade, com recursos federais e locais, que foi implantado em todos os estados, exceto no Novo México. Ao longo de todo o curso da guerra, o governo deu amparo a cerca de 600 mil crianças – por volta de uma em cada dez crianças que necessitavam de amparo. Por cinquenta centavos por dia, uma mãe entregava seu filho para um cuidado enriquecedor, que mostrou ter efeitos positivos duradouros no bem-estar da criança.[3] Depois da guerra, as creches foram fechadas, apesar dos apelos de mães trabalhadoras, grupos cívicos e educadores. Como escreveu Eleanor Roosevelt em um jornal: "O fechamento das creches por todo o país com certeza traz à luz o fato de que elas eram uma necessidade real. Muita gente acha que eram apenas uma medida de emergência em tempos de guerra. Alguns de nós tivemos a percepção de que talvez fossem uma necessidade que sempre tivemos, mas que no passado negligenciamos". Ela cita a carta que recebeu de uma mulher que, para ela, expressava "o tipo de coisa que muita gente está sentindo", incluindo o fato de que, para sua surpresa, as mulheres estavam "se organizando para expressar o que acham sobre o tema". A mulher escreveu que nem todos os maridos voltaram da guerra, e alguns voltaram inaptos para o trabalho, e que os filhos deles haviam sido muito beneficiados pelas creches, pelas quais de outro modo não poderiam pagar.

O fechamento das creches fez com que as mulheres saíssem de empregos que então podiam ser dados aos soldados que retornavam, e a mística feminina retornou com toda a força, mas a necessidade de cuidar das crianças não desapareceu. Mais mulheres trabalhavam fora em 1955 do que em qualquer momento da história americana.[4] Esse número aumentou para 40% em 1960. Quarenta por cento das mães casadas trabalhavam em 1970, e apenas 24% tinham filhos com menos de um 1 de idade. Em 1971, com votos dos dois partidos, o Congresso aprovou a Lei de Desenvolvimento Infantil Abrangente, apresentada pelo senador Walter Mondale e pelo deputado federal John Brademas, para estabelecer um sistema muito parecido de creches financiadas pelo governo, que eles esperavam que algum dia levasse a um amparo infantil universal. A intenção de Mondale era que as creches fossem de alta qualidade e disponíveis em uma escala móvel de preços, para "evitar que fossem tachadas de programa para pobres". Aconselhado pelo comentarista político Pat Buchanan, porém, o presidente Nixon vetou a lei, dizendo que ela "coloca a vasta autoridade moral do Governo Nacional do lado de abordagens de criação comunitária das crianças e contra a abordagem de criação centrada na família". Os oponentes atacaram a lei com a retórica da ameaça vermelha. De acordo com o senador republicano por Nova York James Buckley, a lei criaria pressão "para encorajar as mulheres a colocarem suas famílias em instituições de vida comunal".[5] Em meados dos anos 1970, a economia estava em declínio, as taxas de juros estavam nas alturas e legiões de mães casadas entraram no mercado de trabalho. Em 1984, 59% das mães casadas trabalhavam. O governo estava ciente dessas estatísticas, mas nada fez para resolver o problema dos cuidados às crianças ou da equiparação salarial. Em vez disso, os psicólogos continuaram a apresentar análises sobre como as mães que trabalhavam estavam deixando cicatrizes permanentes nos filhos – mas, ei, vá "encontrar a si mesma" – e a mídia embarcou na histeria quanto a uma epidemia de maus-tratos satânicos em creches.

Agora, décadas mais tarde, as mães de mais de 64% das crianças em idade pré-escolar estão na força de trabalho, mas as políticas referentes à família e ao trabalho estão piores do que eram em meados da década de 1940, quando apenas 10% das mães trabalhavam fora (e mesmo assim a oferta não supria a demanda).[6] Como escreveu Rhaina Cohen na revista *The Atlantic*: "Agora, em 31 estados e no distrito de Columbia, o custo médio anual de manter uma criança na creche pode superar a mensalidade e as taxas anuais de uma universidade pública. O alto custo dos cuidados com os filhos não pesa apenas no orçamento dos pais; ele também pressiona as mulheres a saírem do mercado de trabalho, pois em muitos casos o preço de uma creche é superior aos rendimentos de um emprego. A falta de creches a preços acessíveis contribuiu para o imenso e persistente abismo entre os rendimentos de mulheres e de homens a longo prazo".

Minha amiga Darby me contou sobre a primeira vez em que sua filha (e melhor amiga de Kira), Sydney, ouviu a expressão "joga como uma garota". Ela a entendeu como uma tautologia sem sentido. "É claro que ela joga como uma garota", disse Sydney, como se fosse a coisa mais óbvia do mundo. "Ela é uma garota." Darby teve que explicar que "como uma garota" significava uma crítica, e expressava a crença "que algumas pessoas têm" de que as garotas são menos capazes de fazer coisas do que os garotos, de forma geral. Sydney esperou, paciente, pela moral da história ou por uma retificação. E esperou. Ela não veio.

Finalmente, disse: "Tanto faz. Eu jogo melhor que o papai". E foi embora.

Mais ou menos na mesma época, Kira trouxe da biblioteca um livro sobre um irmão e uma irmã que viajam no tempo até a Grécia Antiga. Ao chegarem a Atenas, são recebidos por Platão (pois todos os viajantes do tempo recebem um tratamento VIP das celebridades), que lhes informa que as garotas não têm permissão para ver os Jogos Olímpicos. Também não podem ir à escola, nem aprender a ler e escrever. Ele então os apresenta a uma grande poetisa que não pode colocar o próprio nome em seu trabalho, porque isso poderia lhe trazer grandes problemas. "O quê?!", gritou Kira, indignada. "Isso não faz o menor sentido!"

Incomodava-me que o livro colocasse isso como uma coisa do passado, e que se limitasse a apontar uma injustiça. É fácil lamentar as desigualdades do passado. Faz você parecer do bem. É muito mais difícil, sobretudo em um livro infantil, abordar os motivos do surgimento da injustiça, o modo como esta é perpetuada de maneira consciente e inconsciente, e por que se permite que ela persista enquanto ouvimos contos de fadas sobre como são as coisas hoje. A incredulidade e o choque de Kira só foram possíveis graças à sua inocência. Em algum momento ela a perderá e não ficará mais chocada. As histórias ainda não farão nenhum sentido, mas ela já terá parado de esperar que façam.

Nesse meio-tempo, o que devemos dizer a nossas filhas sobre justiça? Como devemos criá-las? Talvez devamos pensar em abordagens pedagógicas mais adequadas para o ambiente atual – um acampamento de sobrevivência na selva, quem sabe? Escola de gladiadores?

Deveríamos organizar brincadeiras em grupo do tipo Lean in Circle?* Indo para a pré-escola naquela manhã, Kira ficou irritada (e era compreensível) com a NPR e perguntou: "Tem algo sobre Rosa Parks nessa coisa?". E, não, não havia. Mas agora, vários anos depois, Kira já está no terceiro ano e aprendeu muito sobre Donald Trump. Até que ponto, e de que modo, posso prepará-la para a existência disso?

---

\* Organização que promove o empreendedorismo entre mulheres, por meio de reuniões periódicas em que as participantes se ajudam entre si a desenvolver suas capacitações. [N. T.]

# Parte Quatro

# Um Chá Maluco

"Lotado! Lotado! Está tudo lotado!", gritaram, ao verem Alice se aproximando.

"Mas tem *muito* lugar!", respondeu Alice, indignada.

– Lewis Carroll, *Alice no País das Maravilhas*

# 16

## Deixa pra Lá

Quando a ex-primeira-ministra da Ucrânia Yulia Timochenko foi libertada da prisão, cada vez que eu abria meu navegador na *home page* do *The New York Times*, eu via Elsa, rainha de Arendelle. Como Elsa, Timochenko tem o visual folclórico de contos de fadas de uma princesa Disney, aliado à frieza de uma de suas vilãs. E não é todo dia que uma chefe de Estado loura, com tranças de camponesa e destituída de seu cargo por um rival bárbaro domina o noticiário. Naturalmente, você associa uma à outra. Ou talvez eu tenha começado a ver Elsa por toda parte, em tudo, o tempo todo.

  Kira assistiu a *Frozen* umas trinta vezes. Na primeira vez, eu a levei ao cinema depois que o pai dela e eu tivemos uma discussão e ele saltou do carro em um semáforo e voltou para casa a pé. Ela ficou aterrorizada durante a cena em que os soldados do príncipe Hans invadem o castelo e prendem Elsa, e saiu correndo do cinema gritando: "Tenho que sair daqui!". Então alguém nos deu a trilha sonora, e por dois meses nós a tocamos sem parar no carro. Poucos dias depois que Craig e eu decidimos nos separar, eu a levei a uma exibição no El Capitan, em Hollywood, no dia de meu aniversário. Era uma sessão em que a plateia cantava junto, e lá nos juntamos a Darby, Sydney e mais ou menos outras mil pequeninas cópias de Elsa em uma emocionada e desafinada canção. Era como se tivéssemos descoberto em Elsa algum tipo de instrumento místico sintonizado pela magia a nossas emoções. Depois disso, fomos a uma sessão especial de apresentação para o Oscar e o filme tomou conta de nossas vidas. Não conseguíamos parar de assisti-lo, e sobretudo não conseguíamos parar de cantar "Let It Go" ("deixa pra lá" ou, na tradução brasileira da música, "Livre estou"). Por algum tempo, me deixei levar pela diversão da coisa, e então a intensidade de nossa fixação me faz parar para pensar. Eu não conseguia decidir se "Let It Go" tinha a ver com submissão ou com rebeldia. O que Elsa estava dizendo? O que eu achava que ela estava dizendo? E Kira, o que achava? Uma noite, enquanto eu a colocava na cama, perguntei-lhe sobre o que ela achava que era a música de Elsa, e ela me olhou como se não soubesse mais quem eu era. "É sobre os poderes dela", respondeu.

"Mas o quê, sobre os poderes?", insisti.

Ela me olhou de soslaio e disse: "É sobre os *poderes* dela!".

"Ok", disse eu, ainda sem entender. Então ela se lançou em uma última interpretação entusiástica de "Let It Go" antes de dormir, e tentei cantar junto, e ela me socou o olho.

*Frozen* é vagamente inspirado no conto de fadas "A Rainha da Neve" (*Snedronningen*, título original dinamarquês), de Hans Christian Andersen, publicado pela primeira vez em 1844 – tão vagamente, na verdade, que não tem nada a ver. "A Rainha da Neve" rodou pela Disney durante uns setenta anos, desde a época de Walt Disney, desafiando todas as tentativas de adaptação para a tela. O conto é dividido em sete partes. A primeira consiste em um mito exploratório sobre um espelho do mal feito pelo demônio (ou, em algumas versões, por um *troll* do mal), com o poder de distorcer tudo que reflete. O espelho faz com que "tudo o que era bom e bonito, quando refletido, parecesse pobre e perverso; mas o que era imprestável e feio era mostrado maior e com a feiura ampliada". Fascinados com as possibilidades, alguns demônios (ou *trolls*) decidiram levar o espelho para o Céu, mas na subida deixaram-no cair, e ele se despedaçou na terra, lançando pó e estilhaços para todos os lados. O pó e os estilhaços se alojaram nos olhos e no coração das pessoas, distorcendo sua visão e tornando-as cruéis.

Na segunda parte do conto, somos apresentados a Kai e Gerda, um garoto e uma garota que são vizinhos e gostam um do outro como se fossem irmãos. Kai e Gerda adoram ouvir as histórias da avó de Gerda sobre a bela mas assustadora Rainha da Neve, que espia pela janela das pessoas durante a noite e cobre os vidros com flores feitas de gelo. Kai diz que vai derretê-la no fogão se ela chegar perto das casas deles, e a Rainha da Neve aparece em sua janela naquela noite. No verão seguinte, ele sente dor no coração e no olho, e em seguida zomba de Gerda, rejeitando-a para ficar com os garotos mais velhos, na praça. ("As brincadeiras deles agora eram bem diferentes do que eram antes; eram agora muito espertas.") A Rainha da Neve vem buscá-lo pouco tempo depois, congela o coração dele com seus beijos e leva-o para seu castelo de gelo, onde o força a resolver problemas inúteis de lógica, até ele ficar azul de frio.

Enquanto isso, a inconsolável Gerda parte em busca dele. Durante a jornada, ela encontra flores mágicas falantes, uma feiticeira que quer mantê-la consigo, um príncipe e uma princesa que tentam convencê-la a ficar com eles, um bando de ladrões que a captura e ameaça matá-la e devorá-la, uma ladrazinha feroz que liberta-a dos ladrões e duas mulheres, uma da Finlândia e outra da Lapônia, que a ajudam a chegar a seu destino. Por fim, Gerda chega ao castelo da Rainha da Neve e encontra Kai sozinho, "muito azul, sim, quase preto, de frio", tentando solucionar problemas matemáticos em um estado quase catatônico. Gerda lança-se sobre o amigo e chora lágrimas quentes sobre o peito dele. Na vida real, sabemos, essa estratégia não costuma funcionar, mas neste caso o pranto "derreteu o pedaço de gelo e consumiu o estilhaço de vidro que estava no coração dele", quebrando o encanto.

"A Rainha da Neve" às vezes é considerado um conto de fadas feminista, por ser a garota quem realiza a corajosa jornada para salvar o garoto, mas tal interpretação baseia-se em um erro básico de leitura da história. Andersen não tinha interesse algum em subverter o patriarcado, pelo contrário. Vindo da classe trabalhadora, filho de um sapateiro e de uma lavadeira, ele foi criado e educado por uma rica família burguesa de Copenhagen. Essa criação inculcou nele uma atitude de veneração pelas elites, um entusiasmo por ideologias essencialistas e um profundo senso de inferioridade. Andersen deu continuidade ao que Jack Zipes descreve como "a missão dos Irmãos Grimm de remodelar os contos folclóricos orais explicitamente para o processo de socialização burguês".[1]

"O conto de fadas clássico para crianças e adultos reforçava a ordem simbólica patriarcal estabelecida com base em noções rígidas de sexualidade e de gênero", escreve ele.

> Os estereótipos, e não os arquétipos, representados nas versões impressas e encenadas dos contos de fadas, tendiam a seguir noções esquemáticas de como os jovens de ambos os sexos deveriam se comportar. Embora seja de certa forma uma simplificação, os heróis são, em sua maioria, espertos, afortunados, aventureiros, atraentes e ousados; as heroínas são bonitas, passivas, obedientes, diligentes e abnegadas. Embora alguns sejam de classes baixas, e embora o tema "dos farrapos à riqueza" tenha um papel importante, os camponeses e as figuras de classe baixa aprendem um [...] conjunto de modos, costumes, comportamento normativo e pensamento que lhes permite preencher um papel social, ascender em *status* social e destacar-se de acordo com expectativas convencionais de classe social e gênero.[2]

De qualquer forma, o triunfo da pequena e adorável Gerda sobre o temível espectro da gélida, distante e mortalmente encantadora

Rainha da Neve pode ser lido, de modo mais preciso, como uma lição moral quanto às vantagens, para as garotas, de permanecerem para sempre puras e infantis. Na história, Gerda representa a inocência, enquanto a Rainha da Neve, como escreve Naomi Lewis em sua introdução à autobiografia de Andersen, *Uma Vida de Contos de Fadas – A História de Hans Christian Andersen* [*The Fairy Tale of My Life: An Autobiography*], não é "nem boa, nem má: ela é a Experiência". Kai é corrompido pela experiência e redimido pela inocência. Gerda torna-se uma "verdadeira mulher", e uma "verdadeira mulher" nunca cresce, nunca desperta, nunca aprende. Ela está ali para ajudar, e para salvar o garoto de si mesmo.

*É uma história estranha. Afinal, o que aconteceu?*

O projeto da Disney foi restabelecido em 2010, voltando a ser arquivado em seguida, depois do fracasso de bilheteria de *A Princesa e o Sapo* [*The Princess and the Frog*]. *Enrolados* [*Tangled*], no qual o destaque é o protagonista masculino, passou à frente no cronograma de produção, e teve público suficiente para convencer a Disney a tentar de novo. Jennifer Lee foi chamada para escrever o roteiro e depois para dirigir o filme com Chris Buck.

*Mas* Frozen *trata do quê, afinal?*

Em *Frozen*, na adaptação feita por Jennifer Lee, Elsa e Anna são irmãs. Elsa tem poderes mágicos que lhe permitem criar coisas de neve e gelo. No início, Elsa foi baseada na Rainha da Neve e concebida como a vilã da história. Em um dado momento, porém, os autores das músicas perguntaram-se como seria ter um poder incrível, do qual você foi ensinada a sentir vergonha. A música fez Lee repensar por completo a Rainha da Neve. Seu nome foi mudado para Elsa e ela se tornou a rainha de Arendelle. Gerda passou a ser Anna, sua irmã mais nova. Um dia, quando ainda são crianças, estão brincando e, por acidente, Elsa acerta a cabeça de Anna com um raio de gelo e quase a mata. Os pais levam Anna para a terra dos *trolls*, onde sua consciência é restaurada e sua memória apagada. Daí em diante, ambas passam a viver trancadas no castelo. Elsa é obrigada a usar luvas e recebe ordens de não tocar nas coisas e de reprimir seus sentimentos. Ela se torna medrosa e angustiada. Ninguém conta nada a Anna. Ela só sabe que Elsa costumava amá-la e já não a ama mais. Isso a torna carente e desesperada. O isolamento afeta as duas. Presas em uma história de cuja criação não participaram, as irmãs passam o tempo praticando suas respectivas patologias: Elsa luta para conter os sentimentos, enquanto Anna projeta a si mesma em fantasias nos quadros das paredes e sonha amores imaginários.

No dia da coroação da irmã, Anna apaixona-se por Hans, um príncipe visitante que acabou de conhecer. "Eu posso dizer uma coisa louca?", ela pergunta durante a música romântica com os dois. "Eu adoro loucura", responde ele, que no final pergunta: "Posso dizer uma coisa louca? Quer casar comigo?". E ela responde: "Posso dizer uma coisa mais louca ainda? Sim!". Quando Anna conta sobre o noivado a Elsa, esta diz à irmã que não pode se casar com um homem que acabou de conhecer, e elas brigam. O estresse liberta os poderes de Elsa, e ela é apontada como uma aberração – uma princesa com poderes! O duque de Weselton, um potentado visitante, chama-a de monstro, e a multidão a expulsa da cidade. Elsa foge para a Montanha do Norte, onde constrói para si um reluzente palácio de gelo, transforma-se na Rainha da Neve e declara sua intenção de ficar "sozinha e livre" para sempre. Talvez sua canção possa ser interpretada como a intenção de romper com a convenção burguesa e penetrar em um vazio radical. No entanto, a fuga de Elsa da repressão e seu grande despertar criativo coincidem com sua transformação em uma vedete sedutora.

Ela canta a plenos pulmões que a garota perfeita se foi, enquanto transforma-se em uma garota ainda mais gélida e mais perfeita do que antes, uma versão *sexy* de seu eu controlado em seu vestido justíssimo com uma fenda enorme e saltos altos feitos de lascas pontiagudas de gelo.

Enquanto isso, Anna parte para encontrar Elsa e trazê-la de volta para Arendelle, deixando Hans no comando. Em sua viagem, conhece Kristoff, um vendedor de gelo briguento, e Olaf, um entusiástico boneco de neve que Elsa criou quando era criança e que representa a exuberância e a criatividade juvenis, há muito reprimidas. Os três chegam finalmente ao castelo de Elsa, e Anna tenta convencê-la a voltar e descongelar Arendelle. Ao descobrir que havia congelado seu reino, Elsa entra em uma espiral de desprezo por si mesma, e acerta de novo sua irmã com um raio de gelo, dessa vez no coração. Kristoff leva Anna de volta a Arendelle, para que Hans possa dar-lhe "o beijo do amor verdadeiro" e evitar que ela se transforme em uma escultura de gelo. Mas o que Hans quer é tirar Anna do caminho para assumir o trono. Ele não a ama: ele acabou de conhecê-la. Quem a ama, claro, é Elsa, e vice-versa. Pouco antes de transformar-se em gelo, Anna evita a execução de Elsa; e Elsa, por sua vez, chora lágrimas quentes sobre a irmã congelada e a traz de volta à vida. Hans é preso, a paz é restaurada e Elsa – que parece ter voltado ao trono – torna-se uma espécie de anfitriã mágica, mística e celibatária, usando sua magia para transformar Arendelle em um parque de diversões; sua criatividade foi domada, sua solidão fundamental, confirmada. Ninguém se casa no final.

*Afinal de contas, o que é uma princesa (parte 1)?*

Quando pergunto a Kira o que é uma princesa, ela responde sem hesitar: "É uma mulher muito chique que faz o que quer". Mas, algumas semanas depois, estamos assistindo a parte de *A Princesinha* [*A Little Princess*] em que Sara Crewe descobre que o pai morreu sem um centavo e que ela agora está à mercê da horrível srta. Minchin. Kira protesta, indignada, que ser uma princesa não tem a ver com a posse de coisas bonitas, mas com ser uma pessoa boa e generosa.

As princesas modernas, tanto reais quanto ficcionais, são símbolos que estão em guerra com seu próprio simbolismo. O lugar-comum que diz que qualquer garota é uma princesa transformou-se na expectativa de que qualquer princesa seja uma garota genérica: de Rapunzel e Anna à duquesa de Cambridge. Seu prazer com as coisas simples da vida traz uma dose igual de desprezo pelas coisas mais sofisticadas. A platônica princesa genérica, como imaginada pela Disney, é uma garota de gostos simples: ela adora cachorro-quente, mas odeia gelatina, adora jogos com bola, mas odeia ópera. Ela não entende a disposição dos talheres. Ela fala, age e se comporta como uma adolescente americana de classe média, ou como uma competidora em um *reality show*. Ela exibe todos os clichês das princesas e também seus opostos. Ela não é apenas uma ideia que ganhou um corpo, ela é a *história* de uma ideia que ganhou um corpo: é o registro personificado de nossa relação com a princesa arquetípica. Uma princesa, real ou ficcional, deve projetar uma *persona* ativa, independente, corajosa, livre-pensadora, despretensiosa, acessível, realizada, democrática por natureza e basicamente descolada. Quer dizer, ela precisa ser tudo isso se quiser continuar sendo adorada pelo público pagador de impostos e comprador de ingressos e de tabloides. Para que uma princesa mantenha sua soberania e/ou seu domínio sobre o mercado em uma sociedade que consegue tolerar quase qualquer grau de injustiça (desde que não seja forçada a encarar quão intransponível é a injustiça), ela deve rejeitar o papel de princesa e agir como uma celebridade: afortunada, grata e humilde, agraciada não com privilégios, mas com uma sorte aleatória, imparcial e equitativa.

A indicação mais clara de que Anna é a protagonista de *Frozen*, por exemplo, é o fato de que é apresentada como a irmã "normal": ser comum, na cultura pop, é a condição máxima à qual uma garota pode aspirar. Enquanto Elsa deve ficar trancada e longe das vistas, ocultando seus poderes e reprimindo as emoções, Anna não só parece ter sofrido uma negligência inconcebível, como aparenta não ter recebido nenhum tipo de formação. Não é a falta dos poderes sobre o gelo que a diferencia de Elsa, mas o estranho desconforto com sua própria posição. Cada adorável mania de Anna realça um desconforto neurótico ante a autoridade. Mesmo tendo nascido e vivido a vida toda em um castelo, Anna fala, age e se comporta como uma pré-adolescente em um programa Disney Junior. Isso faz mais sentido quando a princesa é uma plebeia que casa com um príncipe e deve viver a vida de uma princesa sem de fato encarnar a personagem. Mas as qualidades de Anna que a tornam "comum", "adorável" e alguém com quem é possível "identificar-se" (vulnerabilidade, baixa autoestima, vontade de agradar, insegurança) são na verdade indesejáveis e, em última análise, falsificadas, pois decorrem da sistemática privação da verdade quanto à sua situação. Ninguém lhe conta sobre os poderes de Elsa nem o motivo de ambas viverem isoladas. Os pais queriam protegê-la, mas, por não lhe contarem a verdade, deixaram-na vulnerável a qualquer um que demonstrasse o menor afeto, como o nefasto príncipe Hans, que tenta usá-la para tomar o trono de Elsa.

A cultura pop opera em um círculo vicioso infinito, autorreferente, em constante aceleração. O significado é contestado quase tão depressa quanto é produzido, e a mistura torna-se o novo significado que, por sua vez, também é contestado à medida que é produzido. Por fim, chega um ponto em que o arquétipo foi subvertido tantas vezes que deixa de ter qualquer significado. Como relata Peggy Orenstein em *Cinderella Ate My Daughter: Dispatches from the Front Lines of the New Girlie-Girl Culture*, os executivos da Disney asseguraram-se, de forma deliberada, de que o conceito de princesa tivesse uma definição ampla o bastante para que significasse qualquer coisa, ou que "na verdade não tivesse significado". Se então uma princesa não mais é definida por casamento, linhagem, comportamento ou deveres, como deve ser definida? Por sua beleza, sua sensualidade, sua elegância, suas joias, seu isolamento, sua tristeza, sua falta de poder.

*Afinal de contas, o que é uma princesa (parte 2)?*

Uma vez, Kira e eu esperamos mais de uma hora, na Disneylândia, para entrar na fila de recepção de uma princesa, depois da qual ela voltou até Cinderela para perguntar: "Como são as princesas de verdade?". A garota que fazia o papel de Cinderela estendeu o braço para que Kira o tocasse, o que me pareceu uma manobra evasiva brilhante. De que outro modo poderia responder à pergunta? Kira afagou o braço oferecido, obediente, mas percebi que estava decepcionada. Não era o que ela havia perguntado. Ela queria saber se a mística era real. Ela estava tentando conciliar a história com a realidade.

A feminilidade altamente elaborada é fascinante, por ficar tão evidente que é falsa e encenada. Essa feminilidade descaradamente artificial e simulada das princesas da Disney que os adultos rejeitam e as garotinhas amam é precisa. Como um doce. Quanto mais artificial, absurdo, exagerado e abstrato, melhor. Não basta que o doce seja doce. Ele também tem que simbolizar o doce.

Removidos de seu contexto social e histórico, os contos de fadas têm seu valor ressignificado como natureza humana, mas usar "Branca de Neve" como um ensinamento concreto sobre gênero é mais ou menos como usar a Vênus de Willendorf como uma referência em anatomia. "Quando a história é removida de um tema", escreve Marina Warner em seu livro *Da Fera à Loira: Sobre Contos de Fadas e seus Narradores*, "o que nos resta é a Alteridade, e todo o seu poder de condensar a hostilidade, recarregá-la e fazê-la circular de novo".[3] A história torna-se outra forma de transmissão da ideologia mascarada como verdade. Torna-se um sistema narrativo, um círculo vicioso, recorrente e inescapável.

*O que era um conto de fadas originalmente?*

Em seu livro, Warner escreve sobre a origem dos contos de fadas como histórias de fundo moral para garotas. Até serem recolhidos, registrados e publicados por acadêmicos e escritores como Charles Perrault, os Irmãos Grimm e Hans Christian Andersen, os contos de fadas (a palavra *fada*, nas línguas românicas, tem raízes etimológicas na palavra *fado*, destino) eram o domínio de mulheres velhas – avós, babás e serviçais – encarregadas de cuidar das crianças. Histórias como "Branca de Neve", "Cinderela" e "A Bela Adormecida" – com suas personagens arquetípicas muitas vezes sem nome ou de nomes descritivos, com seus cenários genéricos e remotos, suas épocas indefinidas e suas tramas mágicas, aterrorizantes e de extravagante improbabilidade – tinham uma função pedagógica: alertar as garotas ao dramatizar alguns dos cenários reais que poderiam enfrentar, como perder a mãe, encontrar uma sogra hostil ao mudar-se para a casa do marido, ou perder o pai e ter de competir por recursos com a segunda mulher dele. Warner descreve os contos de fadas como sendo "eficientes em envolver os ouvintes ou leitores na identificação com os protagonistas, seus infortúnios, seus triunfos", ao mesmo tempo que apresentam "imagens dos perigos e possibilidades que estão à espera" e indicam "possíveis destinos e possíveis finais felizes".

Contos de fadas eram as histórias contadas por mulheres casadas para as futuras noivas, que universalizavam e ao mesmo tempo dissimulavam certas realidades inescapáveis. Eram um meio de transmitir às garotas informações detalhadas e um alerta, como escreve Warner: "usa[ndo] o terror para impor limites à escolha e oferecer consolo para as injustiçadas, estabelece[ndo] contornos sociais ao redor de garotos e garotas, pais e mães, ricos e pobres, governantes e governados, denuncia[ndo] os malfeitores e premia[ndo] os virtuosos" e "enfrenta[ndo] a adversidade com sonhos de vingança, poder e reivindicação". Eles refletiam a experiência de ser uma garotinha em um sistema patriarcal.

Eram testemunhos da impotência, injustiça e exclusão que eram naturais, e ofereciam estratégias de autoproteção. Sendo bem-sucedido, o casamento era uma forma de transcender essas condições. Não sendo, ele em si constituía tais condições.

Os contos de fadas literários – isto é, aqueles que foram compilados em livros ou transformados em filmes para o público em geral –, desde seu surgimento, na Itália do século XVI, desempenharam um papel significativo na aculturação das crianças. Com suas personagens simples e estereotipadas, suas tramas fantásticas e seus cenários indeterminados, atemporais, eles contavam com a aparência de fantasia infantil para mascarar sua ideologia. Contudo, quer tenham sido escolhidos e modificados para moldar e refletir as realidades sociais e políticas da época, ou para subverter, criticar e desafiá-las, eles são quase sempre prescritos. Os contos de fadas estabelecem normas para o comportamento e deixam claras as consequências de seguir ou rejeitar os códigos de conduta estabelecidos. Tal clareza atrai naturalmente as crianças e ajuda-as a pensarem sobre o lugar e a função que terão no mundo quando crescerem.

*Então, o que as pessoas querem dizer hoje em dia quando se referem a algo como um conto de fadas?*

Bem, atualmente, o termo costuma ser usado para uma fantasia irreal, na qual apenas pessoas muito ingênuas ou ignorantes de fato acreditam. Chamamos de conto de fadas algo que menosprezamos e que consideramos um sonho tolo e fútil; o pensamento mágico preguiçoso; uma promessa de romance e resgate que não pode ser mantida, e que permite a uma princesa ser para sempre princesa e nunca crescer para ser rainha. Os contos de fadas que envolvem princesas também estão entre os poucos entretenimentos populares feitos para garotas em que as protagonistas também são garotas.

"É significativo", escreve Warner, "que quando o folclorista russo Vladimir Propp analisou os contos maravilhosos, ele dividiu esse tipo de narrativa em sete esferas de ação, às quais correspondem diferentes funções das *personas* dramáticas: o malfeitor, o herói, o doador, o auxiliar, a princesa e seu pai, o mandante e o falso herói". A indivisibilidade da princesa e seu pai, mais a ausência da mãe, observa Warner, revela "sem querer, o caráter patriarcal dos enredos de casamento tradicional". A princesa é usada como alavanca para reforçar o poder do pai em alianças que jogam as mulheres umas contra as outras. "O efeito dessas histórias é enaltecer o herói masculino: a posição do homem como salvador e provedor nesses testemunhos de conflito feminino é assumida, repetida e reforçada."

Em um *podcast* do site do roteirista John August, a roteirista Aline Brosh McKenna pergunta à roteirista de *Frozen*, Jennifer Lee, por que a transformação de Elsa precisou ser tão sensual. McKenna diz: "O que eu estava achando interessante até aquele momento era como elas pareciam assim meio casuais, em especial Anna, como ela era casual. E então, de repente, ela [Elsa] parecia uma modelo sensual, com fenda lateral e tudo. Conte-me sobre isso". E Lee responde: "Bom, posso contar-lhe. O interessante é que nós na verdade tivemos um certo cabo de guerra. Havia duas coisas que estávamos sentindo. Uma é aquele momento de liberdade em que você sai por aí como se estivesse em uma passarela e manda ver. E por mim estava tudo bem, e estava ótimo. Tinha muita pressão dos caras, sabe, de amar a personagem como... Todos os caras do estúdio, e algumas mulheres, estavam apaixonados por Elsa".

Costumávamos brincar: "Vamos trancar Anna no armário, é só dar um empurrão". Teve uma cena em que alguém disse: "Dá para empurrar Anna mais para trás, mais?". E eu: "Tira ela daí, simplesmente tira. Coloca ela do lado de fora". Porque Elsa era... Ela havia conquistado todo mundo. Então existia um cabo de guerra, acho, um pouco, de deixar as pessoas terem um pouco... o pessoal que queria colocar um pouco daquilo, mas não ficar com medo, não deixar declaradamente sexual. Para mim, é mais como se fosse um momento em que você sai desfilando, mas até aí, não tem ninguém olhando, vou fazer e pronto... Não vou ter medo de minha sexualidade. Não vou ter medo de quem eu sou. Não vou ter medo de nada em mim.[4]

"Mas a sexualidade dela com certeza faz parte disso", MacKenna responde.

"Acho que o que descobrimos é [que] a reação a isso" – ela se refere à transformação de Elsa em uma mulher sensual – "foi maior do que a gente achava que seria", Lee diz a McKenna. "Mas tudo bem. É um momento que foi... Tanta gente trabalhou naquilo, então, tudo bem."

"Bom, é fascinante que seja uma roupa sensual, mas ela não é uma personagem sensual", afirma John August.

"Não, não é", concorda Lee.

"Ela sequer fala com outro cara além de Hans, nem por um segundo", continua August. "Então, ela nem está tentando seduzir algum homem. Não tem nenhum homem por perto para ser seduzido."

Se, como escreveu Marina Warner, os contos de fadas tinham o intuito de ajudar as ouvintes a identificarem-se com as protagonistas – seus infortúnios e seus triunfos – e ao mesmo tempo dar-lhes uma ideia das coisas boas e ruins que as aguardavam, "universalizando e encobrindo certas realidades inescapáveis", e de forma geral validando a experiência de ser uma garotinha em um mundo masculino, então o que teria Elsa para nos ensinar? O que teria Elsa para dizer às garotinhas em 2013 sobre o que esperar?

A reação dos pais de Elsa aos poderes incríveis da filha é de medo, o que acabou por fazê-los trancá-la no castelo. Como uma jovem princesa, Elsa é mantida em confinamento solitário. Como uma jovem adulta, ela parte para um exílio voluntário na remota Montanha do Norte. Mais tarde, ela é capturada pelo maléfico príncipe Hans e aprisionada em uma torre. E, finalmente, ela volta para Arendelle, onde diverte o povo com reluzentes redemoinhos de gelo, como um mágico de festas. Essa suposta liberdade recém-encontrada também é desconcertante. Quando Elsa foge de Arendelle, ela replica com exatidão quase perfeita as condições das quais escapou (castelo, vestido, isolamento). De fato, a transformação dela é uma dramatização um tanto surpreendente e inesperada da observação de Simone de Beauvoir de que "não se nasce mulher, torna-se mulher". Quando ela finalmente entra em contato com seu "verdadeiro eu", a pessoa que emerge é uma imitação de Céline Dion, com olhos sedutores. E sua música – uma expressão emocionada de seus sentimentos mais profundos – é executada em uma apresentação para uma plateia internalizada.

*Tanto faz. Elsa ainda não faz sentido para mim como personagem. O que ela quer de fato? O que exatamente ela está "deixando pra lá"? Seu perfeccionismo? Seu desejo de aprovação? Seu ódio internalizado por si mesma? A reivindicação do trono que é seu por direito? Sua preocupação com o que os outros pensam dela? Seus superpoderes? Poderia de fato ser qualquer coisa. Ela estava se submetendo ou se revoltando? "Deixa pra lá" não é o que uma pessoa diz quando quer incentivar você a encontrar suas próprias forças. De fato, não é sequer usado como um estímulo para deixar livres seus poderes criativos ou destrutivos. É o que as pessoas dizem às outras quando querem que elas superem uma situação, sigam seu caminho, desistam. "Deixa pra lá" é usado para silenciar. Talvez a cena da mudança de visual não signifique nada e tenha sido concebida simplesmente como um cenário atraente para o número musical grandioso. Ela deveria assinalar que a heroína por fim se encontrou ao fugir para um lugar isolado, mudar o visual e dar um show para ninguém. O que ela está fazendo?*

Bom, o que parece é que, em vez de despertar para a realidade, Elsa está finalmente rompendo com ela. Elsa não despertou, afinal de contas, mas mergulhou em seu próprio mundo interior de fantasia. Talvez ela não seja apenas a primeira princesa Disney neurótica, mas também a primeira psicótica.

Quem sabe foi por causa das mensagens contraditórias que recebeu. Por exemplo:

- As garotas podem ser poderosas, mas os pais delas não vão gostar.
- As garotas são emotivas demais para que possamos confiar em seus poderes. Veja Elsa. Seus poderes estão ligados a seus sentimentos, e seus sentimentos estão fora de controle. Ela é a personificação do medo de ter uma mulher presidente, uma fera que poderia soltar um monstro de neve no Senado quando estivesse naqueles dias.
- O poder talvez seja o atributo mais antinatural que uma garota poderia ter, mas outras características também são problemáticas, sobretudo a criatividade. Passar muito tempo sozinha, fazendo suas próprias coisas criativas, só vai deixar você esquisita e infeliz. Quanto antes você aceitar isso e concentrar seus esforços em tornar-se útil e fazer coisas boas para os outros – por exemplo, construir uma adorável pista de patinação no pátio de seu castelo –, mais feliz você será.
- Embora seja legal tornar-se útil para os outros, a maior missão da vida de uma garota é tornar-se o mais atraente que puder, da forma menos prática possível. O que é considerado mais atraente em uma garota envolve mobilidade limitada (a saia é justa e os sapatos parecem assassinos), desconforto extremo (ela diz que o frio nunca incomodou, mas ela usa muito mais roupas quentes em Arendelle antes de fugir do que na gélida Montanha do Norte), desprendimento (onde

está a comida naquele castelo? Onde estão as camas?) e gastos insanos (claramente, a roupa, o cabelo e a maquiagem custam uma fortuna). A beleza natural é boa, mas a beleza altamente estilizada (disponível a qualquer uma que investe esforço e dinheiro nisso de verdade) transmite a mensagem de que você de fato se preocupa com a opinião dos outros a seu respeito. Ela demonstra que se transformar em um troféu é uma boa maneira de canalizar qualquer força de vontade ou criatividade com a qual possa ter sido amaldiçoada ao nascer, e ajuda a garantir que não será excluída de sua comunidade ou abandonada pelos entes queridos. Ela ensina as garotas, ainda, que se objetificar é uma excelente estratégia para neutralizar as qualidades que os outros possam achar ameaçadoras, e desvia a atenção delas. Também transmite a ideia de que você sabe quais são suas prioridades.

- Uma garota excepcional pode ser admirada, mas é improvável que alguém a ame, porque ela será intimidante demais. Caso isso aconteça, sua melhor opção é transformar-se em um exemplo perfeito de feminilidade e castidade, e tornar-se útil – quem sabe construindo uma bela pista de patinação para o povo?

*É isso?! Mas isso é um caos.*

Eu sei. *Frozen* já foi citado como um filme feminista de princesas, por não terminar em casamento. Mas no máximo seria um filme feminista no sentido de mostrar como a heroína sofre *gaslighting* (abuso emocional) e é forçada a situações ambíguas impossíveis, uma atrás da outra, em que a independência é associada com solidão e isolamento, e a criatividade e o poder são associados com loucura. Apesar de sua reabilitação, Elsa ainda exibe todos os sinais de uma vilã Disney, mas ela não é má. Ela só faz coisas más. Ela não tem como evitar. Ela não consegue controlar seus poderes, pois não consegue controlar seus sentimentos perigosos e aterrorizantes. O perigo são seus sentimentos.

No fim, de certa forma Elsa consegue libertar-se. Mas as forças que enfrenta são difusas e traiçoeiras, e ela nunca aceita de fato seu desejo. Para além de suas reações de transtorno de estresse pós-traumático em decorrência dos maus-tratos sofridos na infância (afinal de contas, só faltou ser acorrentada ao pé da cama pelos pais), as questões persistem: quem é Elsa? O que ela deseja? De onde vêm seus poderes mágicos, e por que ninguém mais na família os tem? Por que os pais temem e odeiam tanto seus poderes? Por que, sendo soberana legítima e incontestável de Arendelle e também, como já estabelecemos, uma pessoa dotada de superpoderes, Elsa abdica de sua posição com tão pouca resistência? Por que dá as costas a tudo que em teoria lhe pertence? Por que não nos importamos com sua ausência de reação a tudo isso?

"A ideia do despertar", escreve Warner, "às vezes em termos eróticos, mas não exclusivamente, está no âmago da função do conto de fadas. Mas o ângulo de visão da Bela Adormecida, quando ela abre os olhos, é diferente do ponto de vista do príncipe [...]. Os usos dos encantamentos têm um poder tremendo, o que é expresso e o que é negado, o que é descoberto e o que é rejeitado formam um panorama do mundo possível para o qual a Bela Adormecida estará despertando. Quem conta a história, quem remodela as personagens e muda o tom, torna-se muito importante: história alguma mantém-se igual à sua fonte ou modelo, pois a química da plateia e do narrador a transforma."

*Você sabia que Jennifer Lee foi a primeira mulher a escrever e dirigir um filme da Disney, sem contar Brenda Chapman, que foi demitida de* Valente [Brave], *mesmo a história sendo baseada em suas experiências como mãe?*

É claro. *Valente* era basicamente Atalanta, de *Free to Be... You and Me.* O acordo que fez foi que não teria de se casar com o vencedor de um torneio caso ela própria fosse a vencedora. Vejam bem. As garotinhas adoram histórias de princesas porque estas tratam da passagem para a vida adulta, e as cenas de casamento marcam o fim simbólico da infância. Ainda, as garotas amam princesas pela mesma razão pela qual garotos (e garotas) amam os super-heróis – porque são transcendentes, inigualáveis, justos e verdadeiros; porque habitam o sobrenatural. Eles são a prova reconfortante de um universo moral no qual o bem derrota o mal. Eles usam roupas diferenciadas. Super-herói e princesa são símbolos que operam no reino da perfeição. Mas enquanto os super-heróis derrotam o mal antes de encontrarem o amor, não se espera que as princesas briguem para sair de encrencas. Não se espera que tenham desejos ou lutem por eles, ou vençam.

*Uma vez, quando eu era adolescente, minha mãe me disse: "Seu problema é que você não sabe o que quer. Você só sabe o que não quer". Essas palavras me magoaram, e por muito tempo guardei-as dentro de mim como um defeito secreto – a prova de que era incapaz de criar a vida que queria para mim, por ser incapaz de visualizá-la.*

Mas ela não é fácil de visualizar. Não existe, nem nas histórias e nem na vida real, uma narrativa coerente que seja amplamente aceita como a linha narrativa universal para as mulheres. Passado um determinado ponto, o enredo simplesmente descamba ladeira abaixo.

# 17

## Todos os Vilões São Garotas

*Branca de Neve e os Sete Anões* foi o primeiro filme da Disney sobre princesas que Kira assistiu. Ele marcou sua conversão instantânea ao culto das princesas Disney. Poucos meses antes de seu aniversário de 3 anos, ela e o pai estavam na casa de um amigo quando ele me mandou por celular uma foto dela sentada em um sofá, com um vestido de náilon da Branca de Neve e um grande laço vermelho na cabeça. Os olhos dela estavam arregalados, o queixo caído, a face radiante. Mais tarde descobri que o momento de descoberta das princesas era comum entre garotas cujos pais tentaram em vão protegê-las. Minha amiga Dominique me contou que, quando tinha 18 meses, sua filha Simone ganhou de alguém um copo-mamadeira da Cinderela, e daí em diante recusou qualquer líquido que não saísse daquele bico mágico.

Logo depois que Kira assistiu ao filme, seus avós lhe deram um belo livro *pop-up* com a versão de "Branca de Neve" dos Irmãos Grimm, na qual a louca Rainha Má tenta três vezes matar a enteada, por esta ser mais bela – primeiro com um corpete letal de renda, a seguir com um pente envenenado e, por fim, aceitando uma dica de Satã, com sua *pièce de résistance:* a maçã envenenada. No filme, só existe a maçã. O fruto do conhecimento faz Branca de Neve entrar em um sono profundo, e os anões a colocam em um caixão de vidro, até que o príncipe apareça para salvá-la com um beijo de doutor Frankenstein que a traz de volta à vida. As princesas estavam sempre se metendo em encrencas por desobedecerem às ordens, por tocarem e experimentarem coisas proibidas. Kira estava acostumada com isso. Sua parte favorita de *A Bela Adormecida* era quando Aurora, hipnotizada, toca o fuso da roca de fiar. ("Toca o fuso, vai! TOCA!", gritava enquanto líamos o livro, toda noite por quase um ano.) Apesar disso, ela ficou admirada quando descobriu que, no original, a Branca de Neve caiu nos truques da Rainha não uma, mas três vezes, e comentou, de forma casual: "Ela é a segunda mais bonita, mas é bem burra". Havia muito mais angústia em sua voz quando me perguntou por que todos os vilões dos filmes eram garotas. Ela se referia aos vilões Disney, que, com a exceção do príncipe Hans, são quase sempre mulheres, e quase nunca jovens. As princesas sofrem nas mãos de madrastas malvadas, rainhas perversas e fadas malévolas consumidas por inveja e fúria. A experiência as torna poderosas, mas a exclusão torna-as más. As princesas devem manter sua inocência e impotência, mas não adquirir experiência. Em vez disso, devem depender, para sua salvação, de amigos mágicos (possivelmente imaginários) e da bondade dos príncipes. Respondi a Kira que era uma boa pergunta. Alguns meses depois de seu aniversário de 3 anos, ela decidiu que queria fantasiar-se de Rainha Má da *Branca de Neve* para o Halloween. Fiz uma capa com uma gola alta e rígida de feltro branco. Ela vestiu um capuz sobre o cabelo e uma coroa por cima. Penduramos um espelho em seu pescoço, pintamos de vermelho seus lábios e desenhamos sobrancelhas cruéis. Ela assumiu a personagem a noite toda, enquanto pedia doces, olhando com desdém todas as Brancas de Neve que passavam.

Um ano antes de ser a Rainha Má no Halloween, Kira foi uma princesa robô. Varei a noite criando a fantasia a partir do nada. Como capacete, usei um galão de leite pintado com tinta *spray* prateada, com uma tiara colada. No ano seguinte à Rainha Má, quando tinha 4 anos, ela foi uma noiva, com uma fantasia comprada na seção de fantasia para meninas de uma loja de departamentos. Aos 5 anos, ela foi um gato. Aos 6, um pirata, com tapa-olho e um papagaio falso no ombro. Aos 7 anos, sua forte conexão com princesas tinha acabado. Ela havia seguido em frente.

Fui ver *Malévola* sem ela. Achei que podia ser assustador demais, e prometi contar-lhe como era, para que ela decidisse se queria assistir ou não. Depois de ver o filme, eu lhe disse, olha, é bem triste. Malévola vive em um reino de fadas vizinho a um reino humano governado por um rei mau. Ela é pura, forte, generosa e boa. Tem asas enormes. Ela fica amiga de Estêvão, um garoto órfão que mora no outro reino, e durante anos eles adoram um ao outro. ("Estêvão, o pai de Aurora?", ela perguntou. Na história, o pai da Bela Adormecida tem nome. "Sim, o pai de Aurora".) Um dia, o rei humano ataca o reino das fadas, e Malévola reage e vence. O rei quer assassinar Malévola, e Estêvão, que deseja ser o novo rei quando o velho rei morrer, volta ao reino das fadas, dá a Malévola uma droga que a faz cair no sono e, enquanto ela dorme, corta suas asas para levá-las ao rei. ("Ele é o vilão?!" "Ele é o vilão. Eu disse que é triste.") Malévola não morre, mas não pode mais voar, e isso a deixa triste e com raiva. Ela não entende por que seu amigo fez isso com ela, e nunca mais confia em ninguém. Quando Estêvão se torna rei, casa-se com Leila, e eles têm uma filha, Aurora. ("E Malévola lança uma maldição na bebê porque está furiosa." "Isso.") Então o rei Estêvão entrega a bebê às fadas para que a escondam e cuidem dela, mas as fadas são bobas e imprudentes, de modo que Malévola deve ficar de olho para garantir que Aurora não morra. Ela se sente mal quanto à maldição. Aurora cresce sentindo que há alguém cuidando dela e, um dia, vê Malévola e diz: "Sei quem você é. Você é minha fada madrinha!". No décimo sexto aniversário de Aurora, ela é levada de volta para o castelo do rei Estêvão, e ele a tranca em uma torre, dizendo que é para protegê-la. Mas Aurora ainda está sob o efeito da maldição e, ao completar 16 anos, espeta o dedo no fuso de uma roca de fiar. Nem mesmo Malévola consegue desfazer a maldição para que ela não morra. ("Só um beijo de amor verdadeiro." "Sim."). Então todo mundo tenta encontrar o príncipe Philip, o cara bonitinho que Aurora conheceu na viagem de volta ao castelo, para lhe dar o beijo de amor verdadeiro, mas não funciona. ("Eles só se viram uma vez." "Exato."). Aí fica todo mundo muito triste, porque acham que Aurora vai morrer, especialmente Malévola, uma vez que Aurora é como uma filha, então ela entra escondida no castelo e lhe dá um beijo na testa, porque a ama, e Aurora desperta. ("O beijo de amor verdadeiro!") Então, os homens do rei Estêvão tentam matar Malévola, e Aurora se esforça para ajudá-la. Ela descobre as asas em uma grande caixa de vidro, porque nessas histórias todo mundo vive colocando as garotas e partes delas em grandes caixas de vidro, e as asas saem voando para a torre e grudam de novo em Malévola, bem quando Estêvão está prestes a matá-la. Ela sai voando, e ele cai pela borda da torre e morre.

*Malévola* é mais do que uma nova versão; é uma correção. O filme enxerga a história de outra forma, por outra perspectiva, e a muda. De repente, tudo faz sentido. Nunca se esperou que a princesa sucedesse ao rei, ou vivesse suas próprias aventuras, ou explorasse novas terras. Era esperado que ela desaparecesse em seu próprio final feliz, onde permaneceria feliz para sempre, e nunca mais ouviríamos falar dela. Em troca da obediência e de fazer seu papel, receberia amor, elogios, atenção, apoio e proteção – e perderia tudo na hora, ao menor sinal de transgressão ou rebeldia, e aí perceberia que o rei só a estava protegendo dele mesmo. Esse rei não era um pai, era um chefão da máfia.

Vamos dizer que a princesa faça o papel de garota a vida toda, e então fica rica, experiente, sábia e poderosa, sem nenhuma autoridade masculina mandando nela. E aí? O que ela se torna, uma governante sábia? Uma líder benévola? Uma rainha amada? Ou uma bruxa velha? Ela será difamada, perseguida e exilada? Todas as jovens princesas ouvirão histórias assustadoras sobre as maldades dela, e alertas para não seguirem seus passos? Terão sua subjetividade negada por *gaslighting*, mergulhando em confusão? Serão ensinadas de forma sistemática a temer e odiar sua identidade futura, a megera malvada, a bruxa perversa, e acalmadas com a promessa de bondosa proteção por parte de um rei paternalista? É isso que queremos para elas? É o que elas querem?

Escreve Jack Zipes em *Fairy Tales and the Art of Subversion*: "Os contos de fadas que passamos a reverenciar como clássicos não são imutáveis, universais e belos em si e por si, e não são a melhor terapia do mundo para as crianças. São receitas históricas, internalizadas, potentes, explosivas, e podemos reconhecer o poder que, ao mistificarem nossas vidas, exercem sobre elas".[1] *A Bela Adormecida* é uma mistificação que *Malévola* desmistifica. *Malévola* permite que a princesa recupere a mãe. O filme restaura o vínculo que a cultura tanto se esforça para romper. No entanto, talvez fosse forte demais para Kira que sua amada Bela Adormecida tenha perdido o pai para o qual voltara tão feliz. Isso poderia assustá-la. Preparei-me para a possibilidade de que ficasse perturbada ou zangada. Mas ela pensou a respeito. Analisou a história por outro ângulo e tomou uma distância crítica. Ela entendeu como a história moldou a história, e como esta poderia ser alterada. Então disse:

"É triste. Mas ele era malvado."

# 18

## As Garotas Adoram Matemática

1. Ninguém discorda de que a idade é mais cruel com as mulheres do que com os homens. Mas por quê? O Facebook, sempre pronto para demonstrar a implacável marcha do tempo e seu efeito alarmante sobre nossos antigos colegas de escola, corrobora a afirmação. As garotas não mudam do mesmo jeito. Elas se apegam aos cabelos. Elas operam a partir da alma. Elas podem usar hidratantes sem inspirar ninguém a fazer um documentário sobre isso.

A expectativa é que as mulheres submetam-se a essa verdade tão evidente e que os homens, por elegância, tentem não contar vantagem. Acima de tudo, é esperado que ninguém perceba ou questione a forma diferente com que a "flor da idade" é construída para cada gênero; os critérios usados são totalmente diferentes. Se, como sugere Hegel, as ideias não são apenas ideias, mas vêm envoltas em todo tipo de atitude, então essa ideia em particular é como um grande figo recheado de gorgonzola e enrolado em bacon – decadente, enjoativa, envelhecida em um barril de besteira, requentada e servida repetidas vezes.

2. "A epigenética significa que nossas tendências físicas e mentais não foram gravadas em pedra durante o Pleistoceno", escreveu Judith Shulevitz no *The New York Times*. "Na verdade, elas são moldadas pela vida que levamos e pelo mundo em que vivemos, neste exato momento. A epigenética prova que somos produto da história, tanto pública quanto privada, em partes de nós que são tão intimamente

nossas que poucas pessoas sequer imaginariam que a história poderia alcançá-las." Em outras palavras, as narrativas penetram em nós e nos hibridizam.

Li outro artigo sobre como homens mais velhos têm maior probabilidade do que homens mais jovens de terem filhos com autismo ou esquizofrenia, devido ao aumento na frequência de mutações aleatórias à medida que o homem envelhece. "A idade da mãe não influenciou o risco de ocorrência desses transtornos, demonstrou o estudo."[1]

Outra informação: cientistas em Quioto conseguiram criar ovos férteis a partir de células-tronco, o que poderia significar, se e quando a técnica fosse aplicada a humanos, o fim do relógio biológico. As histórias mudarão para se adaptar à realidade? Ou vamos aguentar firme?

3. Eu tinha uns 10 anos quando descobri as revistas de moda. Minha mãe não comprava essas publicações, mas assinava *¡Hola!*, versão em espanhol do tabloide inglês *Hello!*, que trazia a programação da TV, uma obsessão pela família real e dois suplementos de moda por ano. Pelo que me lembro, a maior parte dos suplementos era ocupada por uma fileira depois da outra de pequenas fotos das coleções de estilistas. Havia algo agressivo na severidade monástica das modelos e na arrogância cultivada dos estilistas (Saint Laurent! Lagerfeld! Tão rigorosos e maus!). Eu estava diante de um ideal abstrato da feminilidade adulta em seu estado mais puro. As modelos pareciam tão sérias, guerreiras com olhar de aço, com aqueles trajes requintados e criativos, indicativos de *status* (e que sinalizavam dinheiro de sobra, poder e vontade de gastar). Eu teria ficado chocada se soubesse, na época, que elas não eram muito mais velhas do que eu.

Discute-se muito o fato de que as modelos de passarela estão cada vez mais jovens. O que seria "jovem demais" para uma garota expor-se em um leilão glorificado, vestindo milhares de dólares em roupas, fingindo ser uma mulher adulta rumo ao abatedouro da moda? Para ser sincera, nunca tinha parado para pensar nisso até pouco tempo atrás, quando li no jornal diversos artigos de opinião sobre a proposta do Conselho de Estilistas de Moda dos Estados Unidos de estabelecer o a idade mínima de 16 anos para as modelos de passarela. Alguns estilistas já adotaram esse limite, outros não. Ainda que o façam, as garotas contratadas são pouco mais do que crianças, e vale a pena pensar a respeito, por diversas razões, algumas óbvias e outras nem tanto. Dentre as não tão óbvias, um comentário em particular chamou minha atenção.

"Note que os modelos que precisam de proteção são implicitamente garotas, e não garotos", escreveu em seu artigo Ashley Mears, professora de cultura pop e de sociologia de gênero, autora de um livro sobre aspectos econômicos da atividade de modelo. "Isso decorre em parte do hábito arraigado de louvar as mulheres em exibição, não os homens, e em parte porque os modelos masculinos tendem a ser mais velhos que os femininos. Um garoto de 16 anos na passarela seria uma visão tão rara quanto uma mulher de 35 anos."

4. Eu já sabia disso, é claro. Todo mundo sabe. Mas nós nos habituamos às estranhezas. O comentário poderia não ter chamado minha atenção, caso eu não estivesse também folheando a edição de setembro da *Harper's Bazaar*. Eu estivera vendo um resumo sobre o que usar naquela estação – caso você seja a feliz proprietária de milhares de dólares disponíveis para as peças indispensáveis do outono – aos 20, 30, 40, 50, 60 e 70 anos ou mais. O guia trazia fotos das roupas estendidas sobre algum fundo, livres da imperfeição das formas humanas. Cada década também era acompanhada por uma grande foto de uma modelo usando o *look*, e uma foto menor de uma mulher representativa daquela faixa etária (todas elas, exceto uma, eram ex-modelos, mas tudo bem). Parecia tudo muito inclusivo e democrático (usaram mulheres pertencentes ao grupo "70 ou mais"!). Mas a desconexão entre

as modelos e as "pessoas de verdade"ia ficando cada vez mais chocante à medida que as idades iam avançando e, ao chegar aos 70 anos (ou mais!), a fotinho de Barbara Walters era ofuscada pela foto grande de uma garota que podia facilmente ser sua bisneta de 13 anos de idade, parecendo triste em sua fantasia de viúva rica.

Juntar fotos de garotas adolescentes com homens adultos, ou de mulheres jovens com homens de meia-idade, para sugerir igualdade etária produz uma espécie de dissonância cognitiva em massa. O mesmo acontece com o reforço constante da ideia de que uma mulher de 33 anos é, de algum modo, "mais velha" do que um homem sete anos mais velho que ela. (Estamos falando aqui, embora não com tantas palavras, do valor de uso no mercado sexual.) A dissonância cognitiva, que é a condição de ter duas ou mais cognições conflitantes ao mesmo tempo, causa desconforto psicológico, e é isso que torna tão sinistro um concurso de beleza com menininhas de 3 ou 4 anos. (Duas palavras que não se pode juntar: bebê *sexy*.) Outro aspecto que os torna sinistros é o fato de evidenciarem nossa falta de questionamento à prática da exclusão sistemática de imagens de mulheres acima de 39 anos, e sua substituição por imagens de crianças montadas como adultas. A narrativa repetida com insistência, em imagens e nas histórias, é que o auge físico da mulher nunca pode coincidir com seu auge intelectual, profissional e artístico. Assim, o ideal almejado é posto no passado, onde jamais será alcançado. Juventude e experiência são uma vez mais contrapostas; a juventude vence. Como disse um comentarista na série Room for Debate, do *The New York Times*, porém: "Ver crianças como exemplos de minha condição de adulto dá a impressão de ser algo errado".

5. Aliás, as meninas estão mesmo malucas. A ambiguidade enlouquece. Na década de 1960, achava-se que eram as mães que enlouqueciam as filhas e faziam com que estas se tornassem esquizofrênicas. Essa teoria resultou de uma pesquisa pioneira conduzida por Gregory

Bateson, em Stanford. Ele e sua equipe formularam a teoria de que as pessoas são esquizofrênicas não por terem nascido assim, mas por culpa de mães que prendem os filhos pequenos, dependentes, em impossíveis relações ambíguas, de duplo vínculo, exigindo dois resultados contraditórios e incompatíveis (por exemplo, "seja você mesmo" e "esconda seus sentimentos") por longos períodos. Por algum tempo, os psicólogos achavam que isso enlouquecia as pessoas. Essa teoria acabou sendo abandonada quando a esquizofrenia passou a ser vista como um distúrbio biológico.

Paul Gibney, psiquiatra e autor australiano, redefiniu a teoria do duplo vínculo de Bateson em um artigo que a reabilitava para aplicação simbólica em outras situações, da seguinte forma: "A hipótese essencial da teoria do duplo vínculo é de que a 'vítima' – a pessoa que se torna psicótica – vê-se em uma matriz de comunicação em que as mensagens em si são contraditórias; não é possível comunicar a contradição; e a pessoa afetada não é capaz de sair do campo de interação".[2]

A formação inicial de Bateson, aliás, era em antropologia (por muito tempo ele esteve casado com Margaret Mead), e ele se concentrou em sistemas de comunicação, teoria de sistemas e cibernética, que ele então aplicou às ciências comportamentais. A cibernética pode ser aplicada ao estudo de todo tipo de sistemas – mecânicos, físicos, biológicos, cognitivos e sociais – desde que o sistema seja parte de um circuito fechado, no qual as alterações ambientais decorrentes de ações no interior do sistema retroalimentem-no e mudem seu comportamento.

6. Moro em Los Angeles e de vez em quando ouço histórias como a que se segue, apesar de meus esforços (em geral bem-sucedidos) para evitá-las. Uma amiga conhece uma atriz cujo código do sistema de alarme é um lembrete da idade que ela nunca deve ultrapassar, 2828, duplicada só para garantir. Outra amiga mora ao lado de uma

atriz e modelo que, aos 27 anos, já é considerada tão além de seu auge que há pouco tempo foi chamada para um comercial onde aparece como a esposa de um homem de 45 anos e mãe de dois adolescentes. Embora em termos biológicos seja possível ela ter dado à luz o filho mais novo quando tinha 12 anos de idade, dificilmente tal situação seria considerada ideal, e tampouco ela teria sido uma parceira adequada, aos 10 anos, para um homem maduro de 28 anos. (É claro que ninguém considera um homem de 28 anos maduro de verdade, mas isso é irrelevante.)

A matemática estragou meu prazer de assistir à série *Homeland*, pois não consegui aceitar a escolha decorativa de Morena Baccarin como a esposa de Nicholas Brody. Damien Lewis, que interpreta Brody, é oito anos mais velho que Baccarin, e a filha deles na série tinha 18 anos na época em que eu escrevia estas palavras. Ou seja, ela teria nascido quando a mãe tinha 15 anos – uma estudante do ensino médio que com essa idade não poderia estar legalmente casada com seu namorado e fuzileiro naval de 23 anos.

No piloto de *O Projeto Mindy* [*The Mindy Project*], Mindy Kaling – então com 33 anos e no papel de uma médica de 31 – tem um encontro às cegas com um sujeito interpretado por Ed Helms – então com 38 anos e representando um personagem qualquer – quando é interrompida pela ligação de um garoto, filho de uma paciente indigente, sem plano de saúde e que não fala inglês, a qual entrou em trabalho de parto. Mindy faz de tudo para evitar a chamada, e finalmente pega o telefone e sussurra: "Você sabe como é difícil para uma mulher cheinha, de 31 anos, descolar um encontro com um cara formado em economia pela Duke?".

Se Malcolm Gladwell estava correto em seu estudo que determinou que são necessárias dez mil horas, ou dez anos, para tornar-se bom de verdade no que você faz, então a personagem Mindy defronta-se com a perspectiva deprimente de estar velha demais muito antes de se tornar competente de verdade. Os duplos vínculos deixam você maluca.

"O que vemos na televisão é que a maioria das personagens femininas está na faixa dos 20 ou 30 anos", diz Martha Lauzen, professora universitária e diretora executiva do Centro para os Estudos das Mulheres na Televisão da Universidade Estadual de San Diego, no documentário *Mulheres na Mídia* [*Miss Representation*]*, de Jennifer Seibel Newsom. "É uma representação muito equivocada da realidade, que de fato distorce nossas percepções."

Os filmes oferecem algumas estatísticas. Mulheres entre a adolescência e a faixa dos 20 e 30 anos representam 39% da população, mas constituem 71% das mulheres na TV. Mulheres com mais de 40 anos representam 47% da população, mas constituem 26% das mulheres na TV.

Quando me mudei para Los Angeles, com pouco menos de 30 anos, lembro-me de ter ficado chocada ao ver a facilidade com que as mulheres da minha idade aceitavam o "fato" de terem ficado velhas demais para serem desejáveis, e como estavam resignadas com sua própria irrelevância; como tantas mulheres aceitavam, de forma acrítica, a ideologia que promovia a desigualdade de privilégio e poder como sinônimos de realidade, em vez de ajudar a produzir e a manter a realidade; a presteza com que confundiam cultura com natureza. "É como se a mulher simplesmente tivesse que ir embora quando chega aos 39 ou 40 anos", diz Lauzen. "Quando algum grupo não é representado na mídia, eles precisam perguntar-se: 'Bom, que papel eu desempenho nesta cultura?'. Existe inclusive um termo acadêmico para isso. É a chamada aniquilação simbólica."

---

\* Em tradução literal, "representação de senhoritas", um trocadilho com misrepresentation, ou "interpretação equivocada". [N.T.]

7. Lembra-se quando fizeram aquela Barbie falante, e o que ela disse foi "Matemática é difícil!"? Que bobagem. As garotas adoram matemática. Nós a usamos com frequência. Quando criança, eu ficava acordada na cama fazendo cálculos mentais como louca, tentando descobrir quando, exatamente, eu viveria a vida adulta que imaginava estar sendo sugerida nos suplementos de moda da revista *¡Hola!*, uma espécie de idade adulta livre e sofisticada, mas completamente vivida. Não a vida insegura e falida de um jovem adulto, e nem a maternidade rabugenta e ressentida, mas a parte boa. Eu pensava: *Se terminar a faculdade, vamos dizer aos 28 anos, me resta de seis meses a um ano para trabalhar antes do limite fatal dos 30 para ter filhos.*

Eu tinha razão para me preocupar com a possibilidade de ser descartada por ser jovem demais até pouco tempo antes de começar a ser descartada por ser velha demais? Passei boa parte de meus 20 e de meus 30 anos pensando que estava tudo acabado. O mais engraçado é que sempre pareci mais nova do que de fato era. Com 23 anos, eu parecia ter 16 – não uma garota de 16 anos magricela e delgada que, com a maquiagem e a roupa certas, pode passar por uma mulher de 30, mas o tipo que leva cantada de garotos de 12 anos e recebe afagos na cabeça. Nas entrevistas de trabalho, eu cronometrava o tempo até que a cara de surpresa do entrevistador desse lugar a uma expressão de afetuosa condescendência. Para mim, o máximo que a aparência jovem rendeu foi me pedirem os documentos, o tempo todo, para comprovar a idade. Não era lá uma grande vantagem, em termos profissionais e até sociais. Apesar disso, não me conformo com o quanto de minha juventude desperdicei sentindo-me velha.

# 19

## Vidas Fora dos Trilhos

A "mulher liberada", como o "mundo livre", é uma ficção que obscurece as reais relações de poder e desmonta a revolução. Como podem as mulheres, subordinadas em todas as outras esferas, serem livres e iguais na cama? Os homens querem que sejamos um pouco livres – pois é mais excitante. Mas as mulheres que de fato os levam ao pé da letra fazem com que se sintam tensos, e eles demonstram isso – com suas piadas, fofocas, seus comentários maldosos sobre mulheres que parecem agressivas demais ou "fáceis" demais.

— Ellen Willis, "Up from Radicalism:
A Feminist Journal"

Em inglês, chamar uma pessoa de *train wreck*, isto é, um "desastre", é o mesmo que declarar que, sem qualquer dúvida, ela está rumando para um desastre previsível, mas inevitável. E esse desastre não é de menor gravidade. A expressão evoca uma pilha catastrófica de metais retorcidos e corpos – uma cena tão terrível e macabra que só podemos contemplá-la com horror e repugnância. Ela vai além da empatia, do reconhecimento e mesmo da piedade.

A expressão é usada para descrever um homem ou uma mulher que perdeu o controle. Mas espera-se que as mulheres mantenham maior controle do que os homens. Quando um homem perde o controle sobre seus impulsos libidinosos, encaramos isso com certa dose de espanto: foi uma falha. Quando uma mulher não consegue conter-se, debochamos dela. O "desastre" feminino é carente, emocional, grotesco. Pode jorrar sangue.

Assim, de que poderia tratar uma comédia descompromissada cujo título original, em inglês, é *Trainwreck* (no Brasil, *Descompensada*), cuja personagem principal é uma jovem com gosto pela aventura?

O título se refere a um clichê familiar: a garota atraente, mas inconsequente, que destrói sua vida, a carreira, a reputação e as finanças ao abusar de drogas, álcool, comida, namorados tóxicos, roupas caras e plásticas malfeitas. Você já entendeu. Mas a história aqui não é essa, que você já sabe como consumir e degustar: com ironia e empatia zero. "Entender" a história quer dizer que você pegou a piada, o que significa que se a piada não é com você, deve ser com ela – a garota que destruiu a própria vida, o "desastre". Assim, o filme nem começou e já está encurralado em um beco narrativo e moral. Você espera sentir alguma identificação positiva com a personagem. Você espera gostar dela e estabelecer uma relação com ela. Mas você se vê sentado na arquibancada, assistindo de cima enquanto a garota cambaleia de um lado para o outro bêbada e desequilibrada, em sapatos de plataforma, atordoada e ofuscada pelos *flashes*. Não dá uma sensação legal. Você não quer bani-la. Você não quer matá-la. Você não é um monstro. Então, o que precisa acontecer? Como podemos olhar para ela de modo a resolver esse problema?

Há duas formas possíveis: a partir de Amy, olhando para fora, ou de fora de Amy, olhando de cima para ela.

A história do filme é a seguinte. Era uma vez duas garotinhas chamadas Amy e Kim, que eram irmãs. Amy era a mais velha e Kim, a mais nova. Um dia, o pai senta as duas no capô do carro, na entrada de casa, e explica-lhes que ele e a mãe delas estão se divorciando porque ele não consegue parar de brincar com outras bonecas (ele estava tentando fazer uma analogia que elas pudessem entender) e a mãe delas não gostava disso. Ele explicou às filhas que a monogamia não era realista e pediu que elas repetissem depois dele: a monogamia não é realista. A monogamia não é realista. A monogamia não é realista.

Vinte anos depois, Amy (interpretada por Amy Schumer) mora agora em Nova York e é uma articulista bem-sucedida. Ela trabalha em uma revista masculina chamada *S'Nuff*. Mora sozinha em um apartamento bonito, usa roupas legais e sofre do que é classificado como uma incapacidade patológica de estabelecer vínculos com um parceiro, em associação, ainda, à ilusão de que é feliz. Amy sai com vários caras que gostariam de conhecê-la melhor, mas dos quais ela se afasta o mais rápido possível depois da primeira noite. Seus encontros sexuais são intensos, bem iluminados e eficientes como uma consulta ginecológica, com a mesma qualidade dissociativa de vou-fingir-que--não-está-acontecendo-nada. Amy transa de sutiã e tem orgasmos como um gatinho espirrando. Faz piadas sobre o tamanho dos pênis e finge que cai no sono antes de retribuir o sexo oral. Tem regras contra passar a noite inteira juntos. Ela bebe, mas isso parece não ter muito impacto em sua vida. Está para receber uma promoção importante no trabalho. Não tem amigas mulheres, exceto uma garota com a qual conversa no escritório. Sua vida social consiste em ficar com o pai, que tem esclerose múltipla, e com a irmã, Kim, interpretada por Brie Larson, que é casada e tem um enteado com uns 10 anos de idade. Como este é um conto de fadas, a mãe delas morreu. Amy está meio que se consultando com um treinador de sensibilidade, Steven, interpretado por John Cena, que tem sentimentos não correspondidos por ela, mas que também é homossexual. A possibilidade de que ela não tenha encontrado a pessoa certa e se apaixonado não é discutida. Simplesmente há algo errado com ela.

Um dia, no trabalho, um colega sugere que se faça uma matéria traçando o perfil do Dr. Aaron Conners, cirurgião dos astros da NBA. Amy diz: "Sem querer ofender, mas acho os esportes uma idiotice, e qualquer um que gosta disso é uma pessoa inferior. E tem um intelecto reduzido". Assim, o editor entrega a pauta a Amy. Depois da entrevista com Aaron, os dois se embebedam, entram em um táxi e Amy lhe diz para dar ao motorista o endereço dele. Aaron fica surpreso, mas não se opõe. Ela não o olha nos olhos. A situação toda é constrangedora. Ninguém trepa no táxi. É uma cena sobre uma trepada de bêbados escrita por alguém que nunca trepou bêbado ou que perdeu os sentidos todas as vezes. Para um "desastre", Amy é incrivelmente controlada e tranquila.

Aaron é um rico cirurgião de Nova York, com entradas de primeira fila para o jogo dos Knicks e uma enorme cobertura em Manhattan com vista panorâmica da cidade. Seu melhor amigo é LeBron James. Aaron é simpático, realista, bem ajustado e modesto. Também é praticamente virgem, tendo dormido com apenas três mulheres em toda a vida. Ele é o quase virgem de 40 anos (LeBron James, por outro lado, faz o papel de si mesmo como um romântico incorrigível, fã de *Downton Abbey*, frugal, sensível, detalhista e ingênuo, e obcecado pela vida afetiva do amigo). Ele tem todos os atributos positivos e ainda um algo a mais. Isso deveria indicar que ele é um cara legal, um príncipe entre os homens, mas na verdade ele só é esquisito. Depois da primeira entrevista/encontro/sexo bêbado, ele diz: "Gosto de você, de verdade, devíamos ser um casal". Ela não está interessada, mas ele socorre o pai dela, que está doente, e nesse momento de vulnerabilidade ela cede. A resistência que durante toda a vida Amy sentiu à monogamia evapora-se, e os dois começam um relacionamento. Mas é claro que as comédias românticas tratam da superação de obstáculos, e desde o início o obstáculo a ser superado é o "passado devasso" de Amy. Logo de cara percebe-se isso. No momento em que o esquisito Aaron entra em cena, a perspectiva do filme deixa de ser a de Amy, mesmo que Amy Schumer seja creditada como a única roteirista. Na verdade, Aaron não é bem um personagem, mas uma combinação de atitudes estereotipadas: isto é, ele é uma inversão direta do estereótipo de "a garota" (revestido com um verniz de "cara legal" tóxico) dotado de um ego masculino frágil (estereotipado). Aaron vê Amy unicamente como uma extensão de si mesmo. Ele se incomoda porque ela não gosta de esportes e critica as animadoras de torcida. Quando ela grita: "Vocês vão fazer a gente perder o direito de voto!" a partir da arquibancada, ele a reprova: "Essas garotas dão muito duro!". No chá de bebê de Kim, o marido desta, Tom, diz brincando que é melhor que Aaron "mantenha [Amy] longe dos atletas profissionais". Em vez de dizer a Tom que ele é um babaca, Aaron fica nervoso, e Tom precisa garantir que ela não é de fato uma vadia, essas são só as piadas que ela faz sobre si mesma, haha. Durante o chá de bebê, Amy conta piadas de sexo impróprias (garotas nunca contam piadas de sexo) e Kim não gosta. O pai delas morre, e Amy e Kim discutem, porque Kim acha que Amy critica demais sua escolha "normal" de se casar e criar o enteado. Em uma reviravolta orwelliana, este acaba sendo um filme sobre uma garota liberal que encontra a felicidade no conformismo.

Mais adiante no filme, Aaron é homenageado pelos Médicos sem Fronteiras e convidado para fazer um discurso. Antes, ele critica o vestido de Amy por ser inapropriado e pergunta se ela não tem um vestido formal ou algo assim. (Amy zomba de Aaron, mas o golpe dele foi muito mais duro). No jantar, Amy recebe uma mensagem de texto no meio da fala dele. É de sua editora maluca, dizendo-lhe que será despedida se não responder. Ela não pode se dar ao luxo de perder o emprego e sai para atender à chamada. Quando termina de falar, Aaron sai à procura dela, irritado. Encontra-a fumando um baseado à janela e pergunta se ela deixou de assistir ao discurso dele para ficar chapada. Amy explica que acha que está perdendo o emprego. Ele diz que não importa. Ele precisa dela. Ela é a "salvação" dele. Na sequência, Amy pergunta por que ele gosta dela – o que ele tem de errado? Ela gosta de beber; ela "já ficou com um monte de caras".

"Eu não ligo", Aaron responde. "Quantos?"

"Não sei. Com quantas mulheres você já dormiu?"

"Dormi com três mulheres."

"Eu também", responde ela. "Também dormi com três mulheres."

Aaron não gosta que Amy beba, que fume maconha ou que tenha dormido com um monte de caras antes de conhecê-lo, pois isso faz com que ele "se sinta inseguro". Apenas para reiterar, o sexo que ela fez antes de conhecê-lo faz com que ele se sinta "inseguro". Ele diz que a ama, mas tudo o que fez até então foi reivindicá-la. Aaron diz a Amy que se sente incomodado com o fato de que ela teve uma vida antes dele. Amy lhe diz que ele deveria se casar com uma líder de torcida.

"Vá procurar esse tipo de garota. Uma texana com cabelão e peituda. Quando vocês se casarem, ela vai querer ser mais conservadora e vai arranjar uns peitos falsos menores. Mas eles ainda vão ser incríveis", Amy diz.

"Sabe que uma das coisas sobre as líderes de torcida é que elas aproximam as pessoas e as fazem felizes", ele responde. "Ao contrário de você e seus amigos na sua revista, que ficam lá julgando as pessoas de longe, porque se vocês não tentarem então não vão fracassar. É por isso que você se sente ameaçada pelas líderes de torcida."

Amy o mantém acordado a noite toda, criticando-o, mesmo sabendo que no dia seguinte ele fará uma cirurgia muito importante, em um famoso jogador de basquete. Enquanto isso, Aaron luta heroicamente para ficar acordado enquanto ela fala. Na manhã seguinte, ele conta a seu paciente que não consegue manter os olhos abertos, porque "Amy agiu como uma psicopata na noite anterior". Ele não sabe o que fez de errado. Ele gosta dela de verdade, "mas ela parece um maldito demônio. Ela parece o maldito exorcista".

Então, eles conseguiram entender um ao outro.

Em um artigo sobre *Seinfeld*, publicado na revista *The Atlantic* em 1992, Francis Davis escreve:

> "A especialidade [de Jerry Seinfeld] costumava ser chamada de humor "de observação", mas foi rebatizado como humor "de reconhecimento", e a diferença é mais do que semântica. Em vez de generalizar a partir de sua própria experiência, como Mort Sahl, George Carlin e Richard Pryor fazem, e Lenny Bruce costumava fazer, Seinfeld, como a maioria dos comediantes de *stand-up* contemporâneos, internaliza a experiência de todo mundo. O resultado são fragmentos mal-humorados sobre aeroportos e encontros e o doce que comemos na infância, os quais – deixando de lado o *timing* e outros truques do ofício – dão a impressão de que você mesmo poderia tê-los inventado [...]. Ele disse que quando se cansar de fazer o programa, vai escrever um episódio final no qual "meu personagem vai ganhar um programa de TV e vai precisar se mudar para Los Angeles". Em outras palavras, *Seinfeld* não é mais sobre "nada". É cada vez mais sobre si mesmo.

O que significa quando um comediante ou escritor muito famoso e influente "internaliza a experiência de todo mundo"? Quem, exatamente, é "todo mundo" nesse cenário? A resposta curta é "ninguém". Internalizar "a experiência de todo mundo" é negar a própria experiência e substituí-la por aquilo que você supõe (mas não tem como ter certeza) que "todo mundo" esteja pensando. O "humor de reconhecimento" é um tipo de conformismo defensivo preventivo; uma salvaguarda contra ter de vivenciar as próprias experiências, e sentir os próprios sentimentos, e pensar os próprios pensamentos. É ceder a um público presumido que espera que suas expectativas sejam cumpridas. É o humor McDonald's. Ele atribui valor de comédia a coisas que "todos nós podemos concordar que são engraçadas" (o que explica por que um filme como *O Amor é Cego* [*Shallow Hal*] chega a ser feito). E na maior parte do tempo nem é muito engraçado de fato.

Quando eu era crítica de cinema, lembro que me chamou a atenção o fato de que as pessoas riem das referências por reflexo, simplesmente por tê-las entendido. Chuck Klosterman falou algo parecido em seu ensaio sobre trilhas de risadas: as pessoas riem para indicar que estão por dentro da piada, que não são o alvo da piada, que a piada é sobre alguma outra pessoa. Este é o tipo mais falso e mais insidioso de "humor de reconhecimento". Na série *Inside Amy Schumer*, as coisas são engraçadas porque são reais; porque os esquetes mostram as coisas como de fato as vemos, mas como raras vezes são apresentadas. Rimos porque já vimos aquilo antes, porque estivemos lá antes, porque houve algum esforço envolvido, alguma tensão, ao fingir que as coisas eram de outro jeito, e a perspectiva de Schumer permite-nos sermos reais e deixar pra lá.

Em *Descompensada*, ao contrário, as coisas são engraçadas por não serem reais. O humor decorre da frustração das expectativas, mas as expectativas frustradas são as que foram criadas por filmes e séries de TV muito parecidos com *Descompensada*.

Por exemplo:

- Em *Inside Amy Schumer*, uma mulher sente tanta pressão para encaixar-se e se sentir bem em seu ambiente de trabalho tóxico, que se oferece para enterrar a dançarina de *striptease* estrangulada pelo colega, embora ganhe 30% a menos que ele.

- Uma cidadezinha do interior está tão mergulhada na cultura do estupro que, quando o novo técnico de futebol da escola bane os estupros coletivos, as mulheres idosas cospem nele quando o avistam durante suas caminhadas.
- Uma garota camponesa medieval descobre que é, na verdade, uma princesa, e então descobre, para sua surpresa, que ser uma princesa medieval tem menos a ver com bailes e vestidos do que com ser um peão no jogo geopolítico, sob a ameaça constante de execução e de incubar herdeiros homens.
- Uma mesa-redonda de mulheres profissionais altamente inteligentes degenera em um festival de pedidos de desculpas, no qual elas se lamentam até mesmo ao sangrarem até a morte no palco, enquanto o moderador revira os olhos.
- Em uma paródia de comercial de controle da natalidade, Amy conversa com seu médico enquanto uma voz masculina pergunta: "Pergunte a seu médico se o controle de natalidade é recomendado para você". Então, segue-se uma longa série de instruções, incluindo: "Pergunte a seu chefe se o controle de natalidade é recomendado para você. Peça a seu chefe para perguntar a seu padre. Encontre um escoteiro e veja o que ele acha. Pergunte à Suprema Corte", e assim por diante. Por fim, ela vai à farmácia e compra o remédio. O farmacêutico lhe diz que não há refis. Ela vai ter que perguntar a todo mundo de novo no mês seguinte. "Pergunte a você mesma por que insiste em fazer sexo por diversão." Depois que ela vai embora, um garotinho muito novo se aproxima do balcão e pede ao farmacêutico uma arma. O farmacêutico lhe joga uma e diz: "Lembre-se, este é um direito seu!".

As piadas revelam a mentira que está na base de tudo (cada lei, cada história): que só os homens têm impulso sexual, que só os homens têm desejos libidinosos, que só os homens desejam coisas e podem sair e consegui-las. Que as mulheres "normais" não querem nada além de cuidar dos filhos e fazer todo o serviço de casa. Como Amy Schumer brincou, mais tarde, em um episódio: "Acho que o sexo é explicado de forma incorreta, no que se refere aos gêneros. É como se os homens amassem sexo e as mulheres só o tolerassem, certo? Em todo filme, em toda série de TV, o cara chega em casa do trabalho e diz: 'Querida, que tal hoje?'. E ela responde sempre: 'Argh, você sabe que odeio seu pau!' (lava roupa, lava roupa)". Ela faz uma mímica, como se estivesse lavando uma pequena pilha de roupa. "Não conheço nenhuma garota assim, sabe? Além disso, sempre tem pouca roupa suja. Nunca há o suficiente para a capacidade máxima da máquina de lavar, e acho que devia ser o título de meu próximo especial: *Não há o suficiente para encher uma máquina.*"

Em *Descompensada*, enquanto isso, Amy termina com Aaron e, então, se embebeda com o estagiário da revista e vai para casa com ele. A mãe dele os encontra e arma um barraco, porque ele tem apenas 16 anos. Amy é despedida do emprego e sua amiga do trabalho – sua única amiga no mundo – recebe a promoção dela. Amy aparece na porta da mansão suburbana imaculada, onde a irmã passa os dias sozinha. Amy toca a campainha e Kim atende à porta vestindo uma velha camisa de flanela e jeans, parecendo muito jovem, como uma refém adolescente ou uma das "mulheres-toupeira" de *Unbreakable Kimmy Schmidt.* Dá vontade de enrolá-la em um cobertor e levá-la para algum lugar seguro.

---

\* Série de ficção cuja personagem principal foi mantida em cativeiro, com outras três mulheres, num *bunker* subterrâneo (daí o apelido "mulheres-toupeira") pelo líder de uma seita religiosa, durante quinze anos. Depois de libertada, ela se muda para Nova York e tenta adaptar-se à nova realidade. [N. T.]

Por um instante, fiquei confusa e pensei que por algum acidente estava assistindo a *O Quarto de Jack* [*Room*]. Ou alguma metaversão desse filme; *O Quarto* dentro de *O Quarto de Jack,* no qual Brie Larson interpreta uma garota trancada como uma esposa de Stepford, e Amy Schumer faz o papel de si mesma, presa em uma história criada de forma diabólica para tentar controlar a incontrolável Amy Schumer.

# 20

## Olhe para Si Mesma

Joan e Peggy estão no elevador, lado a lado, olhando adiante em um silêncio tenso. Elas acabam de sair de uma reunião na McCann Erickson, a companhia que incorporou a agência onde elas trabalhavam, e nada dera certo. A reunião havia sido para propor uma parceria entre a cliente deles, Topaz Pantyhose e a cliente de McCann, a loja de departamentos Marshall Fields, mas os executivos da McCann recusaram-se a levá-las a sério. Em vez disso, passaram o tempo todo assediando Joan e ignorando Peggy. Disseram coisas do tipo: "Por que você não está no ramo de sutiãs? Você deveria trabalhar com sutiãs. Você é uma obra de arte", e sugeriram que elas enviassem ao representante do cliente uma caixa de peras, "porque ele gosta de um belo par". Ao irem embora, as duas tomam o elevador em silêncio. Peggy pergunta a Joan se ela quer almoçar. "Quero é botar fogo neste lugar", responde Joan.

Peggy também está furiosa. Não importa quanto haviam conquistado na Sterling Cooper. Na nova empresa, elas voltaram ao ponto de partida – são de novo as garotas do escritório. Humilhadas, mas ainda enfurecidas, elas se voltam uma contra a outra.

"Joan, você nunca passou por isso antes?"

"Você já passou, Peggy?"

"Não dá para ter tudo. Não dá para você se vestir desse jeito e esperar que..."

"De que jeito eu me visto?"

"Olha, eles também não me levaram a sério."

"Então o que você está dizendo é: não me visto como você porque eu não me pareço com você, e isso é muito, *muito* verdadeiro."

Joan Holloway e Peggy Olson são duas das personagens femininas principais de *Mad Men*, parte do trio que inclui também Betty (Draper) Francis, a primeira esposa de Don. Joan foi a única sócia mulher da Sterling Cooper Draper Price, uma ex-secretária que começou como a gostosa maldosa do escritório, cuja verdadeira ocupação, no início, foram os homens. Peggy é o burro de carga da classe trabalhadora, a mártir da mídia, a garota boazinha que pega trabalho extra de graça para ter a chance de mostrar seu valor, repetidas vezes. Quando Joan começa a trabalhar na McCann, fica claro que o respeito que conquistou dos colegas na Sterling Cooper não veio junto. Os homens da nova empresa nunca vão levá-la a sério. Ela vai ter que começar tudo de novo, do nada. Um colega lhe passa uma cantada e, quando ela reclama ao chefe, este lhe diz para engolir e aguentar. Depois de enfrentar os conflitos sem se alterar, com classe, durante toda a vida, Joan finalmente perde a paciência. Ela ameaça chamar seus advogados, a Comissão para a Igualdade de Oportunidades no Emprego (EEOC), Betty Friedan e a União Americana pelas Liberdades Civis. Furioso, o chefe a despede e diz que vai lhe pagar apenas metade do valor que cabe a ela. Enquanto os garotos que faziam parte do sistema, como Peter Campbell, conseguem tudo o que sempre quiseram, a carreira de Joan em publicidade chega a um fim inglório. O namorado dela, Dennis, um homem de negócios *new age* aposentado, não fica triste com a notícia. Ele nunca entendeu de verdade por que Joan se preocupava com seu emprego. "Olhe para si mesma!", diz o tempo todo, como se ela pudesse se enxergar pelos olhos dele – como se ela não olhasse o mundo e visse as coisas que queria.

Entre outras coisas, *Mad Men* era um convite para olhar para trás, para as ficções que impulsionavam a cultura consumista do pós-guerra, construída por homens como Don Draper, que se fizeram e criaram os mitos sobre si mesmos, e promovida sem cessar pela mídia de massa, em geral como forma de vender sabão. Don era redator publicitário, autor de campanhas publicitárias influentes e persuasivas, e um gênio criativo. Ele recriou a si mesmo e ao ambiente, de modo que o sucesso pudesse crescer a seu redor como mágica. Em seu mundo, só ele enxergava lá na frente e via o que queria. Filho indesejado de uma prostituta, Don alistou-se no serviço militar como Dick Whitman, roubou a identidade de um soldado morto e depois da guerra teve um recomeço como uma nova pessoa. Construiu a si mesmo e tornou-se o homem que desejava ser, um publicitário de vida social ativa, bem-sucedido e sofisticado; o homem que tinha tudo.

Don era ostensivamente o herói, mas nenhuma outra personagem de *Mad Men* teve trajetória tão longa, ou tão elíptica, quanto Joan e Peggy. Não havia uma rota para elas percorrerem. O amplo caminho de rosas que os garotos do sistema, como o gerente de contas Pete Campbell e o sócio da agência Roger Sterling, percorriam sem dificuldades estava fora do alcance para elas, de modo que ambas começaram seguindo as regras e enquadrando-se o melhor possível nos papéis que lhes foram destinados. Peggy era a ingênua, Joan era a gostosa. Peggy aprendeu a reprimir sua feminilidade para conseguir aprovação; Joan explorava a dela em troca de admiração e de favores. A esposa de Don, Betty, era a alternativa: a dona de casa exilada nos subúrbios, dominada pelo ressentimento, atirando nos pombos com um cigarro pendurado nos lábios, como uma aspirante a fora da lei.

As categorias são úteis até certo ponto, mas não nos dizem muito sobre quem de fato uma pessoa é – tomemos Don, por exemplo. Suas características tornam-se significativas no momento em que conferem a ele a admissão simbólica ou literal (ou ambas) em um grupo no qual reside grande parte do poder, privilégio, dinheiro e autoridade para falar em nome de todos os demais; um grupo que se posiciona como o sujeito universal, contemplando seu domínio com um olhar de proprietário, transformando tudo em função de seu prazer, perguntando-se apenas o que lhe agrada, o que deseja, o que pensa, qual a sensação de ser quem é, como o mundo se parece a partir do ponto onde se encontra; onde apenas uma pessoa consegue voar na direção do pôr do sol, feliz para sempre, em um jatinho particular, como o garoto-dourado-executivo WASP* Pete Campbell no episódio final da série, inocentado de todos os erros e perdoado para sempre.

Tal identidade pré-fabricada estava disponível para Don por conta dos grupos a que ele pertencia e ao aspecto físico que por sorte possuía. E, ao contrário das identidades femininas restritivas que limitavam sua esposa, suas namoradas e as colegas mulheres, sua identidade pré-fabricada era libertadora. Semioticamente, ele tinha sorte. Don vestiu o papel do privilégio como se fosse um terno sob medida que alguém tivesse jogado no lixo. Tal papel colocou-o na posição de sujeito, e abriu todas as portas. Esse privilégio foi construído com base nas mesmas ficções que estabeleceram os padrões para Joan, Peggy e Betty, quer as três gostassem delas ou não, quer os padrões se aplicassem a elas ou não, quer reconhecessem sua existência no mundo real ou não, e independentemente do quanto custou a cada uma delas despertar do sonho e tornar-se quem era.

Por outro lado, tomemos Don. Ele estava alienado de seu eu externo e vivia dentro de uma identidade que não lhe permitia a plena expressão de sua humanidade. Ele usava sua imagem e seu efeito sobre as pessoas para obter o que queria, porque sabia (e tinha razão) que nunca o conseguiria sendo quem de fato era. Ele observava as

---

\* "White anglo-saxon protestant", ou branco, anglo-saxão e protestante, tradicional perfil da elite socioeconômica dos EUA. [N. T.]

pessoas que o observavam e revisava seu comportamento com base no *feedback*. Mas enquanto Joan e Peggy tiveram que conquistar tudo aquilo que se tornaram, bem como o contexto no qual podiam exercer seu verdadeiro eu, Don só precisou entrar pela porta. Em sua defesa, ele ao menos estava ciente de que havia uma porta. E enfrentou uma longa e triste espera até ela se abrir. Ao contrário de Roger Sterling e de Pete Campbell, que haviam nascido do lado de dentro e não sabiam que existia uma porta, Don nunca deixou de perceber seu privilégio. Ele sabia exatamente quão valioso era, como era difícil de obter, como era fácil de perdê-lo. Ele sabia que não "acontecia de forma natural", que não era apenas "o que era". Ele compreendia que podia vestir sua *persona* como um terno pronto ou como um dos casacos de pele que vendia antes que Roger o resgatasse.

*Mad Men* não é uma série nostálgica; é uma visão em retrospectiva. A nostalgia obscurece as lições da história, mas a visão em retrospectiva nos permite aprender com o passado. De uma perspectiva contemporânea, por vezes *Mad Men* era horror puro. Joan, Peggy e Betty estavam presas dentro de uma fortaleza lacrada construída para elas por Don (de forma consciente, pois seu privilégio era emprestado), Roger e Pete (de forma inconsciente, pois seu privilégio era herdado): ideias inescapáveis sobre o que elas eram, replicadas infinitamente. Joan, Peggy e Betty tiveram que descobrir modos de abrir os próprios caminhos e de se construírem a partir do nada. Tinham que começar a construir um mundo no qual pudessem existir. Joan criou um espaço à parte onde podia fazer isso sem ser incomodada. Peggy reivindicou seu espaço dentro do sistema. Betty voltou a casar, dessa vez com alguém que a amava, e acabou matriculando-se em um programa de psicologia para conseguir entender. Ela morreu antes de poder se tornar ela mesma (ao menos foi poupada de Freud). No mundo simbólico que Don ajudou a criar, não havia *espaço* – não havia contexto real ou imaginado – para que Joan, Peggy e Betty existissem e agissem como protagonistas ou sujeitos do desejo. Era disso que Virginia Woolf falava em *Um Quarto Só Seu* [*A Room of One's Own*]. Uma pessoa não necessita apenas de espaço real, mas também de um espaço simbólico no qual existir.

Joan, Peggy e Betty tinham "aquela existência externa que se enquadra, a vida interna que questiona", que Kate Chopin conferiu a sua heroína Edna Pontellier em sua obra *O Despertar* [*The Awakening*]. Como em *Casa de Bonecas*, peça teatral de Henrik Ibsen, *Pigmaleão*, de George Bernard Shaw, e *Thelma & Louise*, com roteiro de Callie Khouri (entre outros), *O Despertar* é a história de uma heroína que adquire consciência de sua condição. Essa heroína reivindica sua identidade, sua feminilidade e sua independência, e então – a história pode ir para um lado ou para o outro – joga-se de um penhasco ou sai pela porta. Thelma, Louise e Edna jogam-se do penhasco, para o oceano; Nora, de Ibsen, Eliza, de Shaw, e Joan, de *Mad Men,* saem pela porta.

No final da série, Don havia trocado de lugar com as mulheres. Sua existência externa, a *persona* do herói, o protagonista que assumiu, conferiram-lhe todos os atributos de que carecia quando era um zé--ninguém pobre, desprezado, indesejado, marginalizado, traumatizado, e deram-lhe tudo de que precisava para ser uma pessoa no mundo: liberdade, iniciativa, autonomia e autoridade para moldar a realidade com suas palavras, para servir e satisfazer a si mesmo. Ele entrou com facilidade no papel do sujeito masculino, por mais tensa e equivocada que fosse a relação com sua identidade, e por mais diferente que fosse sua existência interior, pois tinha o aspecto físico apropriado para o papel (ao contrário, por exemplo, de seu irmão ou do jovem redator pouco atraente que aceitou o conselho dele, agiu como um babaca para ganhar o respeito do cliente, e por isso foi despedido).

Depois de convidar Peggy para ser sua sócia em uma nova companhia (Peggy sente-se lisonjeada, mas decide apostar na McCann),

Joan decide juntar os fragmentos de si mesma; batiza sua nova companhia de Holloway-Harris, hifenizando seus sobrenomes de solteira e de casada, reerguendo-se e lançando-se ao trabalho por conta própria. Enquanto isso, Peggy, cuja característica determinante, como disse a Joan em seu primeiro dia de trabalho, é "sempre tentar dizer a verdade" – "Que bom", comenta Joan, que sempre tenta não dizer a verdade –, volta para a McCann como se fosse a dona do pedaço, percorrendo o corredor decidida, de óculos escuros, um cigarro pendurado dos lábios e a pintura japonesa de Bert Cooper, na qual uma mulher é acariciada intimamente por um polvo, debaixo do braço. "Eu sempre tento dizer a verdade" é uma afirmação engraçada para uma futura redatora, mas ela está sendo sincera. A exemplo de seu mentor, Don, cujo sucesso se deve ao talento inato para encontrar verdades emocionais nas maiores trapaças, ela sabe que, como disse Virginia Woolf em *Um Quarto Só Seu*, "a ficção aqui provavelmente contém mais verdade do que os fatos".

A cena de Joan e Peggy no elevador ocorre durante a temporada final de *Mad Men*, que se passa em 1970. A primeira temporada ocorreu em 1960. Joan e Peggy se deram mal desde o começo; Joan, que tinha um caso com Roger, foi traída por ele, que por fim largou a esposa, Mona, e se casou com sua *nova* secretária, Jane; e Peggy, que acabava de começar no emprego e havia compreendido que sempre dizer sim fazia parte de seu trabalho, foi abusada por Pete, quando este foi ao apartamento dela na noite de sua despedida de solteiro, e engravidou (ela teve o bebê e o deu, e nunca contou a ninguém sobre ele). Mas elas não ficaram assim por muito tempo. Eis alguns eventos que de fato ocorreram entre 1960 e 1975. Em 1960, a FDA aprovou a pílula anticoncepcional. Em 1961, o presidente Kennedy estabeleceu a Comissão Presidencial sobre a Situação das Mulheres e nomeou Eleanor Roosevelt como sua presidenta. Em 1963, a comissão publicou um relatório que documentava uma expressiva discriminação contra as mulheres no ambiente de trabalho, e fazia recomendações específicas para melhorar as práticas de contratação, licença-maternidade remunerada e creches acessíveis. Em 1963, Betty Friedan publicou o livro *Mística Feminina* e o Congresso aprovou a Lei da Igualdade Salarial, que tornou ilegal pagar menos a uma mulher do que a um homem pela mesma função. Em 1964, o Título VII da Lei de Direitos Civis proibiu a discriminação pelos empregadores por motivo de raça, religião, nacionalidade e sexo. A EEOC (Comissão para a Igualdade de Oportunidades no Trabalho) foi estabelecida para investigar denúncias. Em 1966, Friedan e outras criaram a Organização Nacional de Mulheres (NOW), que tentava pôr um fim na discriminação sexual, sobretudo no ambiente de trabalho, por meio de *lobby* legislativo, litígios legais e demonstrações públicas. Em 1967, a política de ação afirmativa do presidente Lyndon Johnson, de 1965, foi expandida para abranger a discriminação de gênero.

O protesto do concurso Miss América (ou "queima de sutiãs"), em Atlantic City, ocorreu em 1968. Nesse ano, a EEOC deliberou pelo fim de anúncios de empregos com segregação por sexo. Em 1969, a Califórnia adotou o divórcio sem culpabilidade, e foram passadas leis referentes à divisão equitativa dos bens comuns. No verão de 1970, no maior protesto pela igualdade de gênero na história dos EUA, 50 mil mulheres marcharam na Quinta Avenida, em Nova York, exigindo igualdade de emprego, oportunidades educacionais e creches 24 horas para tornar possível usufruir de tais oportunidades. Em 1972, saiu o primeiro número da revista *Ms.*, com uma ilustração da Mulher-Maravilha na capa. Nesse ano, uma lei que instituía creches 24 horas universais foi redigida e aprovada pelo Congresso, sendo vetada por Nixon. Em 1973, a decisão de ação afirmativa do presidente Johnson foi mantida pela Suprema Corte e permitiu que as mulheres se candidatassem a cargos mais bem remunerados antes abertos apenas para homens. Um tribunal de recursos dos EUA determinou que os cargos precisavam ser "substancialmente iguais", mas não "idênticos" para serem protegidos pela Lei de Igualdade Salarial, tornando ilegal que um empregado mudasse a denominação do cargo para poder pagar menos às mulheres do que aos homens. Um grupo chamado WOWI (Women on Words and Images [Mulheres Acerca de Palavras e Imagens]) conduziu um estudo sobre os livros infantis de exercício da leitura, chamado *Dick and Jane as Victims,* utilizados nos distritos escolares de Nova Jersey. O grupo descobriu que histórias centradas em garotos eram mais numerosas que as histórias centradas em garotas, na proporção de 5 para 2; a proporção entre personagens masculinas adultas e personagens femininas adultas era de 3 para 1; a proporção entre biografias de homens e de mulheres era de 6 para 1; a proporção entre histórias com animais machos e com animais fêmeas era de 2 para 1; e a proporção entre histórias folclóricas ou de fantasia de homens e histórias folclóricas ou de fantasia de mulheres era de 4 para 1. Aos 8 anos, 99% das crianças de ambos os sexos concordavam quanto a "que sexo faz qual trabalho, que tipo de pessoa uma garota ou um garoto deveria ser e quais são as limitações e expectativas dos papéis".[1] A WOWI fez pressão pela revisão do currículo.

A Fundação Ms. lançou em 1972 o livro e o disco *Free to Be... You and Me*, de Marlo Thomas, que trazia celebridades cantando músicas que enalteciam a individualidade, a tolerância e ser feliz com quem você é. (Ganhei o disco *Free to Be... You and Me* em 1973, quando estava no jardim da infância, em Nova Jersey, onde aprendi a ler com os livros de *Dick and Jane.*) Em 1972, o Título IX da Lei de Direitos Civis foi aprovado, proibindo a discriminação com base em sexo em qualquer programa ou atividade de educação financiada pelo Governo Federal. Em 1973, a Suprema Corte decidiu sobre o caso *Roe versus Wade*, tornando legal o aborto, e Nixon aprovou a Emenda de Igualdade de Direitos, que mais tarde não conseguiu ratificação pelo número necessário de estados. A Lei de Igualdade de Oportunidade para Crédito foi aprovada em 1974. Antes disso, uma mulher solteira, viúva ou divorciada não poderia obter um empréstimo bancário, cartão de crédito ou hipoteca, independentemente de sua renda, a menos que um homem assinasse o empréstimo com ela. A vice-presidenta de relações públicas da NOW depôs diante do Conselho de Revisão do Código da Associação Nacional de Redes de TV e do Conselho de Revisão do Código do Rádio quanto à representação das mulheres e do movimento feminista na mídia e na publicidade.

Eu não tinha ideia de que tais coisas estivessem ocorrendo, ou o que significavam. Eu escutava *Free to Be... You and Me* dizendo-me que eu podia fazer qualquer coisa. Ainda não era verdade, mas eu não sabia disso. Eu não sabia quão perto do precipício estava, e tenho estado esse tempo todo. Sinto vertigem ao pensar nisso agora.

Não é coincidência que *Mad Men* tenha terminado onde Joan e Peggy começaram, ou que Joan e Peggy tenham começado onde *Mad Men* terminou. A verdadeira identidade secreta de Don – maior que seu segredo sobre Dick Whitman, que no final não se mostrou ser grande coisa – era que ele também era uma garota. Ele se escondia dentro de uma encenação que conseguia levar adiante devido à sua aparência. Ele sabia que tinha sorte. Ele sabia como era não ser visto, como era viver na história errada. Quem via melhor a desconexão entre o ideal feminino da dona de casa e mãe feliz e a realidade? Don viveu com Betty durante anos. Ele a ajudou a tornar-se a mulher que ela era: triste, perdida, raivosa e mesquinha. Ele entendia melhor do que ninguém como era estar preso em uma história, e como uma história poderia libertar. Ele sabia que se transformar em um protótipo estrito de uma categoria, no ideal platônico de uma dona de casa feliz, um *playboy* sofisticado, uma mulher gostosa, ou uma garota solteira com uma carreira profissional na cidade grande, era não apenas impossível, mas indesejável, desumano: era transformar a si mesmo em um robô.

Como Dawn, a secretária afro-americana de Roger, diz a ele ao pedir demissão para assumir outro emprego, na área de seguros: "A publicidade não é um lugar muito confortável para todo mundo". E não é mesmo. Esse lugar polarizado, altamente desigual, agressivo e simbólico, onde todo mundo é o oposto de alguém, é perigoso. E aí a coisa toda passa a ser chamada de arte, ou pior, de natureza humana, em vez de ser reconhecida como o buraco glorioso capitalista que realmente é.

# 21

## Caça-Fantasmas ou Eu Quero um Número de Dança Feminista

Poucos anos depois de publicar Um Quarto Só Seu, Virginia Woolf foi convidada para proferir uma conferência na Sociedade Nacional para os Serviços da Mulher, abordando o tema das profissões para mulheres. Um dia antes do evento, enquanto tomava banho, ela teve uma ideia para um livro novo. Seria, escreveu ela em seu diário, "uma continuação de *Um Quarto Só Seu* – sobre a vida sexual das mulheres, que iria se chamar *Profissões para Mulheres*".[1]

Woolf começou sua conferência agradecendo às mulheres escritoras presentes e admitindo que ela tivera que superar "pouquíssimos obstáculos materiais" ao escolher a literatura como profissão. Na verdade, historicamente, a escrita havia sido uma das poucas profissões possíveis para as mulheres de classe média. O motivo era que escrever, sendo uma mulher, não era uma grande ameaça à ordem estabelecida. Era "respeitável e inofensivo", e "a paz familiar não era quebrada pelo riscar de uma caneta". Não exigia grandes investimentos de capital nem equipamentos caros. O papel era barato, e assim as mulheres escritoras "não pesavam nas finanças da família". O fato de que as escritoras não necessitavam de "pianos ou modelos, de Paris, Viena e Berlim, de mestres ou amantes" provavelmente foi o principal motivo pelo qual "as mulheres tiveram êxito como escritoras antes de serem bem-sucedidas em outras profissões". Em outras palavras, escrever era algo que uma mulher podia fazer sem gerar estranheza, incomodar, fazer exigências, ocupar espaço, gastar dinheiro, promover-se, ostentar seu sucesso ou chamar atenção para si. Por um lado, era isso o que fazia com que fosse uma boa profissão para as mulheres.[2]

O que fazia com que fosse uma profissão difícil para as mulheres, por outro lado, era que exigia um certo grau de franqueza e de liberdade para falar e agir. Exigia desinibição e um privilégio inconsciente que poucas mulheres na Inglaterra dos anos 1930 possuíam. A própria Woolf não tivera consciência de suas próprias inibições internalizadas até sentar-se para escrever seu segundo texto jornalístico. Ela escrevera o primeiro artigo por intuição, vendeu-o e com o dinheiro comprou um gato persa. O que seria mais fácil, pensou ela, do que continuar vendendo artigos e comprando gatos? Então ela recebeu sua primeira encomenda: a resenha de um livro escrito por um autor homem, muito respeitado. Ao sentar-se para escrever, ouviu um roçar de saias e notou que um "fantasma" havia lançado uma sombra sobre seu papel.[3]

O "fantasma" era uma mulher, mas não uma mulher de verdade. Era o ideal vitoriano de feminilidade, tornado famoso pelo poema "The Angel in the House" [O Anjo da Casa].* Woolf reconheceu-a de imediato.

> Ela era extremamente compreensiva. Imensamente adorável. Totalmente abnegada. Exímia nas difíceis artes da vida familiar. Sacrificava-se todos os dias. Se houvesse frango na refeição, ela ficaria com o pé; se houvesse uma corrente de ar, era ali que se sentava. Em suma, era de sua natureza nunca ter uma opinião ou desejo próprio, e preferia sempre concordar com a opinião e os desejos dos demais. Acima de tudo, desnecessário dizer, ela era pura.

---

* Escrito pelo poeta Coventry Patmore (1823-1896), em que idealizava sua primeira mulher, que considerava perfeita. [N. T.]

A pureza constituía sua maior beleza, e enrubescer era seu maior encanto. Naqueles dias, os últimos da rainha Vitória, cada casa tinha seu Anjo.

Woolf reconheceu o fantasma como seu anjo internalizado, o Anjo que ela fora criada para ser, que muitas vezes se intrometia entre ela e o papel, quando ela se sentava para escrever. O Anjo sussurrou a Woolf que se lembrasse de seu lugar: era uma moça redigindo a resenha de um livro escrito por um homem famoso. O Anjo aconselhou que fosse meiga, que elogiasse e iludisse o autor, que tomasse cuidado com o que dizia. O Anjo tanto a incomodou, desperdiçou seu tempo e a atormentou que, por fim, em sua imaginação, Woolf atacou aquela mulher: "Fui para cima dela e agarrei-a pela garganta. Fiz o que pude para matá-la". Sua defesa, em um tribunal, seria de que agira em legítima defesa: "Se não a tivesse matado, ela me mataria. Teria arrancado o coração de minha escrita". Porque você não pode escrever, não consegue sequer resenhar um romance, sem uma opinião própria, ela explicou, "sem expressar o que você acha ser a verdade sobre as relações humanas, a moralidade, o sexo [...] com liberdade e franqueza" – e o Anjo dizia que as mulheres não podiam fazer isso. As mulheres deviam encantar, apaziguar e mentir para terem êxito. "Assim, sempre que eu percebia a sombra de sua asa, ou o brilho de seu halo sobre o papel, pegava o tinteiro e atirava nela. Foi difícil matá-la. Sua natureza fictícia a ajudava muito. É muito mais difícil matar um fantasma do que uma realidade."[4]

Se isso não prova, de forma inequívoca, que Virginia Woolf não só previu o novo *Caça-Fantasmas* só com mulheres, mas também a insana reação negativa prévia – pré-ação? – contra ele, não sei o que mais provaria. A mulher era um gênio incandescente (sua palavra favorita). A conferência dramatizou os conflitos e problemas internos que as mulheres artistas enfrentam. Ela retrabalhou o conflito entre o "Anjo da Casa" vitoriano, ou a voz internalizada da mãe dela e da sra. Ramsay, de seu romance *Ao Farol* [*To the Lighthouse*], e ela mesma e Lily Briscoe, como artistas. Woolf escreveu seu confronto mortal com o Anjo como uma batalha cômica entre a autora-heroína e as forças invisíveis que a assombravam, como escreveu Julia Briggs: "para mostrar como a idealização vitoriana da maternidade também havia sido uma fonte de limitação e opressão, particularmente de repressão sexual".[5] Uma mulher que escreve (ou fala, ou dirige, ou faz qualquer coisa, ou lidera) "ainda tem muitos fantasmas para combater, muitos preconceitos para superar", disse Woolf. "De fato, ainda vai demorar muito, creio, para que uma mulher possa se sentar para escrever um livro sem se deparar com um fantasma a ser abatido, uma rocha contra a qual é jogada."[6]

Desde o momento em que o diretor Paul Feig anunciou o *remake* de *Caça-Fantasmas*, com um elenco só de mulheres, no verão de 2014, ele e as atrizes principais do filme foram objeto de uma campanha contínua de insultos. Feig afirmou ser "algumas das merdas mais repugnantes e misóginas que já vi na vida". Fãs do sexo masculino raivosos de meia-idade acusaram Feig de arruinar sua infância, ameaçaram boicotar o filme e tuitaram insultos sexistas e racistas contra o elenco. Os *trolls* juntaram-se para tornar o *trailer* do filme o vídeo mais negativado da história do YouTube. Eles exigiam que o filme não fosse feito. Quando, apesar da oposição, o filme foi concluído, fizeram de tudo para sabotá-lo.

Esse fenômeno não é novo, mas em sua forma atual tampouco é muito antigo. Quando eu era mais jovem, acreditava-se que, à medida que as gerações mais novas substituíssem as anteriores, o sexismo iria desaparecer. Essa narrativa não apenas era pouco questionada como permanece popular até hoje. É difícil compatibilizar o ponto em que estamos com esses ataques obsessivos, persistentes, de virulência psicótica, a qualquer um que se recuse a seguir os estereótipos de gênero, essa insistência para que certas ideias acalentadas não sejam maculadas pela realidade empírica.

*Trolls* não nascem, são fabricados pela sociedade. Os homens em grupo – como Telêmaco e seus parceiros, que mandaram Penélope para o quarto, como os maridos de Stepford, em *Esposas em Conflito* – criam seus vínculos excluindo as mulheres do poder, silenciando-as e policiando a fala delas. Homens que nunca agiriam assim individualmente mudam o comportamento em um grupo dominante. Isso é o patriarcado – uma Stepford virtual.

*Um Quarto Só Seu* foi escrito uma década depois que as mulheres conquistaram o direito ao voto. A reação negativa estava no auge. Woolf previu a crítica que seu ensaio receberia, imaginando que os leitores iriam contestar o fato de não ter comparado os méritos relativos de escritores e escritoras. Mesmo que fosse possível quantificar o talento dessa forma, como se o talento pudesse ser pesado como "açúcar e manteiga", seria contraproducente ou, pior, persistiria em enquadrar como mera competição o desejo de correção da perniciosa e sistêmica desigualdade de gênero. Nisto, como na maioria das coisas, ela foi presciente. Por algum motivo, tantos anos depois, as discussões ainda são essencialistas, ainda são pessoais. Ainda falamos sobre o que as mulheres podem e não podem ter, ou quanto podem ter. "Todo esse acirramento de sexo contra sexo", escreveu Woolf, "de qualidade *versus* qualidade; toda essa reivindicação de superioridade e imputação de inferioridade, pertence ao estágio de escola particular da humanidade onde existem 'lados', e onde um lado deve derrotar o outro, e onde é de suma importância subir ao palco para receber das mãos do diretor um canudo altamente ornamental."

Assim como Katharine Hepburn faria mais tarde, Woolf atribuiu a liberdade que tinha para dedicar-se à sua arte ao dinheiro da família e à independência que ele lhe proporcionava. Ela não precisava de seus encantos para viver, e portanto não os usava. Ainda assim, uma escritora precisa contar a verdade sobre suas próprias experiências como um todo, e os obstáculos para que uma mulher o faça "ainda são poderosíssimos – e ainda assim são muito difíceis de definir". Eles não são evidentes, e sequer visíveis para a maioria. São forças invisíveis, condicionamentos sociais, proibições implícitas, limo ectoplásmico da cultura pop. Woolf achava que as pessoas fariam objeções ao fato de ter dinheiro, mas "quinhentas [libras] por ano representam o direito de refletir, [e] uma fechadura na porta representa o direito de pensar por si mesma". Ela estava preparada para que mesmo seus amigos mais íntimos não gostassem da "estridente voz feminina" de *Um Quarto Só Seu*, e com certeza ela seria "atacada por ser feminista" e "acusada de ser safista"\* na imprensa. E isso décadas antes de *Fox & Friends*\*\* e dos *trolls* do Twitter.

Vi *Caça-Fantasmas* acompanhada de Kira, Darby e Sydney. As garotas adoraram. Falaram sobre o filme durante horas e imitaram cenas. Abby Yates (Melissa McCarthy) e Erin Gilbert (Kristen Wiig) se reúnem depois de confrontar o fantasma de uma dama vitoriana, um "Anjo da Casa", dotado do rosto e da força aniquiladora de um demônio. Sydney disse que não dava medo, exceto pela ansiedade antes do aparecimento do primeiro fantasma. Darby disse que sabia como Sydney se sentia: lembrava-se do medo e da ansiedade quando era pequena, em Connecticut nos anos 1970, e o terror de crescer e ficar presa em uma bela casa. Kira decidiu que no Halloween seria a Jillian Holtzmann, interpretada por Kate McKinnon, e perguntou se era cedo demais para começar a trabalhar na fantasia (estávamos em julho).

Para mim, a segunda melhor coisa em *Caça-Fantasmas* foi ser um filme bom, mas não excelente; uma divertida comédia de verão. A

---

\* Lésbica. [N. T.]

\*\* Noticiário/*talk show* conservador do canal Fox News, conhecido pelos ataques violentos ao Partido Democrata. [N. T.]

melhor coisa foi que as quatro personagens principais eram mulheres fazendo o papel de pessoas, e não pessoas fazendo o papel de "garotas". A normalidade das personagens foi o que tornou emocionante o filme.

Se a reação negativa a *Caça-fantasmas* provou alguma coisa, é que o fantasma que Virginia Woolf pensou ter matado ainda está vivo. Aquela dama vitoriana espectral ainda precisa ser capturada.

Coisas estranhas aconteceram comigo enquanto eu estava trabalhando neste livro: encontros casuais, coincidências bizarras, reviravoltas inesperadas, reuniões felizes, golpes de azar que se transformaram em golpes de sorte. Temas, motivos e padrões apareciam nas histórias e na vida real. Durante algum tempo, sentia como se estivesse escrevendo em círculos. Então, um dia, encontrei no mercado de produtores rurais uma amiga que me perguntou como eu estava indo, e respondi que estava escrevendo em círculos. Ela disse que não, eu estava escrevendo em espirais, que é como a jornada da heroína avança. Se a jornada do herói do mito supersimplificado de Joseph Campbell, a maldição da existência dos folcloristas, é uma parábola exibicionista, então a jornada da heroína é um saca-rolhas, uma jornada repetitiva rumo ao interior para a descoberta do eu autêntico.

Ela me disse para não julgar minhas espirais.

No dia seguinte, fui à livraria onde havia comprado meu exemplar de *Alice no País das Maravilhas*, para comprar um livro que minha amiga tinha recomendado. Enquanto estava lá, fui dominada pelo ímpeto de comprar uma cópia de *Um Quarto Só Seu*, que não lia desde a faculdade. Mal me lembrava de qualquer coisa sobre o livro, exceto que havia amado. Só me recordava de algo sobre como uma mulher precisa de uma renda de quinhentas libras por ano e seu próprio quarto se ela quer algum dia ser uma escritora séria de ficção ou poesia. Woolf estava sendo literal sobre o dinheiro e o quarto com uma porta que podia ser trancada, mas também falava simbolicamente.

*Um Quarto Só Seu* é a busca semificcional de Virginia Woolf para preparar uma conferência com o tema mulheres e ficção. A princípio, o tema parece bem simples, mas quanto mais ela pensa, mais complicado fica: "O título mulheres e ficção pode significar [...] mulheres e como elas são; ou pode significar mulheres e a ficção que elas escrevem; ou pode significar mulheres e a ficção que é escrita sobre elas; ou pode significar que, de algum modo, todos os três se misturam de forma indissociável, e vocês desejam que eu os aborde sob tal ponto de vista".

Woolf decide caminhar ao longo do rio, no fictício Oxbridge College, para pensar sobre esse tópico, mas, quando ela se senta na grama, é expulsa pelo sacristão, que lhe diz que a grama é só para homens. As mulheres devem permanecer no caminho de cascalho. Ela saboreia um almoço suntuoso como convidada no King's College, e depois uma refeição triste, sem vinho, na escola de mulheres, Newnham. Ela se pergunta por que as mulheres são tão pobres em relação aos homens, e decide ir ao Museu Britânico para descobrir a verdade sobre as mulheres – porque onde mais senão no Museu Britânico, ela pondera secamente, poderia tal verdade ser encontrada?

Procurando na letra M do catálogo, ela encontra centenas de livros escritos por homens a respeito das mulheres "e seu efeito sobre o que quer que seja" – quanto a seu caráter, suas inclinações naturais, sua relativa fraqueza, sua inferioridade moral, intelectual e física –, uma quantidade tão espantosa de livros que ela não consegue sequer abri--los. Os títulos são tão hostis, depreciativos e degradantes que fazem as faces dela enrubescerem e a pulsação acelerar. Todos parecem ter sido escritos com raiva. Isso a intriga – em comparação com as mulheres, os homens têm tudo. De que têm tanta raiva? Por que estão tão decididos a escrever sobre mulheres, a fazer com que seja difícil para elas escreverem, e a recusarem-se a lê-las?

Ela lê um romance escrito por uma autora contemporânea de ficção e surpreende-se ao encontrar duas personagens femininas que gostam uma da outra. "Chloe gostava de Olivia", ela lê. Ocorre-lhe que talvez seja a primeira vez na literatura que algo assim acontece. Até então, ela havia encontrado mulheres ficcionais que tinham ciúmes umas das outras, ou que eram mostradas de outra forma em relação aos homens. "Daí, talvez, a natureza peculiar das mulheres na ficção"; escreveu ela, "os espantosos extremos de sua beleza e horror; sua alternância entre bondade celestial e devassidão infernal."

Isso sem dizer que, cada vez que lia o jornal, ela era lembrada "que quando uma mulher fala com mulheres, ela deve ter algo bem desagradável escondido na manga. As mulheres são implacáveis umas com as outras. As mulheres não gostam de mulheres. Mulheres... mas você não está farto dessa palavra?".

Eu ainda estava lendo *Um Quarto Só Seu* quando começou a segunda temporada de *Doll & Em*. A primeira cena do primeiro episódio da segunda temporada mostra um farol. Pensei: *É esquisito*. Havia esquecido que na última cena da primeira temporada, Em sugeriu a Doll que fossem para algum lugar a fim de escrever algo juntas, como iguais. Elas acabam em um farol junto ao mar, escrevendo uma peça vagamente baseada nelas mesmas e em sua amizade, e em como veem a vida uma da outra. As criadoras e estrelas de *Doll & Em* usam suas próprias vidas e suas famílias de verdade para produzir uma metanarrativa que explora "o lugar delas" como artistas e como mulheres, no mundo e na indústria de entretenimento. O marido de Dolly Wells na vida real e dois filhos dela fazem os papéis de marido e filhos de Em na série. O marido real de Emily Mortimer, Alessandro Nivola (que também é produtor) e seu filho na vida real fazem os papéis do marido e filho de Lily na peça. Doll e Em são vagamente baseadas nas personagens de Virginia Woolf em *Ao Farol*, a sra. Ramsay, casada, e a artista Lili Briscoe, solteira. A situação toda é um jogo de espelhos, no qual se torna impossível dizer quando a vida está imitando a arte, e quando a arte está moldando a vida. De fato, não há sentido em fazer a distinção. É um círculo eternamente recorrente; um eco cuja escala vai diminuindo, nunca aumentando.

Doll e Em começam de um modo um pouco acidentado, pois Em sofre de vertigem e o farol tem trinta metros de altura, mas ela se recupera e as duas se divertem muito escrevendo uma peça surreal e alegórica que reflete a realidade de suas vidas. No início, estão radiantes. "É tão legal poder finalmente dizer que algo é nosso!", diz Em, entusiasmada. A peça se chama *O Dom de Joanna* (embora não exista nenhuma Joanna) e é inspirada pelas comédias de Shakespeare, de modo que é cheia de trocas de figurinos e de identidades e gente se apaixonando pela pessoa errada. Tem a ver com elas, mas também não tem a ver. De volta a Nova York, onde Em vive com a família, elas apresentam a peça a Harvey Weinstein como sendo sobre "pequenos momentos que achamos que as outras pessoas não veem"; é também "uma metáfora [...] para [...] mulheres [...] nestes tempos". A apresentação é tão ruim, tão tortuosa e dispersa, que Weinstein se levanta e vai embora no meio, sem abrir a boca.

Não muito depois, Em consegue uma audição para um filme de grande orçamento ambientado no espaço (muito parecido com *Gravidade*), protagonizado por Ewan McGregor, dirigido por um estreante (um *chef* belga) que recebeu um montante de 60 milhões de dólares para realizá-lo. Elas decidem que, se um *chef* belga pode fazer um filme de 60 milhões, elas com certeza podem dirigir sua própria peça. Buddy, o produtor inglês com quem Dolly se associou na primeira temporada, apresenta-as a seu padrinho, Mikhail Baryshnikov, que tem um teatro e deixa os amigos usarem-no de graça. O cronograma de filmagens de Em pode conflitar com a peça, e por isso elas decidem chamar duas

320

atrizes americanas, mais jovens – Olivia Wilde e Evan Rachel Wood, para fazer seus papéis. Olivia é Lily, que é uma espécie de Em, e Evan é Grace, que é uma espécie de Doll, embora ambas insistam que não estão escrevendo a respeito de si ou uma sobre a outra.

A tensão aumenta. Quanto mais Doll usa a vida real de Em como material, fazendo com que esta fique magoada, ressentida e exposta, mais Em se afasta de Doll para se dedicar à família e à carreira no cinema, fazendo-a sentir-se abandonada, perdida e sozinha. Em consegue o papel no filme de Ewan McGregor, mas Doll encontra-se com ele em um bar e lhe diz que o personagem dele parece "uma espécie de carregador gigante de iPhone", porque ele passa sua energia para a esposa no fim e ela salva o mundo. Então, Doll faz sexo com ele no banheiro. Enquanto isso, Em e o marido, Noah, estão em um impasse. Ele deixou crescer uma barba como se fosse um personagem bíblico do Velho Testamento em protesto contra a natureza controladora dela, e ela acha que Olivia está se intrometendo em sua vida real. Ewan McGregor desiste do filme depois de pensar sobre o que Doll dissera, e não liga mais para ela. O filme perde o financiamento.

Enquanto isso, Evan e Olivia não conseguem os papéis da peça. Elas não entendem o que Doll e Em estão tentando dizer, ou o que dizem não parece real. Os traços femininos estereotipados de Doll e Em – sua vulnerabilidade, a franqueza ao expor seus sentimentos e compartilhar suas ideias, por mais insensíveis, inseguras ou malucas que fossem – são o que as torna artistas, e corajosas. Também são o que deixa as pessoas impacientes com elas. Doll e Em não conseguem parar de reescrever a peça, usando-a como um meio de fazer comentários uma a respeito da outra e sobre a vida de cada uma, em vez de fazer isso de forma direta. Evan e Olivia sentem que foram pegas em meio a um psicodrama particular, o que é verdade. Elas são dez anos mais novas que Doll e Em, e americanas, e confiantes daquele jeito americano em que debochar de si mesmo torna-se sinônimo de baixa autoestima.

Evan e Olivia parecem viver inteiramente dentro da bolha de como as coisas deveriam ser. Estão tão comprometidas com a narrativa da "personagem feminina forte" que fingem não saber a que Doll e Em se referem ao dizer que as mulheres têm mais dificuldade para expressar como de fato se sentem e para declarar o que querem – e que elas não são totalmente livres.

"Isto se passa em 2015, certo?", Evan pergunta, com certo desdém, como se dissesse: Já não passamos dessa fase? *Vocês* não passaram? *Porque a gente passou, velhinhas.*

É o que elas dizem.

No entanto, a carapaça emocional escorregadia e impenetrável de Evan e Olivia torna-as mais adequadas a Hollywood, onde o humor autodepreciativo é visto com horror. Na noite em que as quatro jantam na casa de Em, e esta comenta como ficou decepcionada com a sobremesa que preparou, Evan e Olivia ficam espantadas.

"Você não liga a mínima, não é?", Evan exclama, chocada e satisfeita. O que ela quer dizer é: *Você não liga a mínima para o que as pessoas pensam de você. Você não cuida de sua imagem. Você não encena o seu eu para que outros admirem e invejem. Você é um risco para a própria marca.* A inversão é estranha. Evan e Olivia são escravas das aparências, encenando com agressividade sua liberdade de dizer e ser qualquer coisa. Mas desde que não seja velha, fraca, indecisa e medrosa.

Olivia entra no jogo, porém. Ela estuda a vida de Em, veste o roupão dela, testa sua cama, conversa com seu marido, leva os filhos dela para jantar. Ela é a versão mais jovem, mais tranquila, menos neurótica, a versão cujos problemas foram resolvidos – a esposa de Stepford.

Em uma entrevista, a verdadeira Emily Mortimer contou sobre um produtor que conheceu em uma festa. Quando ele perguntou no que ela trabalhava, ela viu-se no cenário clichê de ter de dizer que era atriz. Então ela acrescentou: "Não muito boa", e ele a olhou como se ela tivesse admitido que catava comida no lixo.

Perto do final do episódio, enquanto Emily caminha pela rua, Virginia Woolf aparece e dá a ela permissão para ser ela mesma, para dizer o que quer.

No dia seguinte, ela diz a Doll: "Eu quero um número de dança feminista".

Evan e Olivia pedem demissão, e Doll e Em sobem ao palco.

Quando eu era criança, imaginava que podia ser qualquer coisa, pois eu era tudo, e qualquer coisa podia acontecer. Quando aprendemos, por meios subconscientes, que algumas pessoas pertencem a categorias que são mais importantes que outras, começamos a aplicar a nós mesmos tais valores. Como garotas, nascemos em um mundo que está o tempo todo direcionando para longe de nós nossa subjetividade, que nos diz para não confiarmos em nossos próprios olhos, para negarmos nossos sentimentos, que torna quase impossível sabermos quem somos. O que faz com que você sinta que é visível? Quanto de seu auto-conceito você absorveu do mundo à sua volta? É possível remover da mente o autoconceito? Remover toda essa informação do cérebro, re-criar o eu e sair com ele por aí? As mulheres fazem isso todo dia. Antes que a heroína possa partir em sua jornada, precisa libertar-se da tor-re, como Rapunzel, ou do *bunker* do quintal suburbano do reverendo lunático. Precisa libertar-se do conto de fadas opressor, das histórias sensacionalistas dos tabloides. Precisa resistir e escrever à sua própria maneira. Ela pode fazê-lo, pois é inquebrável, como diz a música tema de *Unbreakable Kimmy Schmidt*. Ela está viva, caramba.

No começo da obra *The Heroine's Text*, Nancy K. Miller observa que a heroína ingênua órfã – a jovem princesa – não é "uma decodificadora sofisticada" da história na qual ela cresceu. Nenhum de nós é, no começo, um decodificador experiente. Demora muito para despertarmos. E, mesmo então, o botão de soneca está sempre ao alcance da mão. A Bela Adormecida desperta e é entregue por seu príncipe na casa de seu pai e de sua mãe. Alice desperta, corre para casa para o chá, e de novo surge no sonho da irmã adormecida como uma jovem mãe, contando histórias para as crianças sobre aventuras que nunca aconteceram.

Seis meses depois, quando Alice atravessa o espelho, ela descobre que o campo está disposto em quadrados, como um tabuleiro de xadrez, e seus movimentos são determinados por regras rígidas que a guiam rumo a uma única conclusão. Alice começa como um peão, com pouquíssimo controle sobre o rumo de sua vida ou mesmo da direção para onde está indo. Suas escolhas e movimentos são limitados por um sistema maior, e suas ações não são de fato livres. Ela se torna rainha involuntariamente. Ela não tem poder para influenciar os resultados. Ao seguir rumo a seus objetivos, ela pressente que está sendo manipulada, que a história acontece sem a sua participação, incluindo seu resgate pelo Cavaleiro Branco. A linguagem, enquanto isso, tem o poder de fazer as coisas acontecerem.

Para mim, a experiência de retornar através do espelho da cultura pop foi transformadora. Isso refez minha relação comigo mesma. Mudou minha compreensão do meu casamento, e dos casamentos em geral. Ajudou-me a renegociá-lo, como Tracy e Dexter, do filme *Núpcias de Escândalo*, fizeram, ao longo de uma série de longas conversas abertas e novas tentativas, com uma visão mais clara. A jornada da heroína começa com a descoberta de que ela está aprisionada dentro da ilusão de um mundo perfeito, onde ela não tem poder. No começo, ela usa estratégias para lidar com isso, ou tenta negar a realidade, mas por fim ela é traída, ou perde tudo, e não pode mais mentir para si. Ela desperta.

Reúne coragem. Encontra disposição para seguir sozinha. Ela encara a própria morte simbólica. (O herói, em contrapartida, escolhe a exploração exterior em vez da exploração interior, questiona a autoridade e torna-se seu eu verdadeiro. Nenhuma dessas jornadas é específica para um gênero.) A jornada da heroína é circular. Ela segue avante em espirais e aprofunda-se rumo ao interior, para compreender. Pode ser feita por qualquer um, homem ou mulher, que esteja pronto para ir além da ilusão de um mundo perfeito e de um caminho fácil para o verdadeiro eu. O caminho é traiçoeiro. O território é hostil. Mas a heroína é corajosa. Ela sabe o que quer. Está determinada a obtê-lo. Não é assim que todas as boas histórias começam?

# Agradecimentos

Agradeço a minha agente, a incomparável Sarah Burnes, pela amizade, incentivo, entusiasmo e apoio. Sou grata por ter tido não apenas uma, mas duas editoras de texto brilhantes, divertidas, perspicazes e pacientes, Jenna Johnson e Pilar Garcia-Brown, a segunda das quais conduziu o livro até seu término com bom humor e instintos certeiros. Muito obrigada a Rachael DeShano, Tammy Zambo e à equipe de produção, por conseguirem dar conta das mudanças de última hora. Um milhão de agradecimentos a Kath Daneman, Lori Glazer, Stephanie Kim e todo mundo da equipe de marketing e publicidade, por seu entusiasmo e ótimas ideias. Também sou grata a Logan Garrison, Rebecca Gardner e a todos da The Gernert Company, por serem ótimos o tempo todo, sem falhar.

Eu não poderia ter escrito este livro sem o imenso amor, a terapia gratuita, as transferências de fundos, as passagens de avião, as refeições quentes, os retiros improvisados, o *feedback* e o apoio total de minha incrível família e de meus amigos. Sou especialmente grata a minha mãe, Olga María Penny; meus sogros, Linda e Ken Wadlin; meus irmãos, Gonzalo Chocano e Magaly Chocano; meu cunhado, Tirso Sigg; minhas amigas, Darby Maloney, Janelle Brown, Dawn MacKeen, Erica Rothschild, Annabelle Gurwitch e Christine Beebe;

e meu marido, Craig Wadlin, pela generosidade, paciência e perseverança em me manter viva.

Eu gostaria de agradecer Meghan Daum, Heather Havrilesky, Tula Jeng, Adam Sternbergh, Rachel Abramowitz, Rachel Samuels, Lisa Hamilton-Daly, Kimberly Burns, Andy Young, Kathleen A. Laughlin, Billy Mernit, Martha Lauzen, Titia Vermeer, Dana Simmons, Jillian Lauren, Keshni Kashyap, Marian Belgray, Emily Ryan Lerner, Tracy McMillan, Gina Fattore, Strawberry Saroyan, Ramune Nagisetty, Anne-Marie O'Connor, Jade Chang, Stella Oh, Miranda Thompson, Danielle Parsons, Kristina Lear, Josh Zetumer, Tim Kirkman, e todos da Suite 8 por suas interveções, *feedback*, conselhos, apoio e inspiração política.

Um agradecimento especial a Jill Soloway por aparecer num passe de mágica para jogar combustível nas chamas quando elas eram apenas uma centelha, sob o risco iminente de extinguir-se com algum bocejo discreto e feminino. Obrigada pelo incêndio.

E a minha incrível filha, Kira, por ser sempre curiosa, sempre insistir em apresentar suas evidências e por nunca deixar de falar o que quer.

E a Hillary Clinton, por inspirar a nós duas.

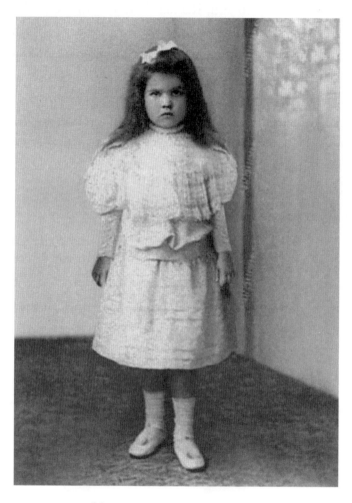

Minha bisavó por parte de mãe.
Rosa María Montenegro de La Fuente, aos 6 anos.
Chiclayo, Peru, 1906.
Foto cortesia da autora.

# Notas

## Introdução

1. Lewis Carroll. *Alice's Adventures in Wonderland*. Mineola, NY: Dover Publications, 2011, p. 120.
2. Barbara Welter. *Dimity Convictions: The American Woman in the Nineteenth Century*. Atenas: Ohio University Press, 1976.
3. Gerda Lerner. *The Creation of Patriarchy*. Nova York: Oxford University Press, 1986. [*A Criação do Patriarcado*. São Paulo: Cultrix, 2019.]
4. Lori Anne Loeb. *Consuming Angels: Advertising and Victorian Women*. Nova York: Oxford University Press, 1994, p. 21.
5. "Notes on New Womanhood". Professora Catherine Lavender, preparado para os alunos em HST 386: Women in the City, 1998, https://csivc.csi.cuny.edu/history/files/lavender/386/newwoman.pdf.
6. Gerda Lerner. *The Creation of Patriarchy*. Nova York: Oxford University Press, 1986.
7. Barbara Welter. "The Cult of True Womanhood: 1820-1860". *American Quarterly* 18, nº 2, parte 1, 1966, pp. 151-74.
8. Renata Adler. *A Year in the Dark: A Year in the Life of a Film Critic, 1968-1969*. Nova York: Berkeley, 1971.
9. "Borat's Babe Plans a Hollywood Sex Revolution". *The New Zealand Herald*, 9 de outubro de 2007, http://www.stuff.co.nz/entertainment/25788/Borats-babe-Isla-plans-sex-revolution.
10. Ibid.

# 1. Coelhinhas

1. "Hugh Hefner: 'I Am in the Center of the World'", entrevista dada a Oriana Fallaci. *Look*, 10 de janeiro de 1967.
2. Carlye Adler. "Hugh Hefner Playboy Enterprises: 'In 1953 I Didn't Fully Appreciate What I Had Created. It Was the First Successful Magazine for Young, Single Men'". CNNMoney.com, Fortune Small Business, 1º de setembro de 2003.
3. Susan Braudy. "Up Against the Centerfold: What It Was Like to Report on Feminism for *Playboy* in 1969". Pictorial, 18 de março de 2016, postado em *Jezebel*, acesso em 29 de janeiro de 2017.
4. Hefner, entrevista dada a Fallaci.
5. Judith Butler. *Gender Trouble: Feminism and the Subversion of Identity*, 2. ed. Nova York: Routledge, 2006.
6. Katha Pollitt. "Hers; The Smurfette Principle". *The New York Times Magazine*, 7 de abril de 1991.

# 2. É Possível Salvar este Casamento?

1. Judy Klemesrud. "Feminists Recoil at Film Designed to Relate to Them". *The New York Times*, 26 de fevereiro de 1975, http://query.nytimes.com/gst/abstract.html?res=9f04e2d71e3de034bc4e51dfb466838e669ede.
2. Ibid.
3. Jane Elliott. "Stepford U.S.A.: Second-Wave Feminism, Domestic Labor, and the Representation of National Times". *Cultural Critique 70*, nº 1, 2008, pp. 32-62, doi:10.1353/cul.0.0022.
4. Susan Brownmiller. *In Our Time: Memoir of a Revolution*. Nova York: Dial Press, 1999, p. 84.

5. Roger Ebert, resenha de *Esposas em Conflito* [*The Stepford Wives*], roteiro de William Goldman, direção de Bryan Forbes, RogerEbert.com, 1º de janeiro de 1975, http://www.rogerebert.com/reviews/the-stepford-wives-1975.

6. Betty Friedan. *The Feminine Mystique*. Nova York: Norton, 1963.

7. Stephanie Coontz. *A Strange Stirring: "The Feminine Mystique" and American Women at the Dawn of the 1960s*. Nova York: Basic Books, 2011.

8. Betty Friedan. *The Feminine Mystique*.

9. Ibid.

10. Kathleen A. Laughlin, Julie Gallagher, Dorothy Sue Cobble, Eileen Boris, Premilla Nadasen, Stephanie Gilmore e Leandra Zarnow. "Is It Time to Jump Ship? Historians Rethink the Waves Metaphor". *Feminist Formations* 22, nº 1, 2010, pp. 76-135.

11. Kate Millett. *Sexual Politics*. Urbana: University of Illinois Press, 2000.

12. Nancy K. Miller. *The Heroine's Text: Readings in the French and English Novel, 1722-1782*. Nova York: Columbia University Press, 1980, p. x.

13. Jane Elliott. "Stepford U.S.A.".

14. Ibid.

15. Stephanie Coontz. *A Strange Stirring*.

16. Ibid., p. xxii.

17. Charlotte Perkins Gilman. *Women and Economics: A Study of the Economic Relation Between Men and Women as a Factor in Social Evolution*. Berkeley: University of California Press, 1998.

18. Wednesday Martin. "Poor Little Rich Women". *The New York Times*, 16 de maio de 2015.

19. Rebecca Onion. "Lock Up Your Wives!". *Aeon*, 8 de setembro de 2014, https://aeon.co/essays/the-warped-world-of-marriage-advice-before-feminism.

20. Ibid.

21. Alexandra Stern. *Eugenic Nation: Faults and Frontiers of Better Breeding in Modern America*. Berkeley: University of California Press, 2005, pp. 189-90.

22. Onion. "Lock Up Your Wives!".

23. Frank Kermode. *The Sense of an Ending: Studies in the Theory of Fiction*, nova edição. Oxford: Oxford University Press, 2000.

# 3. A Estátua de Bronze da Deusa Virgem, Vadia, Megera e de Coração Duro

1. Ana Salzberg. *Beyond the Looking Glass: Narcissism and Female Stardom in Studio-Era Hollywood*. Nova York: Berghahn, 2014, pp. 35-53.

2. Oliver O. Jensen. "The Hepburns". *Life*, 22 de janeiro de 1940, p. 48.

# 4. Que Sensação

1. Mick LaSalle. "Replay: 'Flashdance'", *SFGate* (blog), 22 de março de 2014, http://blog.sfgate.com/mlasalle/2014/03/22/replay-flashdance.

2. Teresa de Lauretis. *Alice Doesn't: Feminism, Semiotics, Cinema*. Bloomington: Indiana University Press, 1984.

3. Mary Ann Doane. *The Desire to Desire: The Woman's Film of the 1940s*. Bloomington: Indiana University Press, 1987.

4. Molly Haskell. *From Reverence to Rape: The Treatment of Women in the Movies*. Nova York: Holt, Rinehart & Winston, 1974, p. 30.

5. Linda Seger. *When Women Call the Shots: The Developing Power and Influence of Women in Television and Film*. Nova York: Henry Holt & Co., 1996.

6. Ibid.

7. "Meta Wilde, 86, Faulkner's Lover". *The New York Times*, 21 de outubro de 1994, http://www.nytimes.com/1994/10/21/obituaries/meta-wilde-86-faulkner-s-lover.html.

## 5. A Eterna Atração pela Doida Varrida

1. Alex Beam. "The Mad Poets Society". *The Atlantic*, julho de 2001, http://www.theatlantic.com/magazine/archive/2001/07/the-mad-poets-society/302257/.
2. James Dearden. "*Fatal Attraction* writer: Why My Stage Version Has a Different Ending". *The Guardian*, 9 de março de 2014.
3. Nancy Jo Sales. "Love in a Cold Climate". *Vanity Fair*, novembro de 2011.

## 6. A Ingênua Escolhe entre o Casamento e a Morte

1. Julia V. Douthwaite. *Exotic Women: Literary Heroines and Cultural Strategies in Ancien Régime France*. Filadélfia: University of Pennsylvania Press, 1992.
2. Rebecca Walker. "Becoming the Third Wave". *Ms.*, janeiro de 1992.

## 7. Uma Lily Totalmente Moderna

1. Adam Gopnik. "Metamoney". *The New Yorker*, 9 de novembro de 1998.
2. Ernest Jones, Lionel Trilling e Steven Marcus. *The Life and Work of Sigmund Freud*. Nova York: Basic Books, 1961.
3. Sigmund Freud. "Some Psychical Consequences of the Anatomical Distinction Between the Sexes" (1925), índice dos arquivos de Sigmund Freud, http://aquestionofexistence.com/Aquestionofexistence/Problems_of_Gender/Entries/2011/8/28_Sigmund_Freud.html, acesso em 11 de agosto de 2016.

# 9. A Durona

1. Slavoj Žižek. *The Sublime Object of Ideology*. Londres: Verso, 1989.

## 10. Donas de Casa Surreais

1. Charlotte Brunsdon. *The Feminist, the Housewife, and the Soap Opera*. Oxford: Clarendon Press, 2000.
2. Robin J. Ely, Pamela Stone e Colleen Ammerman. "Rethink What You 'Know' about High-Achieving Women". *Harvard Business Review*, 1º de dezembro de 2014, https://hbr.org/2014/12/rethink-what-you-know-about-high-achieving-women.

## 11. Garotas de Verdade

1. Julie Beck. "Married to a Doll: Why One Man Advocates Synthetic Love". *The Atlantic*, 6 de setembro de 2013, http://www.theatlantic.com/health/archive/2013/09/married-to-a-doll-why-one-man-advocates-synthetic-love/279361/.

## 12. Celebridades Góticas

1. Fred Botting. *Gothic*. Nova York: Routledge, 2014.
2. Jim Rutenberg. "The Gossip Machine, Churning Out Cash". *The New York Times*, 21 de maio de 2011, http://www.nytimes.com/2011/05/22/us/22gossip.html?_r=0.
3. Jonathan L. Fischer. "Shocking! The Proto-TMZ", revista *T*, 20 de janeiro de 2010, http://tmagazine.blogs.nytimes.com/2010/01/20/shocking-the-proto-tmz/.
4. Rutenberg. "The Gossip Machine".

## 13. A Linguaruda Ataca de Novo

1. Michel Foucault. *Fearless Speech*, org. Joseph Pearson. Los Angeles: Semiotext(e), 2001.
2. David Denby. "A Fine Romance". *The New Yorker*, 23 de julho de 2007.
3. Ibid.

## 14. A Jornada Redentora

1. Jack Zipes. *Fairy Tales and the Art of Subversion: The Classical Genre for Children and the Process of Civilization*. Nova York: Wildman, 1983.
2. Steve Almond. "Eat, Pray, Love, Get Rich, Write a Novel No One Expects". *The New York Times Magazine*, 21 de setembro de 2013, http://www.nytimes.com/2013/09/22/magazine/eat-pray-love-get-rich-write-a-novel-no-one-expects.html.
3. Zipes. *Fairy Tales*.

## 15. Uma Proposta Modesta para mais Traição na Pré-Escola

1. Alison Gopnik. "A Manifesto Against 'Parenting'". *The Wall Street Journal*, 8 de julho de 2016, http://www.wsj.com/articles/a-manifesto-against-parenting-1467991745.
2. Rhaina Cohen. "Who Took Care of Rosie the Riveter's Kids?". *The Atlantic*, 18 de novembro de 2015, http://www.theatlantic.com/business/archive/2015/11/daycare-world-war-rosie-riveter/415650/.
3. Sonya Michel. *Children's Interests/Mothers' Rights: The Shaping of America's Child Care Policy*. New Haven, Connecticut: Yale University Press, 1999; Chris M. Herbst, "Universal Child Care,

Maternal Employment, and Children's Long-Run Outcomes: Evidence from the U.S. Lanham Act of 1940", tese de doutorado, Arizona State University, 2013.

4. Susan J. Douglas e Meredith W. Michaels. *The Mommy Myth: The Idealization of Motherhood and How It Has Undermined All Women.* Nova York: Free Press, 2004, p. 34.

5. Nancy L. Cohen. "Why America Never Had Universal Child Care". *The New Republic,* 23 de abril de 2013, https://newrepublic.com/article/113009/child-care-america-was-very-close-universal-day-care.

6. R. Cohen. "Who Took Care?".

## 16. Deixa pra Lá

1. Jack Zipes. *Fairy Tales and the Art of Subversion: The Classical Genre for Children and the Process of Civilization.* Nova York: Wildman, 1983.

2. Ibid.

3. Marina Warner. *From the Beast to the Blonde: On Fairy Tales and Their Tellers.* Nova York: Farrar, Straus & Giroux, 1995.

4. "Scriptnotes, Ep 128: Frozen with Jennifer Lee – Transcript", John August, última modificação em 1º de fevereiro de 2014, http://johnaugust.com/2014/scriptnotes-ep-128-frozen-with-jennifer-lee-transcript.

## 17. Todos os Vilões São Garotas

1. Jack Zipes. *Fairy Tales and the Art of Subversion: The Classical Genre for Children and the Process of Civilization.* Nova York: Wildman, 1983.

## 18. As Garotas Adoram Matemática

1. Benedict Carey. "Father's Age Is Linked to Risk of Autism and Schizophrenia". *The New York Times*, 22 de agosto de 2012.
2. Paul Gibney. "The Double Bind Theory: Still Crazy-Making after All These Years". *Psychotherapy in Australia* 12, nº 3, maio de 2006, pp. 48-50.

## 20. Olhe para Si Mesma

1. Jenny McPhee. "Cordelia Fine, Neurosexism, and My Mother (Again)". *Bookslut*, outubro de 2010, http://www.bookslut.com/the_bombshell/2010_10_016690.php.

## 21. Caça-Fantasmas, ou Eu Quero um Número de Dança Feminista

1. Julia Briggs. *Virginia Woolf: An Inner Life*. Orlando: Harcourt, 2005.
2. Virginia Woolf. *Selected Essays,* org. David Bradshaw. Oxford: Oxford University Press, 2008.
3. Ibid.
4. Ibid.
5. Briggs., *Virginia Woolf.*
6. Ibid.

# Trabalhos Consultados

## Livros/Leituras recomendadas

Beauvoir, Simone de. *The Second Sex*. Nova York: Knopf, 1953.

Brownmiller, Susan. *In Our Time: Memoir of a Revolution*. Nova York: Dial Press, 1999.

Brunsdon, Charlotte. *Screen Tastes: Soap Opera to Satellite Dishes*. Londres: Routledge, 1997.

Butler, Judith. *Gender Trouble: Feminism and the Subversion of Identity*. 2. ed. Nova York: Routledge, 2006.

Carroll, Lewis. *Alice's Adventures in Wonderland*. Ilustrado por Alison Jay. Nova York: Dial Books for Young Readers, 2006.

Coontz, Stephanie. *A Strange Stirring: "The Feminine Mystique" and American Women at the Dawn of the 1960s*. Nova York: Basic Books, 2011.

Crosby, Christina. *The Ends of History: Victorians and "the Woman Question"*. Nova York: Routledge, 1990.

De Lauretis, Teresa. *Alice Doesn't: Feminism, Semiotics, Cinema*. Bloomington: Indiana University Press, 1984.

Doane, Mary Ann. *The Desire to Desire: The Woman's Film of the 1940s*. Bloomington: Indiana University Press, 1987.

Douglas, Susan J. *Where the Girls Are: Growing Up Female with the Mass Media*. Nova York: Times Books, 1994.

_____. *Enlightened Sexism: The Seductive Message that Feminism's Work Is Done*. Nova York: Times Books, 2010.

Friedan, Betty. *The Feminine Mystique*. Nova York: Norton, 1963.

Gilbert, Sandra M., e Susan Gubar. *The Madwoman in the Attic: The

*Woman Writer and the Nineteenth-Century Literary Imagination.* New Haven: Yale University Press, 1979.

Gilman, Charlotte Perkins. *Women and Economics: A Study of the Economic Relation Between Men and Women as a Factor in Social Evolution.* Berkeley: University of California Press, 1998.

_____. *The Yellow Wallpaper and Selected Writings.* Londres: Virago, 2009.

Gilman, Charlotte Perkins e Ann J. Lane. *Herland.* Nova York: Pantheon Books, 1979.

Haskell, Molly. *From Reverence to Rape: The Treatment of Women in the Movies.* Nova York: Holt, Rinehart & Winston, 1974.

Heilbrun, Carolyn G. *Writing a Woman's Life.* Nova York: Ballantine, 1989.

Henry, Astrid. *Not My Mother's Sister: Generational Conflict and Third-Wave Feminism.* Bloomington: Indiana University Press, 2004.

Holmes, Su e Diane Negra. *In the Limelight and Under the Microscope: Forms and Functions of Female Celebrity.* Nova York: Continuum, 2011.

Hooks, Bell. *Feminist Theory from Margin to Center.* Boston: South End Press, 1984.

Lerner, Gerda. *The Creation of Patriarchy.* Nova York: Oxford University Press, 1986. [*A Criação do Patriarcado.* São Paulo: Cultrix, 2019.]

Levin, Ira. *The Stepford Wives: A Novel.* Nova York: Random House, 1972.

Loeb, Lori Anne. *Consuming Angels: Advertising and Victorian Women.* Nova York: Oxford University Press, 1994.

Mann, William J. *Kate: The Woman Who Was Hepburn.* Nova York: Henry Holt & Co., 2006.

Mill, John Stuart. *The Subjection of Women.* Londres: Electric Book Co., 2001.

Miller, Nancy K. *The Heroine's Text: Readings in the French and English Novel, 1722-1782*. Nova York: Columbia University Press, 1980.

Millett, Kate. *Sexual Politics*. Urbana: University of Illinois Press, 2000.

Ryan, Christopher e Cacilda Jethá. *Sex at Dawn: How We Mate, Why We Stray, and What It Means for Modern Relationships*. Nova York: Harper, 2011.

Schubart, Rikke. *Super Bitches and Action Babes: The Female Hero in Popular Cinema, 1970-2006*. Jefferson, N.C.: McFarland, 2007.

Seger, Linda. *When Women Call the Shots: The Developing Power and Influence of Women in Television and Film*. Nova York: Henry Holt & Co., 1996

Showalter, Elaine. *The Female Malady: Women, Madness, and English Culture, 1830-1980*. Nova York: Pantheon, 1985.

_____. *Sexual Anarchy: Gender and Culture at the Fin de Siècle*. Nova York: Penguin, 1991.

Warner, Marina. *From the Beast to the Blonde: On Fairy Tales and Their Tellers*. Nova York: Farrar, Straus & Giroux, 1995.

Welter, Barbara. *Dimity Convictions: The American Woman in the Nineteenth Century*. Athens: Ohio University Press, 1976.

Wollstonecraft, Mary. *A Vindication of the Rights of Woman*. 2. ed. Eileen Hunt Botting, org. New Haven, Conn.: Yale University Press, 2014.

Woolf, Virginia. *A Room of One's Own*. San Diego: Harcourt Brace Jovanovich, 1989.

Yalom, Marilyn. *A History of the Wife*. Nova York: Harper Collins, 2001.

Zeisler, Andi. *Feminism and Pop Culture*. Berkeley: Seal Press, 2008.

Zipes, Jack. *Fairy Tales and the Art of Subversion: The Classical Genre for Children and the Process of Civilization*. Nova York: Wildman, 1983.

Zipes, Jack. *The Irresistible Fairy Tale: The Cultural and Social History of a Genre*. Princeton: Princeton University Press, 2012.

## Artigos/Capítulos

Elliott, Jane. "Stepford U.S.A.: Second-Wave Feminism, Domestic Labor, and the Representation of National Time". *Cultural Critique*, 70, 2008, pp.32-62.

Goodlad, Lauren M. E. "The *Mad Men* in the Attic: Seriality and Identity in the Narrative of Capitalist Globalization". *Modern Language Quarterly*, 73, nº 2, junho de 2012, pp. 201-34.

Salzberg, Ana. "Katharine Hepburn and a Hollywood Story". Em *Beyond the Looking Glass: Narcissism and Female Stardom in Studio-Era Hollywood*, pp. 35-54. 1. ed. Nova York: Berghahn Books, 2014.

## Estudos

"The Status of Women in the U.S. Media 2015". Women's Media Center, http://www.womensmediacenter.com/pages/2015-statistics, acesso em 4 de novembro de 2016.

Lauzen, Martha. "It's a Man's (Celluloid) World: Portrayals of Female Characters in the Top 100 Films of 2015." Center for the Study of Women in Television & Film. Acessado em 4 de novembro de 2016. http://womenintvfilm.sdsu.edu/research/.

_____. "Boxed In 2015-16: Women On Screen and Behind the Scenes in Television". Center for the Study of Women in Television & Film, http://womenintvfilm.sdsu.edu/research/, acesso em 4 de novembro de 2016.

_____. "Thumbs Down 2016: Top Film Critics and Gender". Center for the Study of Women in Television & Film, http://

womenintvfilm.sdsu.edu/research/, acesso em 4 de novembro de 2016.

_____. "Women in Independent Film, 2015-16." Center for the Study of Women in Television & Film, http://womenintvfilm.sdsu.edu/research/, acesso em 4 de novembro de 2016.

## Filmes recomendados (ou não!)

*Camille Claudel.* Dirigido por Bruno Nuytten. França: MGM, 1988.

*Camille Claudel 1915.* Dirigido por Bruno Dumont. França: 3B Productions, 2013.

*Cinderella* (*Cinderela*). Dirigido por Clyde Geronimi, Wilfred Jackson. Hollywood: Walt Disney Pictures, 1950.

*Desperately Seeking Susan* (*Procura-se Susan Desesperadamente*). Dirigido por Susan Seidelman. Hollywood: Orion Pictures, 1985.

*Diary of a Mad Housewife* (*Quando nem um Amante Resolve*). Dirigido por Frank Perry. Hollywood: Universal Pictures, 1970.

*L'Eclisse* (*O Eclipse*). Dirigido por Michelangelo Antonioni. Roma: Cineriz, 1962.

*Entre Nous.* Dirigido por Diane Kurys. França: Partner's Pictures, 1983.

*Fast Times at Ridgemont High* (*Picardias Estudantis*). Dirigido por Amy Heckerling. Hollywood: Universal, 1982.

*Fatal Attraction* (*Atração Fatal*). Dirigido por Adrian Lyne. Hollywood: Paramount Pictures, 1987.

*Flashdance* (*Flashdance: Em Ritmo de Embalo*). Dirigido por Adrian Lyne. Hollywood: Paramount Pictures, 1983.

*Maleficent* (*Malévola*). Dirigido por Robert Stromberg. US/UK: Walt Disney Pictures, 2014.

*My Brilliant Career* (*As Quatro Irmãs*). Dirigido por Gillian Armstrong. Austrália: GUO, 1979.

*The Philadelphia Story* (*Núpcias de Escândalo*). Dirigido por George Cukor. Hollywood: MGM, 1940.

*Pretty Baby* (*Pretty Baby: Menina Bonita*). Dirigido por Louis Malle. Hollywood: Paramount, 1978.

*Private Benjamin* (*A Recruta Benjamin*). Dirigido por Howard Zieff. Hollywood: Warner Bros., 1980.

*Sleeping Beauty* (*A Bela Adormecida*). Dirigido por Clyde Geronimi. Hollywood: Walt Disney Pictures, 1959.

*Snow White and the Seven Dwarfs* (*Branca de Neve e os Sete Anões*). Dirigido por William Cottrell e David Hand. Hollywood: Walt Disney Pictures, 1937.

*The Stepford Wives* (*Esposas em Conflito*). Dirigido por Bryan Forbes. Hollywood: Columbia Pictures, 1975.

*The Stepford Wives* (*Mulheres Perfeitas*). Dirigido por Frank Oz. Hollywood: Paramount Pictures, 2004.

*L'histoire d'Adèle H.* (*A História de Adèle H.*). Dirigido por François Truffaut. França: Les Artistes Associes, 1975.

*An Unmarried Woman* (*Uma Mulher Descasada*). Dirigido por Paul Mazursky. Hollywood: Twentieth Century Fox, 1978.

Impresso por :

**Graphium**
gráfica e editora

Tel.:11 2769-9056